Anita Haviv-Horiner
Grenzen-los?

Schriftenreihe Band 1744

Anita Haviv-Horiner

Grenzen-los?
Deutsche in Israel und
Israelis in Deutschland

Wissenschaftliche Beratung:
Moshe Zimmermann

ANITA HAVIV-HORINER, 1960 in Wien geboren, Tochter von Holocaustüberlebenden, 1979 Einwanderung nach Israel; Studium der Literaturwissenschaft an der Universität Tel Aviv, Ausbildung als Gruppenmoderatorin und Mediatorin; langjährige Tätigkeit in der politischen Bildung und im israelisch-deutschen Dialog u.a. in Museen und Gedenkstätten; 1994 Gründerin und seitdem auch Leiterin der israelischen Agentur Israel Encounter Programs, die die Programme der Israel-Studienreisen der bpb mitgestaltet und organisiert.

WOLFGANG SANDER, 1953 in Frankfurt am Main geboren, Studium der Sozialkunde, der Evangelischen Theologie und der Erziehungswissenschaften in Marburg und Gießen, seit 1998 Professor für Didaktik der Gesellschaftswissenschaften an der Justus-Liebig-Universität Gießen, zuvor Professuren an den Universitäten Passau, Jena und Wien, Mitherausgeber der »zeitschrift für didaktik der gesellschaftswissenschaften« (zdg), Mitglied der Deutsch-Israelischen Schulbuchkommission; Herausgeber des »Handbuchs politische Bildung« (4. Aufl., Schriftenreihe der bpb, Bd. 1420, 2014).

MOSHE ZIMMERMANN, 1943 in Jerusalem geboren, Studium der Geschichte und Politologie an der Hebräischen Universität, 1986 bis zur Emeritierung 2012 dort Professur für Neuere Geschichte und Direktor des Richard Koebner Minerva Center for German History; wiederholte Forschungstätigkeit in Deutschland, Gastprofessuren in Deutschland und den USA; u.a. Mitglied der Historikerkommission zur Aufarbeitung der Geschichte des Auswärtigen Amtes, Vorstandsmitglied des Leo Baeck-Instituts.

Diese Veröffentlichung stellt keine Meinungsäußerung der Bundeszentrale für politische Bildung dar. Für die inhaltlichen Aussagen trägt die Herausgeberin die Verantwortung.

Hinweis: Die Inhalte der im Text und Anhang zitierten Internetlinks unterliegen der Verantwortung der jeweiligen Anbieter/-innen. Für eventuelle Schäden und Forderungen kann die Herausgeberin keine Haftung übernehmen.

Bonn 2016

© Bundeszentrale für politische Bildung
Adenauerallee 86, 53113 Bonn

Redaktion und Lektorat: Heinrich Bartel, bpb; Gabi Gumbel, Mannheim

Assitenz der Herausgeberin: Michaela Bechtel

Umschlaggestaltung: Gilad Fried
Umschlaggestaltung und Satzherstellung: Naumilkat – Agentur für Kommunikation und Design, Düsseldorf
Druck und Bindung: Druck- und Verlagshaus Zarbock GmbH & Co. KG, Frankfurt am Main

ISBN: 978 – 3-8389-0744-4

www.bpb.de

Inhalt

Vorwort 7

ANITA HAVIV-HORINER
Grenzen-los? – Persönliche Erfahrungen im deutsch-israelischen
Dialog 9

MOSHE ZIMMERMANN
Der kleine Grenzverkehr Israel – Deutschland 23

WOLFGANG SANDER
Beziehungsgeschichten – biografische Erzählungen zwischen
Deutschland und Israel als Medium politischer Bildung 37

Interviews 51

Glossar 236

Literaturverzeichnis 240

Vorwort

Ein Sachbuch mit dem Titel »Grenzen-los?« wirft auf den ersten Blick vor allem Fragen auf: Was verbirgt sich hinter diesem Wortspiel? Handelt es sich vielleicht doch eher um ein poetisches Werk, das uns mit einer Paradoxie locken möchte? Offenbar geht es um Grenzerfahrungen – aber um welche? Da hilft der Untertitel schon ein wenig weiter; aber der Doppelsinn – noch dazu in Verbindung mit einem Fragezeichen – entlässt uns nicht aus der Notwendigkeit des Nachdenkens.

Die Beziehungen zwischen Israel und Deutschland haben sich seit den Zeiten des sogenannten Wiedergutmachungsabkommens 1952 in einer erstaunlichen Weise positiv entwickelt. Heute zählt Israel die Bundesrepublik zum zweitwichtigsten Partner nach den USA. Gleichzeitig aber haben sich die Gesellschaften in beiden Ländern dramatisch differenziert; hier wie dort kann man getrost von Mosaikgesellschaften sprechen, in denen eindeutige Zuweisungen von historischer Vergangenheit, ethnischer Zugehörigkeit, Religion und deren Wahrnehmungen in der Bevölkerung schwerfallen. Dieser Differenzierung der gesellschaftlichen Realitäten trägt das Buch durch Interviews mit acht Israelis und acht Deutschen mit sehr unterschiedlichen Biografien Rechnung. Die je besonderen Lebenswelten der Gesprächspartnerinnen und Gesprächspartner eröffnen für Leserin und Leser die Möglichkeit, an eigene Fragestellungen anzuknüpfen und Parallelen zu ziehen. Gleichzeitig wird deutlich, welch unterschiedliche Wahrnehmungen das Verhältnis zwischen Israel und Deutschland prägen. Konstante bleibt freilich der Bezug auf die Schoah als Fluchtpunkt jedes deutsch-israelischen Dialogs.

Wer die Interviews gelesen hat, wird vielleicht verstehen, dass manche Fragezeichen im Raum stehen bleiben, zumindest vorläufig nicht durch Ausrufezeichen ersetzt werden können. So werden in der Tat Grenzen markiert, die freilich nicht nur »Ausgrenzung« bedeuten, sondern auch den Pluralismus der Identitäten begründen. Der Respekt vor der Identität des anderen ermöglicht einen konstruktiven Dialog, der für die politische Bildung fruchtbar gemacht werden kann.

Die Interviews mit ihren sehr unterschiedlichen Perspektiven je nach Generation, Geschlecht, Motivation und Lebensgeschichte bieten auf diese Weise ein breites Spektrum von Erzählungen. Dabei geht es nicht allein um die Lebensumstände und Lebensstile der Interviewten, sondern ebenso sehr um die Wahrnehmungen der Beziehungen zwischen Israelis und Deutschen. Diese werden von individuellen Perspektiven geprägt, vermischen sich aber durchaus auch mit kollektiven und öffentlichen Mustern. Der Beitrag von Moshe Zimmermann, Historiker an der Hebräischen Universität in Jerusalem, macht deutlich, in welch komplexen Kontexten politisch-historische Entwicklungen und deren Wahrnehmungen auf beiden Seiten stehen. Wolfgang Sander, Didaktiker an der Universität Gießen, erläutert die Möglichkeiten, die Interviews in ganz verschiedener Weise in der schulischen und außerschulischen Bildungsarbeit zu nutzen.

Das Tableau der sechzehn Lebensgeschichten, verwoben mit den historischen Entwicklungen in Deutschland und Israel, die Ermunterung zur kritischen Lektüre sowie die didaktische Struktur der Interviews machen den Band zu einem wertvollen Mosaikstein im breiten Angebot der bpb zu Israel und dem deutsch-israelischen Verhältnis.

Heinrich Bartel

Anita Haviv-Horiner

Grenzen-los? – Persönliche Erfahrungen im deutsch-israelischen Dialog

Meine Arbeit an diesem Buch widme ich meiner Mutter.

Ich bin 1960 in Wien als Tochter von Holocaustüberlebenden zur Welt gekommen. Obwohl Österreich sich auch aktiv an der Judenvernichtung beteiligt hatte, assoziierte ich in meiner Jugend in erster Linie Deutschland mit dem Massenmord, der die großen Familien meiner Eltern fast ganz ausgelöscht hatte. So kam es, dass ich, solange ich in Wien lebte, Deutschland nie besuchte.

Während meiner Schulzeit wurde mir die Mitschuld meines Heimatlandes an der Schoah immer klarer. Diese Erkenntnis veranlasste mich, Österreich 1979 zu verlassen. Ich wanderte in Israel ein. Das war für mich persönlich die logische Konsequenz aus dem Schicksal meiner Eltern. So wohl ich mich in Wien bis heute fühle, habe ich die Stadt verlassen, da ich nicht in demselben Land leben wollte, in dem mein Vater 15 Jahre vor meiner Geburt aus dem Konzentrationslager Mauthausen befreit worden ist. Dazu stehe ich auch heute.

Israel ist das Land, das mir ein Zuhause gegeben hat, nachdem meine Familie in jeder Generation aus ihrem jeweiligen Herkunftsland in Europa vertrieben worden ist.

Paradoxerweise bin ich erst in der neuen Heimat zum ersten Mal Deutschen begegnet. Meinen beruflichen Werdegang begann ich im Museum der Jüdischen Diaspora. Dort moderierte ich Workshops für deutsche Jugendliche und Erwachsene. Bis heute erinnere ich mich daran, wie sehr mich ihre Sprachfärbung befremdete. Immer wieder fiel mir das in Wien so oft gehörte Wort »Piefke« ein, eine in Österreich umgangssprachlich verwendete, meist abwertend gemeinte Bezeichnung für Deutsche. Als ich überlegte, warum ich diese reflexartige Assoziation hatte, wurde mir bewusst, dass ich den Klang mit Nazideutschland assoziierte. »Wohin auch immer das israelische Auge blickt, sieht es die Schatten der Nazis«, schreibt Gad Yair in seinem auf Hebräisch erschienenen Buch »Die Deutschen – ein israelisches Porträt«[1].

---

1 Arbeitstitel in Deutsch für eine geplante deutsche Übersetzung.

Mit der Zeit erkannte ich, wie irrational meine Reaktionen waren, und beschloss, mich nicht länger von ihnen leiten zu lassen. Ich traf mithin die bewusste Entscheidung, und eine solche war es, offen auf die Deutschen, denen ich begegnete, zuzugehen. Meine neu gewonnene Identität als Israelin ermöglichte es mir, diesen Schritt auch umzusetzen, und verhalf mir zu einem freieren und normalen Umgang mit ihnen.

Diese Annäherung gestaltete sich allerdings als ein allmählicher, nachgerade sehr langsamer Prozess. »[...] in jeder Geschichte, so persönlich sie auch sein mag, [steckt] die blutige Vergangenheit, jenes schreckliche Loch, in das man unvermeidlich hineinblicken, jedoch nicht unbedingt hineinfallen muss«, schreiben Norbert Kron und Amichai Shalev (2015, S. 15). Damit beschreiben sie auch treffend den Wandlungsprozess, den ich selbst durchgemacht habe.

Als ich Deutschland 1990 zum ersten Mal als Mitglied einer israelischen Delegation des Bildungsministeriums besuchte, war ich überrascht, wie vertraut es mir war.

Ein Jahr später moderierte ich zusammen mit der inspirierenden und leider viel zu früh verstorbenen Pädagogin Ursula Pfender (1950–2009) einen Workshop in Berlin. Dort hörte ich die Lebensgeschichten der Teilnehmenden, ihre Auseinandersetzung mit der Geschichte ihrer Familie. Besonders bewegte mich die Erzählung einer jungen Frau, die den Kontakt zu ihrem geliebten Vater völlig abgebrochen hatte, nachdem sie aus der Zeitung über seine Nazivergangenheit erfahren hatte. Da ich auch eine sehr innige Beziehung zu meinem Vater hatte, konnte ich ihren Schmerz gut nachvollziehen. Allerdings war meine eigene Öffnung nicht nur von positiven Erfahrungen, sondern auch von verletzenden Begegnungen geprägt.

Diese standen immer in direktem Bezug zum Nahostkonflikt. Es ist in meinen Augen vollkommen legitim, dass Deutsche die Politik Israels kritisieren, vorausgesetzt, dass diese auf einer fundierten und multiperspektivischen Auseinandersetzung mit der Realität, der man sich stellen muss, beruht. Allerdings habe ich des Öfteren den Eindruck, dass dies nicht immer der Fall ist, sondern viel eher die Sehnsucht nach dem berüchtigten Schlussstrich hinter der harschen und Zusammenhänge ignorierenden Verurteilung Israels steht. Esther Schapira beschreibt dieses Phänomen in dem Buch »Israel ist an allem schuld« mit folgenden Worten: »Menschen, die weder über militärisches Wissen noch über existenzielle Erfahrungen verfügten, in denen ein solches Wissen nötig war, wussten ganz genau, das alles, was Israel tat, falsch und unverhältnismäßig war.« (Hafner/Schapira 2015, S. 11)

Diesen Eindruck habe auch ich öfter in Diskussionen mit deutschen Multiplikatorinnen und Multiplikatoren gewonnen. Deshalb habe ich lange gezögert, meine Kritik an der israelischen Regierungspolitik der letzten Jahre auf Deutsch öffentlich auszusprechen; denn ich hegte die Befürchtung, vereinnahmt zu werden.

Doch heute sehe ich meine Vorträge und Workshops über die israelische Realität – so, wie ich sie wahrnehme – als Chance. Denn sie ermöglichen es mir, den deutschen Zuhörenden zu vermitteln, dass die Realität wesentlich komplexer ist, als der Blick von außen sie zumeist wahrnimmt. Das bedeutet keineswegs, problematische und beunruhigende Entwicklungen wie die Auswirkungen der Besatzungspolitik auf die palästinensische und auch die israelische Gesellschaft schönzureden. Es geht mir darum, zu erklären, warum Israelis – übrigens zu Recht – Angst haben. Islamistische Organisation wie Hamas und Hisbollah bestreiten das Existenzrecht meines Landes. Angst ist ein miserabler Ratgeber, insbesondere, wenn sie von vielen Entscheidungsträgern Israels systematisch geschürt wird. Das beweist in meinem Augen der Rechtsruck der israelischen Gesellschaft. Doch entsteht diese beunruhigende Entwicklung vor dem Hintergrund existenzieller Gefahren, die Deutsche seit 1945 zu wenig kennen, um ihre emotionale Tragweite erfassen zu können.

So kommt es in meinem Innern zu einem Wechselspiel zwischen Erweiterung und Verengung von Grenzen, das mein Engagement für die israelische-deutsche Verständigung auch heute noch prägt. Denn ich kann und will mein berufliches Engagement nicht von meiner Familiengeschichte trennen. Im Grunde genommen ist sie der Motor, der hinter vielen meiner Projekte der politischen Bildung steht. Durch den Austausch lerne ich, meine eigenen Vorbehalte kritisch unter die Lupe zu nehmen; doch impliziert diese Aussage keineswegs, dass meine inneren Grenzen ganz gefallen sind. Es gibt immer wieder Rückschläge, die von mir intensive Arbeit erfordern, um diese wieder Stein für Stein abzubauen.

So bildet das Bekenntnis zur Existenz sich konstant wandelnder Grenzen die Grundlage für meine Arbeit; ich sehe es als die Voraussetzung für eine konstruktive und ehrliche Kommunikation auf Augenhöhe.

Zur Entstehung der Publikation

Der Sozialpsychologe Harald Welzer definierte Grenzen in der Fernsehsendung »Kulturzeit« folgendermaßen: »Wenn ich eine Grenze habe, dann habe ich eine klare Definition von innen und außen. Und dann habe ich auch eine relativ klare Vorstellung, ob diese Grenze zwischen innen und außen eine durchlässige oder eine hermetische sein soll. Das heißt, die Definition nach innen geht immer einher mit der Definition: Was ist außen? Wer ist zugehörig, wer ist nicht zugehörig?« Diese Beschreibung fokussiert auf dem universalen Aspekt des Themas Grenzen. Doch scheint mir, dass ihnen im deutsch-israelischen Kontext zudem eine besondere, mithin partikulare Bedeutung zukommt. »Das Verhältnis zwischen unseren Ländern wird für immer ein besonderes sein. Im Wissen um das Geschehene halten wir die Erinnerung wach. Mit den Lehren aus der Vergangenheit gestalten wir gemeinsame Zukunft. Das ist deutsch-israelische Normalität [...]«, sagte der deutsche Staatspräsident Johannes Rau 2000 in der Knesset, dem israelischen Parlament. Stimmt diese Aussage heute noch oder ist sie verjährt?

Der Titel der vorliegenden Publikation drückt Fragestellungen aus: Können die vom Schatten der Schoah geschaffenen Grenzen zwischen Deutschland und Israel gänzlich überwunden werden? Sollte es überhaupt unser Bestreben sein, diese hinter uns zu lassen?

Die Doppeldeutigkeit des Wortspiels »Grenzen-los?« beschreibt ein Spannungsfeld im deutsch-israelischen Dialog: Einerseits besteht der Wunsch, Grenzen zu überwinden – nur so kann sich ein Gespräch entwickeln, das Annäherung und Empathie ermöglicht und so die Basis für gegenseitigen Respekt schafft. Andererseits setzen Annäherung und Einfühlungsvermögen ein Gegenüber, mithin gleichsam ein Nichtidentisches, dem man sich annähern und in das man sich einfühlen kann, und damit auch notwendig Grenzen voraus.

Durch meine Arbeit habe ich intensiven Kontakt mit Deutschen, die in Israel leben, und mit Israelis, die ihren Lebensmittelpunkt nach Deutschland verlegt haben. Es fiel mir auf, dass diese beiden Gruppen mit unterschiedlichen Grenzerfahrungen konfrontiert sind. Daher reizte es mich immer mehr, den damit zusammenhängenden Fragen im Gespräch mit Menschen nachzugehen, die aus unterschiedlichen Beweggründen ihr Herkunftsland Deutschland bzw. Israel verlassen und sich im jeweils anderen Land für einen bestimmten Zeitraum oder ganz niedergelassen haben. Folgende Fragestellungen interessierten mich besonders: Welche mit der Vergangenheit und mit der Gegenwart verbundenen Assoziationen lösen »Grenzen« bei den Befragten aus; überwiegen Unterschiede oder Ähnlichkeiten? Welche Gründe haben sie zu ihrem Umzug bewogen? Stoßen sie an Grenzen? Wenn ja, sind es die eigenen oder die der anderen? Wie gestaltet sich ihre eigene Identität in der gewählten Umgebung?

So entstand die Idee zu der vorliegenden Publikation, in der geografischen, metaphorischen, sichtbaren und unsichtbaren Grenzen nachgegangen wird.
Die Personalisierung von Geschichte und Gegenwart im israelisch-deutschen Kontext stellt einen zentralen Ansatz meiner Arbeit in all ihren Aspekten dar. So ist sie auch die Grundlage bei der Konzeption dieses Buches.
Wie schon beim 2013 gleichfalls bei der bpb erschienenen Buch »Heimat? – Vielleicht. Kinder von Holocaustüberlebenden zwischen Deutschland und Israel« boten sich lebensgeschichtliche Interviews als das angemessene Format für die Suche nach Antworten auf die oben genannten Fragen an. Denn wer kann diese besser beantworten als die Menschen, um die es geht?

Zu den Interviews

Kriterien für die Auswahl der Interviewten

Die Interviewten sind Deutsche, die in Israel leben, und Israelis, die in Deutschland leben.

Da eine Teilgruppe in »Heimat. Vielleicht« aus jüdischen Deutschen, die in Israel eingewandert waren, bestand, wurden jetzt Deutsche, die nicht aus jüdischen Familien stammen, ausgewählt. Zwei der Befragten sind zum Judentum übergetreten. Welche Rolle dieser Schritt für ihre Biografien spielt, ist ein Leitthema ihrer Erzählungen.

Manche Befragten hatten bzw. haben ihren Lebensmittelpunkt nur für einen bestimmten Zeitraum ins jeweils andere Land verlegt, andere stellen dies als eine auf Dauer angelegte Lebensentscheidung dar. Bei der Auswahl der Interviewgebenden waren folgende Kriterien wichtig:
- Diversität hinsichtlich des familiären, generationsbedingten und biografischen Hintergrunds der Befragten;
- Diversität der geografischen Räume;
- Selbstperzeptionen und -darstellungen in sozialen, kulturellen und religiösen Aspekten;
- Zugehörigkeit zu unterschiedlichen Generationen;
- unterschiedliche Beweggründe für die Migration (Partnerschaft, Studium, Arbeit);
- Ausgewogenheit zwischen weiblichen und männlichen Interviewten.

Profil der Interviewgebenden

Die in dieser Veröffentlichung versammelten 16 Interviews – jeweils acht pro Teilgruppe – sind Resultat einer monatelangen Recherche. Die Interviews wurden zwischen März und August 2015 geführt. Sie stellen den Erfahrungshorizont und die Lebenssituation der Interviewgebenden zum Zeitpunkt der geführten Gespräche dar und konnten eventuelle Änderungen danach nicht berücksichtigen.

Das Spektrum auf deutscher Seite umfasst die Lebensgeschichten von:
- einem jungen Mann, der wegen seines Freundes nach Israel gekommen ist;
- einer in der DDR aufgewachsenen und mit einem arabischen Israeli verheirateten Mutter zweier Kinder;
- einem Freiwilligen mit türkischem Migrationshintergrund, der ein soziales Jahr in Haifa absolviert;
- einem zum Judentum übergetretenen, mit einer orthodoxen Jüdin verheirateten Wissenschaftler;
- der Beauftragten der »Aktion Sühnezeichen Friedensdienste« in Israel;
- einer seit 1972 in Israel lebenden und zum Judentum übergetretenen Architekturdozentin;
- einer seit 1989 in Israel tätigen Journalistin;
- einer in Jerusalem lebenden gläubigen Christin, die ihr Leben Holocaustüberlebenden gewidmet hat.

Auf israelischer Seite sind die Erzählungen von acht Befragten festgehalten. Es sind dies:
- eine Schriftstellerin, die sich in Deutschland mit ihrer Auseinandersetzung zum israelisch-palästinensischen Konflikt profiliert hat;
- ein Musiker, der sich nicht mehr mit der Vergangenheit auseinandersetzen möchte;
- ein in Hamburg ansässiger arabischer Israeli, der sich in Israel benachteiligt gefühlt hat;
- eine 72-jährige Pädagogin, die sich im jüdisch-christlichen Dialog engagiert hat;
- der 80-jährige Gründer der Jüdischen Gemeinde in Marburg, der seit zwanzig Jahren in Deutschland lebt;
- ein Student, der sich in Regensburg mit antisemitischen Erfahrungen konfrontiert sah;
- eine orthodoxe, aus den USA stammende Jüdin, die ihrem deutschen Mann nach Deutschland gefolgt ist;

- eine 30-jährige ehemalige Kibbuzbewohnerin, die den ihr zu anstrengend gewordenen Anforderungen des Lebens in Israel entfliehen wollte.

Unter den Befragten gibt es ein Ehepaar und ein homosexuelles Paar, die jeweils in beiden Ländern zusammengelebt haben und damit besonders interessante Einblicke zum Thema des Buches gewähren können.

Methodischer Ansatz

Alle Unterhaltungen wurden mündlich geführt und aufgezeichnet. Sie liefen nach einem identischen Muster ab.

Die Gespräche begannen mit der Frage nach der Familiengeschichte und der Biografie der Interviewgebenden. In diesem Teil war viel Raum für offenes Erzählen.

Anschließend wurde als Erhebungsinstrument ein einheitlicher, sich am Leitmotiv »Grenzen« orientierender Fragebogen eingesetzt; auf die dort gestellten standardisierten Fragen konnten die Befragten frei antworten. Danach wurden die Gespräche transkribiert und eine erste sprachliche Bearbeitung vorgenommen. Der nächste Arbeitsschritt bestand in der thematischen Aufteilung und Einordnung der Gespräche. Auch für dieses Buch gilt die Aussage von Hohls und Jarausch (2000, S. 40): »Die publizierte Form von Interviews stellt eine ambivalente Textgattung dar, in der sich mündlicher Sprachduktus und schriftliche Ausarbeitung im steten Wechsel verbinden. [...] Auch nach korrigierender Durchsicht handelt es sich [...] nicht um ausgefeilte wissenschaftliche Formulierungen, die dauernde Geltung beanspruchen, sondern eher um mündliche Äußerungen, die eigenes Nachdenken nachvollziehbar machen sollen.« Es wurde versucht, die Gespräche inhaltlich so authentisch wie möglich in einer »leserfreundlichen Textform« wiederzugeben.

Die auf diese Weise entstandenen Texte erhielten die Interviewgebenden zur Durchsicht. Alle befragten Personen setzten sich mit ihren Interviews intensiv auseinander, korrigierten und ergänzten sie. Manche nahmen Textpassagen heraus, die ihnen beim nochmaligen Lesen als zu persönlich erschienen.

Meine Eindrücke und Gedanken zu den geführten Gesprächen

Lebensgeschichtliche Interviews durchzuführen, ist eine sehr schöne, herausfordernde und manchmal auch komplexe Erfahrung, die ich für die pädagogische Arbeit mit Jugendlichen und Erwachsenen ausdrücklich empfehlen kann. Aus diesem Grund beschreibe ich an dieser Stelle meine persönlichen Erfahrungen und Eindrücke während des Arbeitsprozesses.

Es war mein Ziel, eine offene und vertrauensvolle Atmosphäre, die Freiräume und Denkpausen einschloss, für das Interview zu schaffen. Daher habe ich den Gesprächspartnerinnen und -partnern im Vorfeld zugesichert, dass sie Anspruch auf Anonymität haben und der Text nur nach ihrer Autorisation veröffentlicht werden würde. Sechs der sechzehn Gesprächspartnerinnen und -partner nahmen das Angebot auf Anonymität in Anspruch, ihre Interviews erscheinen unter einem Pseudonym.

Meine Rolle sah ich als diejenige einer Zuhörerin, die in keiner Weise werten wollte.

Alle Interviewten reagierten mit erstaunlicher Offenheit und Ehrlichkeit. Sie gewährten nicht nur Einblicke in ihr persönliches Leben, erzählten von der Beziehung zu ihren Eltern und skizzierten ihre Zukunftsvorstellungen, sondern gaben auch Auskunft über ihre familiäre Situation, ihre Arbeitswelt und gegenwärtigen Lebensentscheidungen. Eine Gesprächspartnerin kommentierte das verschriftlichte Interview wie folgt: »Es ist schon ganz schön spannend, mit seinem eigenen Leben konfrontiert zu werden.«

Insgesamt war es im Lauf der Arbeit faszinierend, zu beobachten, wie die Interviewgebenden Abstand zu ihrem Leben nahmen und es analysierten. Mehrmals hörte ich im Gespräch die Feststellung: »Darüber habe ich noch nie nachgedacht. Aber diese Fragestellung ist sehr interessant für mich. Das merke ich erst jetzt.«

Die Interviewgebenden reflektierten mithin über ihre eigene Geschichte und Gegenwart.

Subjektives Interpretieren der Interviewgebenden und ihr Anrecht auf Deutungshoheit

Es war für dieses Projekt nicht entscheidend, ob alle Aussagen der Befragten einer wissenschaftlichen Überprüfung standhalten. Die Essenz der Gespräche war die Wahrnehmung und Darstellung der eigenen Biografie im Kontext unseres Themas. »Die Interviewgebenden haben die Deutungshoheit über ihre eigene Geschichte. Das gilt auch dann, wenn der Leserin bzw. dem Leser die Widersprüchlichkeit zwischen einer Aussage und den Lebensumständen der Befragten auffällt.«(Haviv-Horiner 2013, S. 22) – Dieses Zitat aus meinem Beitrag in »Heimat? – Vielleicht« gilt auch für diese Publikation.

Hohls und Jarausch definieren Interviews als »Selbstrepräsentationen [...], in denen der Befragte seine eigenen Erinnerungen, Erklärungen und Deutungen anbietet« (Hohls/Jarausch 2000, S. 40). Damit weisen die Wissenschaftler darauf hin, dass die Subjektivität von biografischen Erzählungen nicht als Ersatz für wissenschaftliche Analyse dienen kann. Ein besonders eindrückliches Beispiel aus den vorliegenden Interviews stellen die unterschiedlichen Beschreibungen des im Juli 2014 stattgefundenen Gazakrieges dar. Die Aussagen sind bei diesem Thema kontrovers, das Spektrum ist weit gefächert: Ein Befragter sieht die palästinensische Seite als alleinverantwortlich an, während eine andere Interviewgebende nur die israelische Regierung scharf kritisiert und die Rolle der Hamas nicht thematisiert. Die Erklärung für diese Widersprüchlichkeiten liegt in unterschiedlichen politischen Einstellungen, die die Wahrnehmung der Ereignisse so stark prägen kann, dass bestimmte Fakten auch einfach ausgeblendet werden.

Nachdem ich meine diesbezügliche Unsicherheit dem Redakteur gegenüber äußerte, überlegten wir, wie wir damit umgehen sollten. Zusammen kamen wir zu dem Schluss, dass die Sicht der Erzählenden unkommentiert bleibt. Wie bei allen anderen Themen sind ihre Aussagen als subjektive und emotionale Interpretationen zu verstehen. Bei diesem Thema spürte ich am stärksten, welch große Herausforderung es ist, meinem Selbstanspruch als nicht wertende, zuhörende Interviewerin gerecht zu werden, da aus meiner Sicht eindimensionale Beurteilungen, sei es in Bezug auf die israelische oder die palästinensische Seite, nicht zu einem fundierten Verständnis des Konfliktes beitragen. Daher sind die Lesenden hier gefordert, sich über den Nahostkonflikt im Allgemeinen und den Gazakrieg im Besonderen multiperspektivisch zu informieren. Hierzu eignen sich andere Publikationen der bpb, einige davon sind am Ende des Bandes (S. 240) aufgeführt.

Widersprüche sind somit ein integraler Teil von lebensgeschichtlichen Gesprächen. Das fiel auch einer deutschen Interviewgebenden selbst auf: »Israel ist immer ein ›Hop-on, Hop-off‹ vom Kopf her, aber physisch leben wir in Israel.«

Ein weiteres interessantes Beispiel ist die Antwort eines israelischen Befragten. Er stellte einerseits fest, dass für ihn die Fremdsprache keine

Grenze für die Integration sei, und im nächsten Satz bekannte er, dass er mit seinem Sohn nur Hebräisch spricht: »Allerdings muss ich zugeben, dass Hebräisch nach wie vor die Sprache ist, in der ich mich emotional am besten und auch am präzisesten ausdrücken kann. Deshalb spreche ich mit meinem Sohn Hebräisch. Aber ich vermittle ihm, dass es nicht wichtiger ist als andere Sprachen.«

Mit dem Leitmotiv »Grenzen« setzten sich die Interviewgebenden intensiv auseinander. Das Spektrum der Antworten reichte von: »Ich kann mit dem Begriff Grenzen nichts anfangen« bis zu »Ich will Grenzen, denn sie bedeuten Respekt«. Ein Interviewgebender mit türkischem Migrationshintergrund spürte, wie er sein Umfeld in Israel verwirrte, da er nicht in das vorgefasste Bild eines jungen Deutschen passte. »In Israel bin ich ein bunter Vogel, denn ich habe keine deutsche Biografie«, stellt er fest. Eine andere Befragte definierte ihr persönliches Empfinden von Grenzen zwischen ihrem Herkunftsland Deutschland und ihrer Wahlheimat Israel: »Dicht dabei, aber nicht zu nah dran«, diese Aussage bezog sie auf beide Gesellschaften.

Mehrere Befragte sahen die Interviews auch als eine Chance, indirekt mit ihrem Umfeld zu kommunizieren und Gefühle auszudrücken, die sie sonst nicht explizit zum Ausdruck bringen. Beispielsweise wies eine Interviewgebende das Angebot auf Anonymität mit folgendem Kommentar zurück: »Diese betreffenden Personen sollten wissen, wie ich denke. Es kann also mit meinem Namen veröffentlicht werden.« Den Mut, der in dieser Antwort liegt, finde ich bewundernswert. Andere wollten nicht namentlich genannt werden. Diesen Wunsch haben wir selbstverständlich respektiert.

Die Publikation im Kontext der deutsch-israelischen Verständigung

Das Buch stellt sich den Metafragestellungen und Herausforderungen, die aktuell den deutsch-israelischen Dialog beschäftigen. Kann und soll die Zentralität des Gedenkens an die Schoah auch weiterhin zukunftsweisend sein? Gibt es ohne sie eine stabile Grundlage für den Dialog zwischen den beiden Gesellschaften? Was genau bedeutet Normalisierung? Kann und soll die globalisierte junge Generation beider Seiten die durch die Geschichte geschaffenen Grenzen überwinden? Gibt es die von Norbert Kron und Amichai Shalev deklarierte »neue deutsch-israelische Lässigkeit« (Kron/Shalev 2015, S. 11) wirklich?

Grenzen-los? – Persönliche Erfahrungen im deutsch-israelischen Dialog

Der Blickwinkel der Befragten ist hierbei besonders relevant, weil sie durch ihre Entscheidung, im jeweils anderen Land zu leben, einen Schritt gemacht haben, der sie im Alltag mit diesen Fragen konfrontiert. Über die sehr persönlichen Sichtweisen der Gesprächspartnerinnen und -partner eröffnen sich Perspektiven auf die historischen Ereignisse und Prozesse, deren Wahrnehmung für den deutsch-israelischen Dialog essenziell ist. Die Gespräche illustrieren eine faszinierende Wechselbeziehung zwischen dem Mikrokosmos der persönlichen Biografie und dem Makrokosmos der »großen Geschichte«.

Das Thema »Grenzen« wurde Leitmotiv der Interviews, da es ihr zentrales Ziel ist, zu verstehen, welchen Einfluss die Wahl von Deutschen, in Israel zu leben, und von Israelis, in Deutschland zu leben, auf die Identität der Interviewgebenden und die Wahrnehmung der eigenen und jeweils anderen Gesellschaft hat. Für diesen Fokus auf Identität wurden Perspektiven ausgewählt, die für Lesende persönlich nachvollziehbar sind. Daher setzt sich das Ensemble der Biografien mit Fragen der Zugehörigkeit bzw. Ablehnung sowie Alltags- und Migrationserfahrung auseinander. Anhand der Schilderungen der beiden Teilgruppen kann analysiert werden, inwieweit unterschiedliche Sozialisationserfahrungen für die Entscheidung, in welchem Land man leben will, von Bedeutung sind.

Alle Interviews zusammen ergeben ein Mosaik und gleichzeitig ist jedes Gespräch eine individuelle Lebenswelt für sich.

Die begleitenden wissenschaftlichen Beiträge zu den vielstimmigen Erzählungen runden das Konzept der Publikation als ein Instrumentarium der politischen Bildung ab. Sie richten sich in erster Linie an die Lehrkräfte. Der Beitrag von Professor Moshe Zimmermann hilft den Lesenden bei der Verortung und Einordnung der Interviews sowohl in Bezug auf die deutsche als auch auf die israelische Wahrnehmung. Professor Wolfgang Sanders Beitrag bettet die Gespräche in einen didaktischen Kontext ein, der es ermöglicht, das Potenzial des Buches für die Bildungsarbeit auszuschöpfen. So bietet er praxisorientierte Anregungen für den Einsatz im Unterricht. Darüber hinaus ermöglicht die thematische Einteilung der Interviews, didaktische Zugänge für die Auseinandersetzung mit den Texten zu finden. Alle Bausteine des Buches, einschließlich des Glossars, sollen es insbesondere den Lehrenden ermöglichen, die erforderlichen Informationen für den Einsatz der Interviews im Unterricht kompakt im Buch selbst vor Augen zu haben.

Erweiterung des Referenzrahmens: Selbstreflexion der Lesenden

Wenn auch der deutsch-israelische Kontext im Mittelpunkt dieses Buches steht, so sind dessen Fragestellungen so konzipiert, dass sie über diesen partikularen Referenzrahmen hinaus auch für die Lebensrealität der Lesenden Relevanz haben. Letztere werden angeregt, die Lebenswelten der Befragten zu entdecken und in einem zweiten Schritt über ihre eigene Geschichte und Gesellschaft im Kontext von Grenzen nachzudenken. Die Darstellung von konkreten und subjektiv nachempfindbaren Situationen, zum Beispiel das Erlernen einer fremden Sprache, Erfahrungen der In- und Exklusion sowie der Trennung von der Familie regen zum Nachdenken und Mitfühlen an. Das Thema »Grenzen« kann leicht in den Erfahrungshorizont der Schülerinnen und Schüler eingebracht werden. So können sie sich durch das Nachspielen von Szenen in die beschriebenen Situationen hineinversetzen und diese dann auch in Bezug zu ihrer eigenen Lebensrealität bringen.

Somit liegt der Mehrwert des Buches in nicht geringem Maß darin, dass die Selbstreflexion der Lesenden durch ihre Assoziationen zu dem Stichwort »Grenzen« Richtungen einschlagen kann, die weit über das Thema dieses Buches hinausweisen.

Die bereits angesprochene subjektive Interpretation der eigenen Biografie und auch der gelebten Geschichte (s. S. 16 ff.) markiert eine Begrenzung der Methode, die jedoch keineswegs eine Einschränkung bedeuten muss. Sie kann als Bereicherung der Diskussion dienen. Beispielsweise habe ich die Erfahrung gemacht, dass ein Gespräch mit Schülerinnen und Schülern zum Thema »Objektivität« und »Subjektivität« durchaus einen großen Erkenntnisgewinn bringen kann. Es kann ein bewusstseinsbildender Faktor sein, der den »Mut zum Fragezeichen« fördert. Damit meine ich, dass Schülerinnen und Schülern verdeutlicht werden soll, dass es durchaus möglich und sogar notwendig ist, immer wieder kritische Fragen zu stellen. Gleichzeitig sollte ihnen vermittelt werden, dass der Wille, sich ein eigenes Urteil zu bilden, nicht im Widerspruch zu einem empathischen Zugang zur Materie steht.

Somit zieht sich auch der »Aufruf zum Fragezeichen« als roter Faden durch das Buch. Hiermit sind sowohl die Fragen gemeint, die in den Gesprächen an die Interviewgebenden gerichtet worden sind, als auch ihre eigenen Fragezeichen im Zuge ihrer Selbstreflexion und die Fragen der Lesenden.

Abschließend möchte ich meinem Wunsch Ausdruck verleihen, dass dieses Buch ins Hebräische übersetzt werden wird. Es fokussiert auf Fragen und Methoden, die auch für den israelischen Diskurs wichtig sind. Mit diesem Buch verbindet sich somit die Hoffnung, ein Instrumentarium für die Weiterentwicklung des deutsch-israelischen Dialogs geschaffen zu haben, da es Ansätze und Themen einbringt, die junge Menschen beider Gesellschaften aus ihrer eigenen Lebensrealität interessieren. Das Entscheidende hierbei ist, eine Form der Vermittlung zu finden, die die Zukunftsträgerinnen und Zukunftsträger Deutschlands und Israels dazu motiviert, den Dialog mitzugestalten und ihn auf der Grundlage der Vergangenheit mit neuen Inhalten zu füllen. Dafür gilt mein Dank allen, die mich in dieser Arbeit unterstützt und begleitet haben.

Danksagungen

Dieses Buch gäbe es ohne die Interviewgebenden nicht. Daher bin ich allen, die mit mir gesprochen haben, zu großem Dank und Respekt verpflichtet.

In Heinrich Bartel fand ich einen Ansprechpartner in der bpb, dessen tiefgründige Kenntnis der Materie und Kollegialität es mir ermöglichte, immer wieder seinen Rat vertrauensvoll einzuholen.

Professor Moshe Zimmermann bestärkte mich im thematischen und methodischen Ansatz und willigte ein, sein unerschöpfliches historisches und aktualitätsbezogenes Wissen in die Publikation einzubringen. Es war mir eine Freude und Ehre, mit ihm zu arbeiten.

Für die Abrundung der Publikation als didaktisches Instrument kann ich mir keinen passenderen Wissenschaftler als Professor Wolfgang Sander vorstellen. Er verbindet seine Expertise der politischen Bildung mit profundem Wissen und Verständnis für die Nuancen des deutsch-israelischen Dialogs. Seine Anregungen ermöglichen die Einbettung der Publikation in die politische Bildung.

Gabi Gumbel bewährte sich wieder als vorzügliche Lektorin, deren Beitrag weit über sprachliche Korrekturen hinausgeht.

Anna Ntemiris, die Amnon Orbach vorgeschlagen und ihn auch selbst interviewt hat, hat damit einen wertvollen Beitrag zu unserer Arbeit geleistet und dafür danke ich ihr.

Mein besonderer Dank gilt meiner Kollegin Michaela Bechtel, die mich in allen Etappen des Projektes tatkräftig unterstützte.

Literatur

Hafner, Georg M./Schapira, Esther: Israel ist an allem schuld. Warum der Judenstaat so gehasst wird, Köln 2015.

Haviv-Horiner, Anita: Heimat? – Vielleicht. Kinder von Holocaustüberlebenden zwischen Deutschland und Israel, in: Haviv-Horiner, Anita/Heilbrunn, Sibylle (Hrsg.): Heimat? – Vielleicht. Kinder von Holocaustüberlebenden zwischen Deutschland und Israel, Bonn 2013, S. 9–23.

Hohls, Rüdiger/Jarausch, Konrad H. (Hrsg.): Versäumte Fragen. Deutsche Historiker im Schatten des Nationalsozialismus, Stuttgart 2000.

Kron, Norbert/Shalev, Amichai (Hrsg.): Wir vergessen nicht, wir gehen tanzen. Israelische und deutsche Autoren schreiben über das andere Land, Bonn 2015.

Yair, Gad: Die Deutschen – ein israelisches Porträt (deutscher Arbeitstitel für die geplante deutsche Veröffentlichung seines 2015 auf Hebräisch im Verlag Mehuad-Kav Adom erschienenen Titels).

Moshe Zimmermann

Der kleine Grenzverkehr Israel – Deutschland

Schaut man auf das Alte Testament, so meldet sich bereits im dritten Kapitel des ersten Buches die erste Grenze in der Geschichte – die Grenze zwischen dem Garten Eden und dem Land der Verbannung. Gott »trieb den Menschen hinaus und ließ lagern vor dem Garten Eden die Cherubim mit dem flammenden, blitzenden Schwert, zu bewachen den Weg zu dem Baum des Lebens«. Eine Grenze – das lehrt uns bereits diese Geschichte – hat eine doppelte Funktion, eine negative, verbietende, oder auch eine positive, schützende. Sie kann hermetisch oder auch durchlässig sein (vgl. die von Anita Haviv auf S. 11 f. zitierte Definition von Harald Welzer). Paradox ist, so Alexander Demandt in dem von ihm 1990 herausgegebenen Buch »Deutschlands Grenzen in der Geschichte« (S. 19 f.): »Um Streit zu vermeiden, zieht man Grenzen. Und nachdem sie gezogen sind, streitet man sich um nichts lieber als um Grenzen.«

Die Geschichte der Grenzen Deutschlands hat viel mit »Nachbarschaftsstreit« zu tun, nicht nur bis zum Ende des Zweiten Weltkriegs, sondern auch noch in der Zeit des Kalten Krieges und sogar in den Jahren danach. Da es aber zwischen Deutschland und Israel keine Grenze im üblichen, geografischen Sinn des Wortes gibt, befasst sich die vorliegende Veröffentlichung mit einer metaphorischen, weder natürlichen noch politischen Grenze zwischen Israel und Deutschland, zwischen Deutschen und Israelis oder auch zwischen Deutschen und Juden. Diese Grenze erinnert durchaus an das erste Buch Mosis, denn sie hat mit Vertreibung und Auswanderung zu tun – die Vertreibung der Juden aus Judäa in der Antike, unter anderem nach Germania, und der Vertreibung der Juden aus Deutschland im »Dritten Reich«. Römische Soldaten, SS-Männer und britische Soldaten übernahmen die Rolle der biblischen Cherubim als Wächter der Grenzen und als historische Figuren.

Darüber hinaus gibt es eine metaphorische Affinität zwischen der Bedeutung der Grenzen für Deutschland und für Israel. Zum einen spielte die Vorstellung von einem Land »umkreist von Feinden« in beiden Geschichten eine entscheidende Rolle (für Israel ist diese Vorstellung noch immer aktuell, trotz der Friedensverträge mit Ägypten und Jordanien 1979 bzw. 1994). Zum anderen handelt es sich um die Vorstellung von der Rolle eines Flusses als Grenze, im Fall Deutschlands der Rhein, im Fall Israels der Jordan. »Der Rhein – Teutschlands Strom, nicht Teutschlands Grenze«, ist der Titel einer Schrift des deutschen Nationalisten Ernst Moritz Arndt im Jahr 1813, als sich Preußen bzw. Deutschland gegen die napoleonische Herrschaft zu behaupten versuchte. »Zwei Ufer hat der Jordan – das eine wie das andere gehören uns«, heißt es im Refrain der Hymne der jüdischen Nationalisten (»zionistische Revisionisten« genannt) »Das linke Jordanufer«, gedichtet von Wladimir Zeev Jabotinsky, dem Ideologen der Revisionisten, im Jahr 1929, der britischen Mandatspolitik zum Trotz. Und hier wie dort: Wenn der Traum vom nationalen Strom in ferne Zukunft rücken muss, soll der Strom mindestens als Grenze verteidigt werden: Max Schneckenburger dichtete 1840 »Die Wacht am Rhein«: »Es braust ein Ruf wie Donnerhall / Wie Schwertgeklirr und Wogenprall: Zum Rhein, zum Rhein, zum deutschen Rhein! Wer will des Stromes Hüter sein? Lieb' Vaterland, magst ruhig sein / Fest steht und treu die Wacht am Rhein!« Etwa 45 Jahre später verfasste der zionistische Nationaldichter Naftali Herz Imber »Die Wacht am Jordan«: »Soll dein Gewässer donnern […] die lauschenden Söhne Jakobs werden zur Hilfe eilen […] tags und nachts wird gewacht.« Beinahe wäre dieses Gedicht zur israelischen Nationalhymne geworden und nicht die *hatikwa* (Hoffnung), deren Text ebenfalls aus seiner Feder stammt. Es ist die Ironie der Geschichte, dass, während im deutschen Fall der Rhein teils deutscher Strom, teils deutsche Grenze geworden ist, ohne dabei weiterhin ein politisches Thema zu sein, der israelische Anspruch auf den Jordan, auch wenn dieser »nur« Grenze sein soll, zur Provokation und zum Störfaktor für den Frieden in der Region wurde.

Das vorliegende Buch befasst sich mit einigen Grenzübergängen und Grenzüberschreitungen – im räumlichen, persönlichen und vor allem aber im metaphorischen Sinn. Im Zentrum des Buches stehen Menschen, die ihre Heimat verlassen haben, um jenseits der Grenze zu leben, in knapp der Hälfte der Fälle dazu in einer Liaison mit einer Person des Kollektivs der »anderen«. Es geht hier um eine äußerst paradoxe Grenzüberschreitung, denn die Geschichte der Schoah schuf eine einzigartig hohe Mauer zwischen Deutschen und Juden und damit zwischen Deutschen und israelischen Juden. Zu dieser Mauer gehörte ursprünglich kein Tor, kein Durchgang. In der Sprache der Nazis gab es ohnehin eine unüberbrückbare Unterscheidung zwischen »Ariern« und Juden, und die »Endlösung« verwandelte bekanntlich diese theoretische Unterscheidung in einen Unterschied zwischen Leben und Tod. Das Ergebnis war die eindeutige Barriere zwischen Tätern und Opfern, ja, zwischen dem »Volk der Täter« und dem »Volk der Opfer«. Dass die Barriere, diese Mauer, nach Ende der Schoah Risse zeigte, war überraschend, schon deswegen, weil das biblische Gebot eben »bei denen, die mir Feind sind, verfolge ich die Schuld der Väter an den Söhnen, an der dritten und vierten Generation« (Exodus 20, 5) heißt. Der »kleine Grenzverkehr« begann erstaunlich früh, unmittelbar im Anschluss an den Untergang des »Dritten Reiches« und an das Ende der Schoah. Eigentlich war es die Rassenpolitik der Nationalsozialisten selbst, die die Voraussetzung für die paradoxe Entwicklung schuf: Die, die 1944/45 als Juden noch im Reich leben durften, waren Juden, die »in privilegierter Mischehe« lebten oder »Mischlinge«, das heißt Nachkommen einer solchen Ehe, waren. Das Fundament für die Grenzüberschreitung haben absurderweise die Nazis selbst gelegt: Auf deutschem Territorium lebten hauptsächlich Juden, die mit Nichtjuden vermählt waren (die Anzahl der sogenannten U-Boote war gering, zwei- bis dreitausend). Hinzu kamen Juden, die die Nazis selbst ins Reich verschleppt hatten, als Zwangsarbeiter oder KZ-Inhaftierte, und die DPs (Displaced Persons) aus den vom Reich besetzten Gebieten. Zwei Jahre nach Ende des Krieges gab es auf deutschem Territorium (in den vier Besatzungszonen) 200 000 bis 300 000 Juden. Fünf Jahre nach Ende des Krieges gab es bereits ca. 1 000 Fälle von Ehen zwischen DPs und deutschen nicht jüdischen Frauen (Hillenbrand 2015, S. 99).

Die Grenzüberschreitung kam auch im politischen und kulturellen Bereich zum Vorschein. Es ging um die Remigration von Juden oder die Beteiligung am Kulturleben nach der Katastrophe. Symptomatisch war die Entwicklung im Bereich des Sports. Während am Anfang die Fußballmannschaften der DP-Lager nicht jüdische Spieler ausschlossen und Spiele gegen »arische« Mannschaften verboten waren, kam es nach und nach zu »Grenzüberschreitungen« auch im Sport und Fußball – Kurt Landauer kehrte aus dem Exil zurück und wurde wieder Präsident von Bayern München (1947–1951), Alfred Riess wurde Präsident von Werder Bremen (1947–1951, 1963–1967) und der TV-Entertainer Hans Rosenthal wurde Vorsitzender von Tennis Borussia Berlin (1965–1973) (Brenner/Frei 2012, S. 162 f.).

Umgekehrt hatten auch Juden in Palästina nach 1945 die Möglichkeit, die »Grenze« nach Deutschland zu öffnen. Dabei ging es nicht nur um die »Jüdische Brigade«, die auf der Seite der Alliierten gegen Nazi-Deutschland gekämpft hatte, ab Ende des Zweiten Weltkrieges auch im besetzten Deutschland stationiert war und so in Berührung mit der dortigen Bevölkerung kam, sondern auch um die Wiederherstellung von abgebrochenen Kontakten zwischen Personen in Palästina (ab 1948 Israel) und Deutschland. Die Geschichte, die der Dokumentarfilm »Die Wohnung« von Arnon Goldfinger (2011) erzählt, die von der Wiederaufnahme freundschaftlicher

Beziehungen zwischen einem jüdischen Ehepaar, das in den 1930er-Jahren aus Deutschland nach Palästina emigrierte, und einem deutschen Ehepaar, das in die »Endlösung der Judenfrage« verwickelt war, handelt, ist zwar ein Extremfall, deutet aber darauf hin, dass die Grenzüberschreitung sogar unmittelbar nach dem Ende des »Dritten Reiches« nicht unmöglich war.

Die Vorschrift des israelischen Auswärtigen Amtes, wonach Inhaber des israelischen Passes überallhin reisen dürften »mit Ausnahme Deutschlands« (so damals der gestempelte Vermerk im israelischen Reisedokument), kam also nicht von ungefähr, sie war die Antwort auf Grenzüberschreitungen dieser Art – Israelis, die aus verschiedenen Gründen nach Deutschland wollten, als hätte es die Schoah nicht gegeben (vgl. Primor 1997). Dabei ging es nicht nur um den Wunsch von Jeckes, von israelischen Juden also, die aus Deutschland geflohen oder vertrieben worden waren, in die drei Westzonen, später in die Bundesrepublik Deutschland zurückzukehren – Joseph Neuberger, später Justizminister von Nordrhein-Westfalen, ist dafür ein gutes Beispiel –, sondern auch um Juden, die in das von den Sowjets besetzte Deutschland remigrierten. Arnold Zweig kehrte nach dem Krieg aus Haifa in die SBZ (sowjetische Besatzungszone) zurück, auch sozialistisch gesinnte Emigranten aus anderen Ländern der Welt kamen zurück. Diese Grenzgänger fühlten sich durchaus berechtigt zu dieser Entscheidung: »Hier in der DDR«, erzählte Arnold Zweig dem israelischen Journalisten Amos Elon, »gibt es überhaupt kein ›Bewältigungsproblem‹ wie drüben [...]. [In der DDR] hat man [die Vergangenheit] nicht bewältigt. Man hat sie ausgekotzt.«(Elon 1966, S. 188)

Die Grenzüberschreitung ging jedoch nicht nur in die eine Richtung, von Palästina/Israel nach Deutschland, sondern auch umgekehrt. Hierzu das Beispiel Orna Porat: Die »Arierin« Irene Klein, Jahrgang 1924, gebürtige Kölnerin, ehemaliges Mitglied des BDM (»Bund Deutscher Mädel« in der Hitlerjugend) und Flakhelferin, traf 1945 einen anderen gebürtigen Kölner, Joseph Proter, Soldat der Jüdischen Brigade, und wanderte mit ihm 1947 nach Palästina aus. Sie konvertierte zum Judentum, hebraisierte ihren Namen, hieß nach der Heirat Orna Porat und wurde eine der beliebtesten Diven des israelischen hebräisch sprechenden Theaters. Irene/Orna blieb kein Einzelfall. Ein Vierteljahrhundert nach der Schoah entschied sich die Familie von Schwarze aus München, zum Judentum zu konvertieren und nach Israel auszuwandern. Frau Beate Esther Schwarze übersetzt seitdem schöne Literatur aus dem Hebräischen ins Deutsche und die Tochter Sara ist eine bekannte Schauspielerin auf den israelischen Bühnen, dazu auch politisch aktiv.

Noch strenger als auf Reisende nach Deutschland achtete man in der »vor-visafreien« Zeit in Israel darauf, dass Deutsche nicht nach Israel zu

Besuch kamen. Seitdem das retroaktive »Gesetz zur Verfolgung der Nazis und ihrer Gehilfen« verkündet wurde (1950), war es für Deutsche, die vor 1928 geboren waren, sogar riskant, israelischen Boden zu betreten. Und trotzdem gab es Ausnahmen. Erich Lüth, Pressereferent der Stadt Hamburg, startete 1951 sein Unternehmen »Frieden mit Israel«, veröffentlichte vor Ende des Jahres den Aufsatz »Wir bitten Israel um Frieden« und bereiste im Dienst dieser Idee bereits 1952 das Land der Opfer. Wie inkonsequent man in Israel schon sehr früh war, zeigt die bizarre Geschichte der ungeplanten Zwischenlandung von Hjalmar Schacht (Hitlers Wirtschaftsminister bis 1937) auf dem Flughafen Lod im November 1951! Er wurde als Interviewpartner gewonnen, statt verhaftet zu werden. In diesem Interview behauptete er übrigens, dass Deutschland Israel keine »Wiedergutmachung« schuldig sei.

Die individuellen Geschichten dieser Grenzüberschreitung fügen sich in eine breitere Geschichte der Annährung zwischen dem Volk der Täter und dem Volk der Opfer ein, vor allem der Opfer, die sich im jüdischen Nationalstaat befanden und befinden. Denn schon die Ausgangsposition für diese Beziehung hinterfragt den Begriff der Grenze: Mindestens für die aus Deutschland eingewanderten Israelis ist diese Grenze eine von den Nazis künstlich konstruierte Grenze. Die deutschen Juden waren ja Deutsche, deren Zugehörigkeit zum deutschen Volk von den Nazis geleugnet wurde, was dem Selbstverständnis und der Selbstbestimmung dieser Menschen jedoch durchweg zuwiderlief. Formal waren sie ab September 1935, spätestens ab November 1941 aufgrund der NS-Gesetzgebung keine Deutschen mehr. In den eigenen Augen waren sie aber auch nach der erzwungenen Auswanderung nach Palästina im Prinzip »Auslandsdeutsche«. Sogar nach dem Erhalt der palästinensischen, seit 1948 israelischen Staatsangehörigkeit blieb dieses Segment der israelischen Gesellschaft kulturmäßig eine deutsche Diaspora in Israel. Und spricht man vom kulturellen Erbe der osteuropäischen Juden in Israel, die mit der jiddischen Sprache aufgewachsen waren, so verwischt sich die Grenze auch für eine viel größere Gruppe als die etwa zehn Prozent große Minderheit der sogenannten Jeckes.

Auch der deutsche Begriff »Heimat« relativiert den Umgang mit dem Begriff Grenze – das zeigen die meisten Interviewten im vorliegenden Buch. Zur Frage »Wo ist deine Heimat?« lautet die scharfsinnige Antwort einer in Berlin nach der Schoah geborenen Gesprächspartnerin: »Das ist heute [...] Israel, aber das muss nicht immer so bleiben. [...] Entweder habe ich keine Heimat, oder beide Länder sind meine Heimat.« (Koll, S. 86) Auch die Sprache relativiert den Begriff der Grenze – bei den in Israel geborenen Interviewten, die in Deutschland leben, wird oft die deutsche Sprache zur eigentlichen Barriere bzw. Grenze. Es dauerte nicht lange, bis die Grenze Israels zur deutschen Kultur durchbrochen war, zum Teil deswegen, weil in der Zeit unmittelbar nach dem Zweiten Weltkrieg für viele die Sprachbarriere nicht existierte. In dem populärsten Unterhaltungsgenre, im Kino, waren bereits Mitte der 1950er-Jahre deutschsprachige Filme in israelischen Kinos zugelassen und heiß begehrt. »Sissi« wurde zur Erfolgsstory. Österreichische Filmproduktionen, nicht aber in Deutschland produzierte Filme, liefen auf der Leinwand, auch wenn alte Nazi-Filmstars dabei waren, wie zum Beispiel Magda Schneider, die Mutter Romy Schneiders. Der Protest blieb weitgehend aus. Heimatfilme und andere Schnulzen waren willkommen. Als Robert Stolz 1961 nach Israel kam, um ein Konzert der israelischen Philharmonie zu dirigieren, bestand er darauf, dass die Operettenarien auf Deutsch gesungen wurden, und traf (für ihm überraschend) auf die Zustimmung des Publikums. Mit ihm – einem Österreicher, der dazu Deutschland nach dem Anschluss 1938 verlassen hatte – durfte diese Grenze überschritten werden, genauso wie mit der anderen Emigrantin aus Nazi-Deutschland, Marlene Dietrich, die 1960 in Israel auftrat und vom Publikum sogar aufgefordert wurde, auf Deutsch zu singen. Als »Entschädigung« galt übrigens, dass Dietrich ein Lied, *shir ha'tan* (Lied des Schakals), auf Hebräisch gesungen hatte.

Es gab also schon kurz nach dem Krieg die ersten, unpolitischen Annäherungsversuche, aber bereits sieben Jahre nach der Schoah hatte die Politik die Kultur eingeholt und den entscheiden Schritt unternommen, um den »Grenzübergang« zu öffnen: Die Bundesrepublik Deutschland, die sich im Wettbewerb mit der DDR um die Alleinvertretung der Deutschen und der deutschen Geschichte befand und sich um die Wiederanerkennung Deutschlands als Mitglied der internationalen Gemeinschaft bemühte, griff das Thema Israel auf. Der erste Kanzler der Bundesrepublik, Konrad Adenauer, wusste, dass die Bundesrepublik in diesem Wettbewerb vor allem auf die Unterstützung der Vereinigten Staaten und der Westmächte angewiesen war und dass die Annäherung an die Juden dabei mehr als eine nur symbolische Bedeutung haben würde. Zur selben Zeit rang der im Jahr 1948 gegründete Judenstaat Israel, der sich als Alleinvertreter der Juden und der jüdischen Geschichte verstand, um seine Existenz. Der erste Regierungschef Israels, David Ben-Gurion, hielt seinerseits die Normalisierung der Beziehungen zur Bundesrepublik Deutschland für ein Grundelement der Sicherheit Israels und war bereit, Adenauer (aber auch Leute wie Erich Lüth) als Beweis für die Existenz eines »anderen Deutschlands« zu betrachten. Reparationen, die die Bundesrepublik an den jüdischen Staat, Erbe des europäischen Judentums, bezahlen würde, galten auf beiden Seiten als »Wiedergutmachung« und als ausreichender erster Schritt, um die symbolische Grenze zwischen beiden Staaten teilweise zu öffnen (vgl. Diner 2015).

Sofern es ein Annus mirabilis in den Beziehungen zwischen Israel und Deutschland gibt, so ist es nicht das Jahr der Aufnahme der diplomatischen Beziehungen, 1965, sondern es ist viel früher zu datieren, nämlich in das Jahr 1952, das Jahr des »Wiedergutmachungsabkommens«. Hier wurde eine direkte Antwort auf die große Frage, die die Vergangenheit gestellt hatte, gegeben. Die Bundesrepublik war nach zähen Verhandlungen bereit, 715 Millionen Dollar an Israel zu bezahlen, um so die Integration der Überlebenden der Schoah zu finanzieren. Im Jahr des »Wiedergutmachungsabkommens« gab der Präsident der Bundesrepublik, Theodor Heuss, bei einer Zeremonie in Bergen-Belsen im Beisein des Präsidenten des World Jewish Congress', Nahum Goldmann, zu: »Wir haben von den Dingen gewusst.« Absurderweise konnte Israel mit Staatsmännern wie Adenauer und Heuss in den frühen Jahren eher ins Gespräch kommen, als 13 Jahre später im Jahr der Aufnahme der diplomatischen Beziehungen, als in Bergen-Belsen der zweite Präsident der Bundesrepublik, Heinrich Lübke, behauptete, dass das deutsche Volk »es« nicht gewusst habe (vgl. Elon 1966, S. 39). Lübke wusste angeblich nicht, dass für sein Unternehmen in Peenemünde im Zweiten Weltkrieg KZ-Häftlinge als Zwangsarbeiter eingesetzt wurden.

Der Durchbruch im Jahr 1952 gelang jedoch nicht widerstandslos. In der Bundesrepublik konnte das Luxemburger Abkommen nur mithilfe der in der Opposition sich befindenden SPD ratifiziert werden – auf die Stimmen seiner Koalition allein konnte sich Adenauer nicht verlassen. Meinungsumfragen zeigten, dass die Mehrheit der Deutschen mit dem Abkommen nicht einverstanden war, 44 Prozent hielten die Wiedergutmachung sogar für »überflüssig«. Im Auswärtigen Amt hörte man auf den Widerspruch seitens der arabischen Länder und registrierte auch den Protest des sich nun in Ägypten befindenden ehemaligen Hitler-Verehrers Haj Amin al-Husseini (Conze u. a. 2010, S. 571 ff.).

Auch im Land der Opfer gab es einen starken Widerstand gegen die »Wiedergutmachung«: Sowohl in Ben-Gurions Koalition, aber noch mehr in der rechten und linken Opposition wurde gegen das Abkommen zum Teil gewalttätig protestiert und demonstriert, eben weil durch die Verhandlungen der Eindruck des israelischen Ablasses für die Schoah entstehen konnte.

Doch nach 1952 kam viel Bewegung in die Beziehungen zwischen beiden Staaten. Die israelische Vertretung in Köln, die über die Implementierung des Luxemburger Abkommens wachen sollte, entwickelte sich zu einer semidiplomatischen Vertretung Israels, die sich um die Kooperation im wirtschaftlichen und (seit Gründung der Bundeswehr) militärischen Bereich bemühte. Im Rahmen der »Wiedergutmachung« erhielt Israel vor allem deutsche Waren und Öllieferungen. Ohne die »Wiedergutmachung« wäre, so die Einschätzung auch in der historischen Retrospektive, die wirtschaftliche Lage Israels seinerzeit äußerst prekär gewesen.

Nach der Unterzeichnung des Luxemburger Abkommens haben beide Staaten ihr Interesse an einer intensiven Kooperation signalisiert. Da aber die Bundesrepublik den Erfolg der Hallsteindoktrin nicht durch die Aufnahme der diplomatischen Beziehungen mit Israel gefährden wollte – man befürchtete die Anerkennung der DDR durch die arabischen Staaten als Reaktion auf diesen Schritt – begnügten sich beide Seiten mit geheimen Abmachungen über Wirtschafts- und Militärhilfe. Dabei hat nicht nur Israel Waffen aus Deutschland erhalten, sondern auch Waffen an Deutschland verkauft (seit 1954 das israelische Maschinengewähr UZI). Zwar führten die Enthüllungen über die Waffengeschäfte mit der Bundesrepublik zu politischen Krisen in Israel 1959/60, doch am 14. März 1960 kam es zum historischen Treffen zwischen Konrad Adenauer und David Ben-Gurion in New York, einem Treffen, das die deutsche Wirtschafts- und Militärhilfe für Israel institutionalisierte, wenn auch unter strenger Geheimhaltung und ohne diplomatische Beziehungen.

Drei Jahre später warf die Nachricht vom Beitrag deutscher Ingenieure zur Entwicklung des ägyptischen Mittelstreckenraketensystems einen Schatten auf das deutsch-israelische Verhältnis, doch die Bemühungen um die Aufnahme von diplomatischen Beziehungen gingen weiter, bis es im Jahr 1965 kein Ausweichen mehr gab: Die arabische Welt hatte von der Wirtschafts- und Militärhilfe der Bundesrepublik für Israel erfahren und prompt reagiert: Es kam zur Anerkennung der DDR durch Ägypten. Bundeskanzler Ludwig Erhardt entschied sich daraufhin für die Aufnahme der diplomatischen Beziehungen mit Israel; Israels Regierung, geführt von Ben-Gurions Nachfolger Levi Eschkol, war damit einverstanden und obwohl in Israel vor allem die rechtsorientierte Opposition heftig protestierte, gab es kein Zurück. Ein ehemaliger Wehrmachtsoffizier wurde als Botschafter nach Tel Aviv geschickt, während ein ehemaliger Österreicher, der als Staatssekretär im Verteidigungsministerium bereits seit Jahren Kontakte zu Deutschland hatte, die Akkreditierung als israelischer Botschafter in Bonn erhielt.

Wie aber sah die Grenze zwischen Israel und dem anderen deutschen Staat, der DDR, aus? Diese Grenze blieb nicht nur dicht, die DDR als Land war für Israel praktisch *terra incognita*, nach wie vor 1965. Die innerdeutsche Grenze hatte beim Thema Israel eine noch größere Bedeutung als »nur« für die Bundesrepublik: Die DDR war das einzige Land des Ostblocks, das nie mit Israel diplomatische Beziehungen aufgenommen hatte. Die in die SBZ zurückgekehrten Juden spielten diesbezüglich keine, schon gar keine positive Rolle. Im Jahr 1967 musste die DDR infolge des Sechstagekrieges, anders als die Warschauer-Pakt-Staaten Polen, Ungarn etc., die diplomatischen Beziehungen zu Israel nicht abbrechen, denn auch vorher gab es keinerlei offiziellen Kontakte zwischen beiden Staaten. Mehr noch, die DDR war mit ihrem Antifaschismus und Antiimperialismus so konsequent, dass sie nach innen die Juden und die Schoah entthematisiert hatte und nach außen eine unbeschränkte antiisraelische Politik betrieb und PLO-Kämpfer trainierte. Erst kurz vor dem Zusammenbruch der DDR versuchte die SED-Führung aus pragmatischen Gründen ihre Beziehungen nicht nur zu den amerikanischen Juden, sondern auch zu Israel zu verbessern. Zu spät! Kein Wunder, dass 1989/90, nach dem Fall der Mauer, die israelische Freude über das Verschwinden des israelfeindlichen deutschen Staates DDR die Angst vor einem vereinigten Deutschland (manche sprachen sogar vom »Vierten Reich«) überwog.

Im Rahmen des vorliegenden Buches ist eine detaillierte Darstellung der politischen Beziehungen zwischen Israel und der Bundesrepublik Deutschland nicht erforderlich (siehe hierzu z.B. Gardner-Feldman 1984; Stauber 2003; Weingardt 1997; Wolffsohn 1988; Yeshayahu 1997). Nur auf die Konturen soll kurz ein Blick geworfen werden: Für die Überwindung der emotionalen Grenzen waren im Lauf der Zeit einerseits die Geschehnisse in Europa und anderseits die Ereignisse in und um Israel herum relevant. Nur zwei Jahre nach der Aufnahme der diplomatischen Beziehungen begann die Besetzung der palästinensischen Gebiete jenseits der 1949 vereinbarten Waffenstillstandsgrenze. Die besetzten Gebiete wurden nun auch in den deutsch-israelischen Beziehungen, die ja von den europäisch-israelischen Beziehungen nicht abzukoppeln sind, zum zentralen Thema. Wegen der Last der Vergangenheit verhielt sich die Bundesrepublik jedoch im Umgang mit diesem Thema eher vorsichtig.

Zur einzigen großen Krise zwischen beiden Staaten kam es erst nach 1977, nachdem die Arbeiterpartei die Wahlen verloren hatte und der Likud unter Führung von Menachem Begin an die Regierung kam (und praktisch seitdem – bis auf zwei kurze Unterbrechungen – an der Macht ist). Menachem Begin, der die Demonstrationen gegen die »Wiedergutmachung« seinerzeit angeheizt hatte, blieb den Beziehungen mit Deutschland gegenüber demonstrativ reserviert (allerdings kein Wunder – er lebte bis 1940 in Polen). Während seiner Amtszeit kam es 1981 zur direkten Konfrontation mit dem

SPD-Kanzler Helmut Schmidt vor dem Hintergrund der deutschen Waffenlieferungen an Saudi-Arabien. Eine weniger dramatische Krise entwickelte sich kurz nach dem Fall der Mauer 1991, als der erste Irakkrieg ausbrach und Israel von Raketen bedroht war, die vermeintlich mit von deutschen Firmen hergestellten Giftgassprengköpfen ausgerüstet waren.

Ansonsten war im politischen Bereich der Weg von den Bemühungen um Normalisierung gekennzeichnet, obwohl die Beziehungen in der Rhetorik der politischen Akteure immer als »besondere Beziehungen« bezeichnet wurden. Der erste Besuch eines deutschen Kanzlers in Israel, es war Willi Brandt, fand im Jahr 1973 statt, der erste Besuch eines israelischen Ministerpräsidenten in Deutschland, Itzhak Rabin, zwei Jahre später. Der erste Besuch eines deutschen Präsidenten in Israel – es war Richard von Weizsäcker – kam im Jahr 1987 zustande. Es folgte zwei Jahre später der erste Besuch eines israelischen Präsidenten, Chaim Herzog, in Deutschland. Nach Verschwinden des zweiten deutschen Staates 1990 konnte die »Normalisierung« sich nun »normaler« entwickeln. Sogar Politiker aus der Partei Begins (Likud) gaben ihre Reserviertheit gegenüber Deutschland auf. Die Beziehungen gestalteten sich vor wie nach 1990 zwar nicht reibungslos, aber seit 2008 steht fest – Israels Sicherheit ist deutsche Staatsräson geworden – so Bundeskanzlerin Merkel im März 2008 vor der Knesset.

Doch die Politik war nach wie vor 1965 nicht die einzige Ebene, auf der der eigentliche »Grenzverkehr« weiter verlief. Die Kontakte im kulturellen und im wissenschaftlichen Bereich spielten bereits seit den 1950er-Jahren eine wegweisende Rolle. So nahm das Weizmann-Institut bereits im Jahr 1959 den Kontakt zur deutschen Max-Planck-Gesellschaft auf, um fünf Jahre später diese Kontakte über die Minerva-Stiftung auch zu institutionalisieren. Es dauerte noch etwa zehn Jahre, bis die Minerva-Stiftung auch die ersten Forschungszentren an der Hebräischen Universität in Jerusalem gründete. Seit 1970 sorgt auch der Deutsche Akademische Auslandsdienst für die Zusammenarbeit zwischen Wissenschaftlerinnen und Wissenschaftlern aus der Bundesrepublik und aus Israel – beeindruckende Beispiele für eine umfassende Wissenschaftskooperation.

Auch die mediale Berichterstattung über das jeweils andere Land half, die Barrieren zu durchbrechen, die Kooperation im wissenschaftlichen oder kulturellen Bereich zu legitimieren. Dabei kam deutlich die gegenwartsbezogene Motivation zum Vorschein, die die Vergangenheit des Nationalsozialismus teilweise verdrängen oder sublimieren konnte (vgl. Witzthum). So steht mit der Zeit die »Normalisierung« nicht im Widerspruch zur sich intensivierenden Erinnerungsarbeit zur Schoah in beiden Staaten.

Die zwei »Völker des Buches« haben ihre gegenseitige Bekanntschaft im literarischen Bereich nach 1945 fortgesetzt bzw. neu aufgenommen. Klassiker wurden aus der deutschen Sprache – von Thomas Mann bis Erich Kästner – weiterhin ins Hebräische übersetzt, schon in den 1950er-Jahren, wie auch hebräische Klassiker wie Samuel Josef Agnon ins Deutsche. Bereits fünf Jahre vor der Ankunft des ersten israelischen Botschafters in Bonn begann die meteoritenhafte deutsche Karriere des israelischen Satirikers Ephraim Kishon: Das Buch »Drehn Sie sich um, Frau Lot« erschien 1961 und präsentierte dem deutschen Leser den modernen Juden in Israel. Der Religionswissenschaftler und gebürtige Münchner Schalom Ben-Chorin wandte sich auf Deutsch seit den 1950er-Jahren an die deutschen Leser und veröffentlichte 1967 sein einflussreichstes Buch »Bruder Jesus«. Nach und nach kamen die deutschen Übersetzungen der jungen israelischen Schriftsteller – Amos Oz' Romane (»Mein Michael« 1979) oder Joshua Sobols Dramen (»Ghetto« 1984) in die Buchläden bzw. auf die Bühnen. Ab Beginn der 1970er-Jahre lernte die israelische Leserschaft die deutsche Nachkriegsliteratur kennen – Heinrich Bölls »Ansichten eines Clowns« erschien 1971, Siegfried Lenz' »Stadtgespräch« und Günter Grass' »Blechtrommel« 1975. Auf beiden Seiten folgte eine Flut von Übersetzungen – im literarischen Sinn war die Grenze nicht mehr sichtbar. Hinzu kam der Film als populärer Grenzübergang – Ephraim Kishons »Blaumilchkanal« (1969), der Kultfilm »Eis am Stiel« (1978) oder auch später »ernste« israelische Filme (z.B. »Der Sommer von Aviha« von Gila Almagor, 1988) waren in Deutschland erfolgreich, wie umgekehrt – nach der Ära der Sissi-Schnulzen – deutsche Filme, von »Die Ehe der Maria Braun« (Rainer Werner Fassbinder, 1979) über »Good Bye, Lenin!« (Wolfgang Becker, 2003) bis hin zu Bernhard Schlinks »Der Vorleser« (2008), die eine große Anzahl von Kinozuschauern in Israel begeisterten. Und wenn es um die populäre Kultur geht, so spielte auch die Musik eine wichtige Rolle beim Durchbrechen der Grenze, vom Tölzer Knabenchor bis hin zu den »Toten Hosen« hier, von Daniel Barenboim bis zu Esther Ofarim dort.

Nicht weniger diente der Sport – trotz der traumatischen Erinnerung an die Olympischen Spiele in München 1972, das heißt an das palästinensische Attentat auf die israelische Mannschaft – als Instrument der Überwindung der mentalen Grenze, quasi als Garant der Durchlässigkeit der Grenze zwischen beiden Gesellschaften: Der Besuch der Mannschaft von Borussia Mönchengladbach in Israel 1970 (6:0 gegen das israelische Nationalteam) gilt bis heute als Ausgangspunkt nicht nur für eine Begeisterung für den deutschen Fußball, sondern auch für die Öffnung eines breiten Publikums gegenüber Deutschland im Allgemeinen. Zugegeben, das deutsche Sportpublikum kam mit dem israelischen Fußball nur am Rande in Berührung.

Obwohl einzelne Israelis in der Bundesliga spielten (z. B. Shmuel Rosental bei Mönchengladbach 1972/73, David Pizanti 1985–1987 beim 1. FC Köln oder Almog Cohen beim FC Nürnberg 2010–2013) nahm man eher den israelischen Basketball zu Kenntnis: Ein Israeli, der Holocaustüberlebende Ralf Klein, wurde in den Jahren 1983 bis 1986 sogar Trainer der deutschen Basketballnationalmannschaft.

Wenn die Durchlässigkeit einer Grenze auf Normalisierung hindeutet, so haben hier Städtepartnerschaften (seit 1966), Jugendaustausch (seit 1974 auf einer geregelten Basis) und Ähnliches ein klares Zeichen gesetzt. Die Deutsch-Israelische Gesellschaft entstand 1966, »um in Solidarität mit dem Staat Israel und seiner Bevölkerung zu wirken«. Fünf Jahre später wurde ihre Partnerorganisation, die Israelisch-Deutsche Gesellschaft, gegründet.

Abschließend zwei Beispiele für die doch vorhandene Präsenz der Vergangenheit mitten im hier beschriebenen Prozess: Zum einen ist es die Arbeit der im Jahr 1958 gegründeten Aktion Sühnezeichen Friedensdienste in Israel seit 1961. Freiwillige dieses Dienstes widmen sich vor allem der Hilfe für Schoahüberlebende im Land. Zum anderen ist es die rege Forschungs- und Lehrtätigkeit der Institute für deutsche Geschichte an den israelischen Universitäten und deren Kooperation mit Instituten und Lehrstühlen in Deutschland, die sich mit der jüdischen, nicht nur deutsch-jüdischen Geschichte und Tradition befassen. Bereits 1955 wurde in Jerusalem das Leo-Baeck-Institut gegründet, dessen Aufgabe es ist, die deutsch-jüdische Geschichte zu erforschen (vgl. Miron 2005). In Tel Aviv wurde im Jahr 1971 das Institut für deutsche Geschichte gegründet, in Jerusalem 1980 ein Lehrstuhl für deutsche Geschichte eingerichtet, zudem entstand dort ein Fachbereich für deutsche Sprache und Literatur. Ein Institut für die Geschichte der deutschen Juden wurde in Hamburg bereits im Jahr 1966 eingerichtet, in Duisburg, Heidelberg, München und Leipzig wurden bis 1995 Institute bzw. Lehrstühle für jüdische Geschichte geschaffen, die auch die Geschichte des Zionismus im Lehrangebot haben. Bereits 1975 unterstützte die Deutsche Forschungsgemeinschaft, die wichtigste wissenschaftliche Einrichtung in Deutschland, ein Schwerpunktprojekt zum Thema deutsch-jüdische Sozialgeschichte. Sowohl in Deutschland als auch in Israel haben diese Forschungsinstitute eine mediale Ausstrahlung, sodass ihre Tätigkeit nicht im Elfenbeinturm verbleibt, sondern das breite Publikum erreicht.

Zurück zum Thema Sprache: Die meisten Interviewten im vorliegenden Buch beziehen sich auf die Sprache als Barriere. Klar: Höchstens bei Theologen (und bei orthodoxen Juden) ist das Beherrschen der hebräischen Sprache in Deutschland zu erwarten. In Israel wiederum konnten zwar mitteleuropäische Juden Deutsch, sie stellten aber schon zur Zeit der Staatsgründung 1948 nicht mehr als ein Zehntel der Bevölkerung. Und nicht nur hat sich infolge der Massenimmigration von Juden aus den arabisch- und russischsprachigen Ländern nach Israel die deutschsprachige Gruppe prozentual verringert, die zweite und dritte Generation nahm darüber hinaus von der Sprache der aus Mitteleuropa geflüchteten Juden meist Abschied. Wie bereits erwähnt, bleibt diese Grenze dank der regen Übersetzungstätigkeit für Leserinnen und Leser schöner Literatur immerhin offen.

Aber es geht um mehr, um die Einstellung zur Sprache jenseits der geografischen Grenze. Als Hitler an die Macht kam, wuchs in Palästina die Abneigung gegenüber der Sprache des judenfeindlichen Regimes, trotz Verehrung für Goethe und Schiller. Die deutsche Sprache wurde in Palästina, dann in Israel, weitgehend boykottiert. Zugegeben – es war kein konsequenter Boykott: Während Marlene Dietrich auf Deutsch singen durfte, musste der Chor der israelischen Philharmoniker sogar Gesangspassagen aus Mahlers Symphonien (das war 1960) auf Englisch singen. Doch nach und nach wurde diese Barriere durchlässig: Deutschkurse der Goethe-Institute in Israel (seit 1979) gewannen eine großen Zulauf, einige Gymnasien im Land führten Deutsch als Fremdsprache ein und deutsche Politiker dürfen (seit dem Besuch von Bundespräsident Johannes Rau 2000) sogar im israelischen Parlament ihre Reden auf Deutsch halten, auch wenn einige Knessetabgeordnete deshalb demonstrativ der Sitzung fernblieben (auch bei den Reden von Horst Köhler 2005 und Angela Merkel 2008). Eine Befragung einer repräsentativen Auswahl jüdischer Israelis im Jahr 2009, ein Jahr nach dem Auftritt von Bundeskanzlerin Angela Merkel in der Knesset, ergab, dass nur eine Minderheit diese Grenze weiterhin verteidigen will. 49 Prozent der Befragten hielten eine Rede auf Deutsch vor dem israelischen Parlament für unproblematisch. Weitere 21 Prozent hatten keine Einwände gegen die Verwendung der deutschen Sprache im israelischen öffentlichen Raum, jedoch nicht vor der Knesset. Etwa 19 Prozent hatten dazu keine Meinung und weniger als 12 Prozent waren aus Prinzip gegen jegliche Präsenz der deutschen Sprache in Israel (PORI-Umfrage der Hebräischen Universität Jerusalem im Auftrag des Richard'Koebner Minerva Center for German History).

Was bleibt also von der Grenze zwischen Deutschen und Israelis übrig? Es scheint, dass in den Köpfen der Menschen in beiden Staaten eine neue Beziehung zu eben dieser Grenze entsteht. Wie aus den Meinungsumfragen zu entnehmen ist, hat sich die Beziehung der Israelis zu Deutschland in den letzten Jahrzehnten grundlegend verbessert, während die Sympathien der Deutschen für Israel eher im Schwinden begriffen sind. Entsteht hier eine neue Definition von Grenze, von einer Grenze, die sich entlang des gegenwärtigen Grabens zwischen Orient und Okzident zieht? Denn scheinbar ist die westliche Welt, und insbesondere Deutschland, seit 1945 (noch mehr seit 1990) pazifistisch, zumindest konfliktscheu, während im Orient, und so auch in Israel, Gewaltbereitschaft und Bellizismus ständig zunehmen. Auf der einen Seite der Grenze gibt es kein Verständnis für die Haltung auf der anderen Seite. Und es ist nicht auszuschließen, dass erneut eine Symmetrie der Beziehungen entsteht und die Begeisterung der Israelis im Orient für die Deutschen im Okzident erodiert, wie die jüngsten Reaktionen aus Israel auf die deutsche »Willkommenskultur« zeigen. Wie auch immer ist eine paradoxe Entwicklung in der Beziehung zwischen den Erben der Täter und der Opfer zu konstatieren.

Literatur

Brenner, Michael/Frei, Norbert: Zweiter Teil: 1950–1967. Konsolidierung, in: Brenner, Michael (Hrsg.): Geschichte der Juden in Deutschland 1945 bis zur Gegenwart, München 2012, S. 153–293.
Conze, Eckart u. a.: Das Amt und die Vergangenheit. Deutsche Diplomaten im Dritten Reich und in der Bundesrepublik, München 2010.
Demandt, Alexander (Hrsg.): Deutschlands Grenzen in der Geschichte, München 1990.
Diner, Dan: Rituelle Distanz. Israels deutsche Frage, München 2015.
Elon, Amos: In einem heimgesuchten Land. Berichte aus beiden Deutschland, München 1966.
Gardner-Feldman, Lili: The Special Relationship between West-Germany and Israel, Boston 1984.
Hillenbrand, Klaus: Fremde im neuen Land. Deutsche Juden in Palästina und ihr Blick auf Deutschland nach 1945, Frankfurt am Main 2015.
Jelinek, Yeshayahu (Hrsg.): Zwischen Moral und Realpolitik. Deutsch-israelische Beziehungen 1945–1965. Eine Dokumentensammlung, Gerlingen 1997.
Miron, Gai: From Memorial Community to Research Center, Jerusalem 2005 [hebr.].
Primor, Avi: »… mit Ausnahme Deutschlands«. Als Botschafter Israels in Bonn, Berlin 1997.
Stauber, Roni: Between Realpolitik and the Burden of the Past. Israel's Diplomats and the »Other Germany«, in: Israel Studies, 8 (2003) 3, S. 100–122.
Weingardt, Markus: Deutsch-israelische Beziehungen 1949–1996, Konstanz 1997.
Witzthum, David: Die große Versöhnung (erscheint in Kürze) [hebr.].
Wolffsohn, Michael: Ewige Schuld? 40 Jahre deutsch-jüdisch-israelische Beziehungen, München 1988.

Wolfgang Sander

Beziehungsgeschichten – biografische Erzählungen zwischen Deutschland und Israel als Medium politischer Bildung

Die Bedeutung von Zeitzeugeninterviews für die politische Bildung

In sechzehn Interviews in diesem Buch erzählen Menschen ihre Geschichte. Die Interviewpartnerinnen und Interviewpartner verbindet, dass sie in Deutschland und in Israel gelebt haben; so erzählen alle ihre Geschichten *zwischen* Deutschland und Israel. Jede dieser Biografien ist eine deutsch-israelische Beziehungsgeschichte. Dies lässt sich durchaus mehrdeutig verstehen: Einerseits spiegeln diese Geschichten eine je spezifische Auseinandersetzung mit beiden Ländern, andererseits handeln sie auf die eine oder andere Weise auch von Beziehungen der Erzählenden mit konkreten Menschen – häufig, aber nicht immer und nicht nur von Liebesbeziehungen. So verknüpfen sich in diesen Erzählungen Persönliches und Gesellschaftliches, Privates und Politisches.

Genau dies macht die vorliegenden Interviews für die politische Bildung interessant. Sie lassen sich als Gespräche mit Zeitzeugen lesen, die von Erlebnissen in beiden Ländern berichten. Bisweilen liegen diese Ereignisse Jahrzehnte, manche auch erst kurze Zeit zurück. In jedem Fall aber sind es Erinnerungen und deren Deutungen, von denen erzählt wird: »Zeitzeugen vermitteln den subjektiven Sinn, den sie aus ihren historischen Erfahrungen gewonnen haben. [...] Sie lassen sich als lebendige Zeugen zum politikgeschichtlichen Lernen begreifen.« (Haarmann/ Lange 2010, S. 618) Die Lebendigkeit und Anschaulichkeit kann den Adressaten politischer Bildung – sei es in Schulen, sei es in der außerschulischen Bildung – neue Zugänge zu einem politischen Themen- und Problemfeld eröffnen, die interessant sind, neugierig machen und, wichtiger noch, die Überraschungen und Irritationen auslösen können. Mit der Überzeugungskraft des eigenen Erlebens können sie Perspektiven anbieten, die den Adressaten fremd sind. Solche Überraschungen und Irritationen sind es jedoch, die nachhaltiges neues Lernen auslösen können,

indem sie bislang für selbstverständlich richtig gehaltene Vorstellungen problematisieren.
Allerdings ist die Arbeit mit Zeitzeugenberichten in der politischen Bildung ein anspruchsvolles Unterfangen. Dies gilt insbesondere dann, wenn Interviews mit Zeitzeugen von einer Schulklasse oder einem Kurs in der außerschulischen politischen Bildung selbst vorbereitet und durchgeführt werden sollen (Haarmann/Lange 2010; Henke-Bockschatz 2013). Die Anforderungen an inhaltliche Vorbereitung, Dokumentation und Auswertung sind beträchtlich und auch die Durchführung der Interviews selbst durch wissenschaftliche Laien wie etwa Schülerinnen und Schüler erfordert eine gründliche methodische Vorbereitung (Erbar 2014; Gries 2011), die im alltäglichen Unterricht schon aus zeitlichen Gründen oftmals nur schwer zu verwirklichen ist. Demgegenüber ermöglicht die Arbeit mit bereits schriftlich dokumentierten Erzählungen von Zeitzeugen wie in diesem Buch zwar nicht die emotionale Dichte einer persönlichen Begegnung und bietet auch nicht die Chance zu spontanen Nachfragen, erlaubt es aber mit vergleichsweise geringem Aufwand, subjektive Perspektiven von beträchtlicher Komplexität und Vielfalt in ein Lernvorhaben zur politischen Bildung einzubeziehen – in welcher Bildungsveranstaltung könnten gleich sechzehn Zeitzeugen aus zwei Ländern persönlich befragt werden?

Dennoch müssen auch bei dieser Form des Arbeitens mit Zeitzeugenberichten einige zentrale Aspekte beachtet und bestimmte Fallen vermieden werden. Der Reiz dieses Mediums, die dezidierte Subjektivität, ist zugleich sein Risiko und seine Grenze. Pointiert formuliert Andreas Kilb dies so: »Zeitzeugenschaft ist eine Form von Unwissenheit. Die Schulbücher haben für alles, was Geschichte gemacht hat, einen Namen. Die Beteiligten des Geschehens kennen ihn meist noch nicht.« (Kilb 2012, S. 23) Weniger pointiert gesagt, führt die notwendigerweise unzureichende Distanz des persönlichen Erlebens zu den erlebten Situationen in der Regel zu einer stark ausgeprägten Perspektivität des Erzählten. Das schließt Reflexivität der Erzählenden keineswegs aus, wie auch viele Interviews in diesem Buch deutlich zeigen. Gleichwohl muss in der politischen Bildung darauf geachtet werden, dass sich bei den Adressaten nicht die Vorstellung bildet, die Authentizität des Erzählenden verbürge eine objektive Wahrheit des Erzählten.

Die Erzählung eines Zeitzeugen bedarf daher, soll sie zum Medium für politische Bildung werden, einer didaktisch sorgfältig reflektierten Rahmung. Eine solche Rahmung muss zum einen zusätzliches Wissen anbieten, mit dessen Hilfe diese Erzählung in einen fachlich begründeten und damit auch aus wissenschaftlicher Sicht vertretbaren Kontext gestellt werden kann. Zum anderen muss die Perspektivität der jeweiligen Erzählung durch andere Perspektiven auf das jeweilige Problem ergänzt werden; anders ist die Förderung eigenständiger politischer Urteilsbildung, die als wichtigstes konkretes Ziel politischer Bildung gilt (vgl. z. B. GPJE 2004; Sander 2013, 75 ff.), nicht möglich. Zumindest ist dies bei kontroversen Fragen der Fall, die freilich bei den Inhalten politischer Bildung die Regel und nicht die Ausnahme darstellen. Beides, die Kontextualisierung durch weiteres Wissen und die Erweiterung der Perspektivenvielfalt, hängt in der konkreten Ausgestaltung zunächst von Thema und Fragestellung ab, zu denen die Zeitzeugenerzählung etwas beitragen soll, aber auch von Vorwissen und Vorverstehen in der jeweiligen Lerngruppe.

Ferner lässt sich erst vor dem Hintergrund eines konkreten Themas oder einer konkreten Fragestellung entscheiden, wofür genau der jeweilige Zeitzeugenbericht *exemplarisch* sein soll, was also an diesem konkreten Fall der Geschichte eines Menschen *verallgemeinerbar* ist. Beispielsweise lässt sich die Kindheitserfahrung von E. M. M. – »Man sprach Deutsch auf der Straße« (S. 59) – nicht für ganz Israel verallgemeinern, wie bereits die Kindheitserinnerung von Lizzie Doron – »zu Hause sprachen wir eine Mischung aus all den osteuropäischen Sprachen, die im Viertel vertreten waren« (S. 196) – zeigt. Aus fachlicher Sicht lässt sich dieser Widerspruch konkreter Erinnerungen in diesem Fall auflösen, wenn man die in Moshe Zimmermanns Beitrag im vorliegenden Buch gemachten Angaben zur Verbreitung und zum Umgang mit der deutschen Sprache in Israel zu Rate zieht. Anders steht es mit der in mehreren Interviews geschilderten Wahrnehmung eines sehr einseitigen Bildes Israels im heutigen Deutschland. Diese Wahrnehmungen korrespondieren recht gut mit aktuellen Untersuchungen, etwa der Deutsch-Israelischen Schulbuchkommission (siehe dazu den Abschnitt »Thematische Kontexte ...«), und lassen sich als konkrete Beispiele für ein allgemeiner zu beobachtendes Phänomen verstehen.

Die hier vorliegende Sammlung von sechzehn Interviews, je acht mit Deutschen und mit Israelis, die das jeweils andere Land kennen, bietet den großen Vorteil, dass sie in sich schon eine beträchtliche Vielfalt an Perspektiven zum weiten Themenfeld »Deutschland und Israel« enthält. Bereits die Auswahl der Befragten zeigt dies (vgl. die Übersicht in der Einleitung von Anita Haviv, S. 14 f.) und die Lektüre der Texte bestätigt es. Diese Perspektivenvielfalt als Leserin bzw. Leser zu entdecken, kann selbst schon überraschend, bereichernd und damit *bildend* wirken (vgl. zum hier vertretenen Verständnis von Bildung Sander 2009). Bevor im Folgenden einige konkretere Vorschläge gemacht werden, in welchen thematischen Kontexten mit diesen Interviews in der politischen Bildung gearbeitet werden könnte, soll daher vor einem allzu instrumentalistischen Umgang mit diesem Material gewarnt werden, etwa dergestalt, dass Textschnipsel aus den Interviews für einen kleinschrittigen Unterricht zusammengestellt werden, bei dem immer schon genau feststeht, was die Adressaten jeweils lernen sollen. Das verbietet nicht nur der Respekt vor den Menschen, die in den Interviews von ihrem Leben erzählen. Das gebietet auch die Aufgabe politischer Bildung, Menschen in der Auseinandersetzung mit Politik je individuelle Bildungsmöglichkeiten zu eröffnen, die nur begrenzt planbar und in ihrer Wirkung nicht sicher vorhersehbar sind. Im Umgang mit Material wie den hier vorliegenden Zeitzeugenerzählungen ergeben sich solche Bildungsmöglichkeiten aus dem inneren Dialog von Leserinnen und Lesern mit dem Leben anderer Menschen, wie es von diesen selbst gedeutet und erzählt wird. Wo und in welchem Umfang ein solcher Dialog zwischen welchen Teilnehmenden einer Bildungsveranstaltung und welchen der in diesem Buch repräsentierten Zeitzeugen zustande kommt und was er bei den Teilnehmenden (respektive Schülerinnen und Schülern) auslöst, lässt sich prinzipiell nicht zuverlässig vorhersagen. Politische Bildung kann diesen Dialog aber anbieten und ermöglichen.

Thematische Kontexte für die Arbeit mit den Interviews in der politischen Bildung

Wie ist die derzeitige Situation der Befassung mit Israel in der deutschen politischen Bildung und umgekehrt mit Deutschland in der israelischen politischen Bildung? Was die Lage in den Schulen anbelangt, geben die Ergebnisse der Deutsch-Israelischen Schulbuchkommission von 2015 wichtige Hinweise (DISBK 2015; Sander 2015). Da Schulbücher schon durch ihre Orientierung an Lehrplänen und die Notwendigkeit ihrer staatlichen Zulassung in einer Verbindung zu dominierenden Einstellungen eines Landes stehen, lassen sie auch über das Praxisfeld Schule hinaus Rückschlüsse auf die politische Kultur in einem Land zu. Untersucht wurden in der Kommission 430 deutsche Schulbücher für die Fächer Geschichte, Geografie und Sozialkunde (Politische Bildung) unter anderem auf das Bild Israels sowie umgekehrt die für die entsprechenden Fächer in Israel zugelassen Schulbücher auf das Bild Deutschlands hin.

Bei den deutschen Schulbüchern fallen zunächst vor allem zwei Befunde auf. Erstens spielt die Auseinandersetzung mit Israel aufs Ganze des untersuchten Samples gesehen nur eine sehr geringe Rolle. Nur in etwa jedem sechsten der untersuchten Bücher finden sich zusammenhängende Abschnitte, in denen Israel auf eine auswertbare Weise, also zum Beispiel nicht nur durch bloße Erwähnung auf einer Karte, behandelt wird; in nur gut fünf Prozent der Bücher geschieht dies auf mindestens acht Seiten. Die große Mehrheit der Schülerinnen und Schüler erfährt aus ihren Schulbüchern über Israel praktisch nichts. Zweitens geschieht die inhaltliche Auseinandersetzung mit Israel von wenigen Ausnahmen abgesehen nur im Kontext des Nahostkonflikts. Die Schulbücher sind dabei zwar erkennbar um ausgewogene Darstellungen in dem Sinn bemüht, dass israelische und palästinensische Perspektiven vorgestellt werden. Aber allein schon der geringe Seitenumfang, der in den meisten Büchern diesem Thema gewidmet wird, führt vielfach zu problematischen Verkürzungen des komplexen Konflikts. Zivilgesellschaftliche Akteure werden in solchen Fällen ebenso ausgeblendet wie innerarabische Konflikte oder externe Einflussnahmen, etwa im Kalten Krieg oder durch den Iran und den globalen Islamismus.

Im Ergebnis entsteht auf diese Weise ein drastisch verkürztes Bild Israels. Das Land erscheint primär als Akteur in einem permanenten Konflikt und als von Gewalt und Krieg geprägt. Dagegen kommen andere Aspekte der israelischen Gesellschaft, zum Beispiel Wirtschaft und Politik, allenfalls marginal oder gar nicht vor – wie die Sonderstellung des Landes als einzige stabile Demokratie im Nahen Osten, die plurale und multikulturelle israelische Zivilgesellschaft, die internationale Bedeutung der israelischen Hightechökonomie oder die Sonderstellung Israels als Ort wichtiger heiliger Stätten für mehrere Religionen. Letztlich entsteht dadurch, wenn auch vermutlich unbeabsichtigt, ein höchst reduziertes und der Wirklichkeit des Landes nicht gerecht werdendes Bild von Israel. Die problematischen Seiten dieses Bildes werden noch verstärkt, wenn, was in manchen Schulbüchern geschieht, Anleihen bei der massenmedialen Text- und Bildsprache gemacht werden und der Nahkonflikt unter Überschriften wie »Krisenherd Nahost«, »Hass zwischen den Völkern« oder »Vergebliche Hoffnungen« präsentiert oder wenn die Auswahl von Bildern von einem David-Goliath-Motiv geprägt ist, bei dem Israel unter Ausblendung des gesamtarabischen Kontextes als weit überlegene Macht erscheint.

Umgekehrt ist das Bild des heutigen Deutschlands in israelischen Schulbüchern zwar durchweg positiv konnotiert, aber zugleich auch extrem lückenhaft. Die Befassung mit dem Nachkriegsdeutschland geschieht in unterschiedlichen Zusammenhängen wie Demokratie, moderne Wirtschaft oder demografischer Wandel, dies beschränkt sich in der Regel jedoch auf sporadische Erwähnungen oder knappe Hinweise. Längere zusammenhängende Abschnitte oder Kapitel, die sich mit dem heutigen Deutschland beschäftigen, gibt es in israelischen Schulbüchern nicht.

Erstaunlicherweise spielen auch die deutsch-israelischen Beziehungen, ihre Besonderheit und deren historische Hintergründe sowie die Entwicklung dieser Beziehungen in den letzten Jahrzehnten sowohl in den deutschen als auch in den israelischen Schulbüchern kaum eine Rolle, was der politischen Bedeutung dieser Beziehungen für beide Staaten in keiner Weise gerecht wird.

Die Empfehlungen der Deutsch-Israelischen Schulbuchkommission setzen an diesen beiderseitigen, wenn auch recht unterschiedlich gelagerten, Defiziten an. Empfohlen werden nicht nur umfangreichere, sondern vor allem komplexere und facettenreichere Darstellungen des jeweils anderen Landes. Dies gilt auch für die Darstellung des Nahostkonflikts, nicht zuletzt mit Blick auf die mediale Berichterstattung über dieses Thema. Ferner wird empfohlen, den deutsch-israelischen Beziehungen mehr Aufmerksamkeit zu widmen.

Die hier vorliegenden Interviews bieten vielfältige Ansatzpunkte für Lernvorhaben der politischen Bildung, mit denen eingefahrene Muster und überkommene Defizite, wie sie in den Analysen der DISBK aufscheinen, überwunden werden können. Einige dieser Ansatzpunkte sollen im Folgenden skizziert werden. Wie bereits erwähnt, ist es für eine konkrete Planung solcher Lernvorhaben notwendig, die Arbeit mit den Interviews durch weiteres Material zu ergänzen.

Der Nahostkonflikt und das Israelbild in der deutschen Öffentlichkeit

Für die politische Bildung in Deutschland, die den Nahostkonflikt thematisieren möchte, können die Erfahrungen, von denen in den Interviews berichtet wird, eine sehr produktive Irritation sein. Dies betrifft Erlebnisse in Israel, von denen Deutsche in den Interviews erzählen, ebenso wie die Erinnerungen, die sowohl Deutsche als Israelis an Gespräche über Israel in Deutschland haben. So zeigt sich ein deutlicher Kontrast zwischen dem, was vom alltäglichen Leben in Israel erzählt wird, und den ängstlich-abwehrenden Reaktionen auf die Pläne, nach Israel zu gehen, von denen einige der Interviewten sprechen. Christina Bartsch berichtet: »Da ich ein Einzelkind bin, haben meine Eltern mit großer Angst auf meinen Umzug reagiert. Doch auch viele Freunde reagierten mit Unverständnis. Keiner konnte verstehen, warum ich nach Israel wollte. Mein Vater hat bis heute Angst, mich in Israel zu besuchen.« (S. 101) Ähnlich sagt Esther Teichner über ihr Umfeld in Deutschland mit Blick auf ihren Umzug nach Israel:

»Allerdings denke ich nicht, dass sie meine Entscheidung nachvollziehen können oder schätzen. [...] Zusätzlich habe ich das Gefühl, dass Deutsche nicht verstehen können, wie es ist, in Israel zu leben.« (S. 169) Fabian Meindl berichtet: »Die meisten aus meinem Freundeskreis reagierten schockiert auf meine Entscheidung, nach Israel zu ziehen. In ihrer Vorstellung gibt es in Israel überall Grenzkontrollen, jeden Tag explodiert ein Bus und es ist ständig Krieg. Das entspricht nicht der Realität, doch dem Bild, das in den deutschen Medien vorwiegend vermittelt wird.« (S. 142) Noch drastischer formuliert Mahit Türkmen: »Aber es gab in meinem Umfeld auch – unabhängig vom Krieg – überaus kritische Stimmen, sowohl von Türkischstämmigen als auch von Deutschen, die sagten: ›Geh nicht nach Israel, das sind doch Mörder.‹ Oft wurde ich gefragt, warum ich mir nicht ein anderes Land aussuche.« (S. 115) Er kontrastiert dann diese Eindrücke aus Deutschland sehr pointiert mit seinen Erfahrungen in Israel und stellt dabei auch eine Verbindung zu seinen Schulerfahrungen in Deutschland her, die recht genau zu den oben referierten Ergebnissen der DISBK passen: »Israel kennen die meisten Deutschen nur im Zusammenhang mit dem Nahostkonflikt und denken, alles zu wissen und Experte zu sein. Dabei kratzen sie immer nur an der Oberfläche, [...] Wir lernen in der Schule über den Nahostkonflikt, aber das Wesentliche wird ausgelassen. Aspekte, die mit dem Krieg nichts zu tun haben, werden in Deutschland nicht vermittelt und so kommen Urteile zustande, die nicht dialektisch hinterfragt werden. Die deutschen Schulen müssten im Unterricht mehr Hintergrundwissen lehren, denn Israel ist nicht der Nahostkonflikt.« (S. 124)

Ähnliche Kritik am in Deutschland erfahrenen Israelbild findet sich noch in mehreren weiteren Interviews. Die Realität des Nahostkonflikts und auch der daraus erwachsenden Bedrohungen werden nicht verschwiegen, aber vor dem Hintergrund der eigenen Erfahrungen mit dem Leben in Israel anders gewichtet und bewertet, als dies in der deutschen Öffentlichkeit vielfach der Fall ist. Dieser in den Interviews sehr deutlich erkennbare Kontrast zwischen eigenen Erfahrungen in Israel und zwischen dem in Deutschland weit verbreiteten (Medien-)Bild von Israel und dem Nahostkonflikt könnte in der politischen Bildung zum Ausgangspunkt für die Formulierung von Fragen oder Problemen zu diesem Themenfeld werden. Dies wäre dann im weiteren Verlauf des Lernvorhabens genauer zu untersuchen. Vermutlich wird sich dieser Kontrast auch unmittelbar in der Lerngruppe erfahrbar machen lassen, indem man mit einer offenen Sammlung von Assoziationen (Brainstorming) zum Stichwort »Israel« beginnt und darauf die Lektüre ausgewählter Interviews unter dem Aspekt, wie darin vom Israelbild in Deutschland berichtet wird, folgen lässt.

Wolfgang Sander

Leben in Israel – und in Deutschland

Wie lebt es sich im jeweils anderen Land? Die DISBK-Ergebnisse zeigen, dass die Schulbücher in Israel und Deutschland darüber wenig Auskunft geben. Nun ist diese Frage so auch noch sehr weit und offen formuliert und wird in dieser Allgemeinheit schwerlich zureichend beantwortet werden können. Das muss aber für ein Angebot in der politischen Bildung nicht unbedingt schädlich sein, wenn eine solche Frage neugierig macht, deshalb zum Ausgangspunkt eines Lernvorhabens (oder eines Teils eines größeren Lernvorhabens) wird und im Verlauf des weiteren Vorgehens für genauere Untersuchungen in einzelne und genauere Fragen spezifiziert werden kann.

Zunächst aber bieten die vorliegenden Interviews für einen solchen offenen Zugang sehr reizvolles Material. Schon die Übersicht über die Interviews in der Einleitung zu diesem Buch (S. 14 f.) lässt unschwer erkennen, dass es – wenig überraschend, aber doch möglicherweise Stereotype bereits irritierend – »die Deutschen« und »die Israelis« so nicht gibt. Die Interviewten haben recht unterschiedliche biografische und soziale Hintergründe und äußern recht verschiedene spontane Assoziationen zu beiden Ländern. Vielleicht lassen sich schon von hier aus Fragen an die Interviews entwickeln, wie beispielsweise: Was könnte mit »wunderschöner Mischung der Bevölkerung« in Israel gemeint sein, was erzählen die Interviewten über Vielfalt und Multikulturalität in der israelischen Gesellschaft? Dann wird es beim Lesen vielleicht Überraschungen geben, wenn etwa Christina Bartsch berichtet, ihre Familie sei von Aschkelon nach Ramle gezogen, weil in Aschkelon »uns ihre Mentalität und Kultur fremd war, zum Beispiel sprechen wir nicht Russisch« (S. 101), oder wenn Shai Ben Ami sagt, er verbinde »marokkanisch-jüdische Kultur und orientalisch-israelische Identität« (S. 139). Was könnte zudem der gleiche Gesprächspartner mit seinem Satz »Bayern ist wie Israel« gemeint haben, in Abgrenzung zum übrigen Deutschland? Oder wie verhält es sich mit Fabian Meindls Satz »Meinem Empfinden nach hört nach Israel die Welt auf, die Europäer und Europäerinnen kennen« (S. 144)? Solche Sätze können die Frage nach den kulturellen und politischen Traditionen aufwerfen, die Israel mit Europa verbinden. Zugleich bieten die Interviews viele Ansatzpunkte für einen vergleichenden Blick auf den Umgang mit Einwanderung und kultureller Vielfalt in Israel und in Deutschland.

Mehrfach zeigt sich in den Interviews, dass die israelische Gesellschaft als »politischer« erlebt wird als die deutsche. Es wird offener, klarer und heftiger diskutiert und Politik wird in Israel als existenziell bedeutsamer erlebt, so beispielsweise Christina Bartsch: »In wenigen Wochen sind Parlamentswahlen und gestern kam im Büro eine hitzige parteipolitische Diskussion auf. Ich spürte, welch existenzielle Bedeutung Israelis dem Wahlergebnis beimessen und wie sehr ihre Entscheidung sich auf mein Leben auswirkt.« (S. 106) Dass dies auch anders wahrgenommen werden kann, zeigt sich bei Sofie Koll: »Israel ist ein junges Land und es ist ein besonderes Land: Seine Einwohnerinnen und Einwohner haben hier praktisch aus dem Nichts eine wirklich lebenswerte Gesellschaft aufgebaut, mit allem, was zu einer Demokratie dazugehört [...]. Zugleich muss diese Gesellschaft aufgrund des Nahostkonflikts unermüdlich kämpfen, was seine Spuren hinterlassen hat: Viele Menschen sind verhärtet und verhalten sich unverschämt.« (S. 83) An der politischen Kultur in Deutschland wiederum kritisiert Edna Brocke die mangelnde Offenheit: »Die Political Correctness ist nicht zufällig das vorherrschende Muster, was ja jeden Diskurs verunmöglicht und viele Menschen zum Verstummen bzw. zur Politikverdrossenheit drängt.« (S. 190) Solche Erfahrungen können zu Vergleichen der beiden Demokratien Deutschland und Israel anregen: Wie breit ist das Spektrum der politischen Organisationen und Parteien? Wie gehen beide Staaten mit Bedrohungen (Krieg, Kalter Krieg, Extremismus, Terrorismus) um? Welche kulturellen und politischen Gewohnheiten und Institutionen haben das Überleben der israelischen Demokratie auch in extremen Bedrohungssituationen ermöglicht?

In mehreren Interviews wird auf die unterschiedliche Rolle der Familie im Alltag hingewiesen, so besonders deutlich bei Fabian Meindl: »Als ich das erste Mal in Israel war, haben sie ein Grillfest organisiert, bei dem ich die ganze Familie kennengelernt habe. ›Kleines‹ Grillfest bedeutet 40 oder 50 Personen – das war nur der innerste Kreis der Familie, während mein äußerster Familienzirkel in Deutschland keine 50 Personen umfasst.« (S. 143) Über kulturelle Unterschiede hinaus hat dies auch offenkundige Folgen für die demografische Entwicklung, denn Israel weist mit laut Angaben des Central Bureau of Statistics mit 3,08 (2014) Kindern pro Frau eine hohe Geburtenrate auf (vgl. www.cbs.gov.il/shnaton66/st03_13.pdf). Ein Vergleich von Familienformen, Familienleben und Familienpolitik in Israel wäre so ein weiterer denkbarer Themenschwerpunkt im Anschluss an die Interviews.

Bis ins dritte und vierte Glied? Spuren des Holocaust

Im Zusammenhang mit den politischen und mentalen Nachwirkungen des Holocaust ist immer wieder auf das Buch »Exodus« in der Thora bzw. dem biblischen Alten Testament verwiesen worden, wo es heißt, Gott verfolge die Schuld der Väter bis ins dritte und vierte Glied der Generationen ihrer Kinder (Exodus 20,5). Liest man diesen Vers weniger im Kontext der Zehn Gebote, in dem er dort steht, sondern versteht man ihn auch als Ausdruck von Erfahrungen mit schweren Untaten in der menschlichen Geschichte, so sind die Verbrechen des Nationalsozialismus gewiss ein herausragendes Beispiel dafür, wie die Nachwirkungen solcher Untaten nicht nur in der Politik, sondern auch im Leben der Kinder und Kindeskinder noch Spuren hinterlassen. Dies gilt nun allerdings nicht nur für die Täter, sondern auch und im Fall des Holocaust in besonderer Weise für die Opfer, was wiederum politische und moralische Verpflichtungen für die Nachkommen der Täter mit sich bringt. Dies führt mitten in die Geschichte der deutsch-israelischen Beziehungen, die, wie oben bereits erwähnt, in der politischen Bildung ein Desiderat darstellen.

Nun werden sich diese Beziehungen selbst mithilfe der Interviews in diesem Buch kaum rekonstruieren lassen. Dies wäre wohl ein anderes Thema, auf das die vielfältigen »Beziehungsgeschichten« in diesen Interviews jedoch neugierig machen, auf das sie möglicherweise, je nach Interesse der Lerngruppe, auch hinführen können. Einen guten Ausgangspunkt dafür können die Abschnitte zu den Wahrnehmungen der deutsch-israelischen Beziehungen in den Interviews bilden.

In jedem Fall aber bieten die Interviews reichhaltiges Material für die Nachwirkungen des Holocaust in den Biografien dieser heute lebenden Menschen. Die Vielfältigkeit, in der dies hier geschieht, ist für politische Bildung von großem Interesse und bietet erhebliche Chancen, starre Voreinstellungen von Teilnehmerinnen und Teilnehmern zu irritieren, sie gewissermaßen beweglich zu machen. So lesen wir bei der Israelin Lizzie Doron, dass »die Schoah [...] zwischen mir und Deutschland [steht]« (S. 206) und bei Inge Buhs, dass sie wegen des Holocaust »als Deutsche eine verletzte Seele hatte« (S. 72). Aber zugleich lesen wir bei beiden von neuen, engen Bindungen an das jeweils andere Land. Lizzie Doron schreibt, sie finde ihre innere Ruhe in Berlin: »Wenn ich in einem deutschen Café sitze, dann ist es, als würde ich wieder als Kind in der Küche meiner Mutter sitzen.« (S. 200) Inge Buhs hat über ihren Glauben als Christin einen engen Bezug zu Israel entwickelt, die israelische Staatsbürgerschaft angenommen und ihr Leben der Hilfe für Holocaustüberlebende gewidmet. Umgekehrt berichtet der in Jerusalem geborene Ammon Orbach von seinem erfolgreichen Engagement für den Wiederaufbau einer jüdischen Gemeinde in Marburg und für das friedliche Zusammenleben der Religionen in dieser Stadt.

Wir lesen von der Weigerung mancher Holocaustüberlebender in Israel, Deutsch zu sprechen (bei Ari Levitan, S. 224) und ebenso von der Erfahrung, dass in Tel Aviv »Holocaustüberlebende sich über eine junge Generation Deutscher gefreut haben« (E. M. M., S. 57). Aber auch vom Schweigen traumatisierter Überlebender und vom Leiden ihrer Kinder unter diesem Schweigen wird erzählt (Lizzie Doron, Esther Teichner). Shai Ben Ami berichtet von einer auch heute noch spürbaren Befangenheit Deutscher: »Ich hatte den Eindruck, dass viele deutsche Kommilitoninnen und Kommilitonen in mir den Juden und Israeli sahen und sie das oft verunsicherte.« (S. 134) Zugleich zieht Mahir Türkmen als Kind von nach Deutschland zugewanderten türkischen Gastarbeitern aus seiner Auseinandersetzung mit dem Holocaust und mit Blick auf den Völkermord an Armeniern diese Konsequenz: »In meiner Familie gab es keine Täterinnen und Täter, vielleicht ist es daher leichter für uns, damit umzugehen. [...] Es liegt nicht nur in der Verantwortung der Deutschen, sich mit dem Thema Verfolgung und Genozid auseinanderzusetzen. Das müssen alle Nationen weltweit tun. Ein Völkermord darf nicht nur in Deutschland, sondern weltweit nie wieder zugelassen werden.« (S. 121)

Es finden sich in den Interviews noch mehr Passagen, die, wie die eben zitierten, zu einer Auseinandersetzung in einem multiperspektivischen Lernvorhaben einladen, das sich mit den Folgen des Holocaust und mit den Konsequenzen befasst, die heute und in Zukunft aus ihm zu ziehen wären.

Wer ist »wir«? Das Problem der kollektiven Identität

Das Thema dieses Buches legt es nahe, die Interviews für ein Lernvorhaben zum Thema »Grenzen« zu nutzen, in dem der komplexen Bedeutung und den unterschiedlichen Verständnissen dieses politischen Konzepts am Beispiel von Deutschland und Israel nachgegangen wird (vgl. dazu auch den Beitrag von Moshe Zimmermann). Zugänge zu einem solchen Lernvorhaben, mit denen unterschiedliche Perspektiven zu diesem Konzept sichtbar werden, sind sehr leicht mit den entsprechenden Abschnitten über Grenzerfahrungen in den Interviews möglich.

Über den unmittelbaren Bezug zu Grenzen hinaus bieten die Interviews aber auch interessantes Material für das gemeinsame Nachdenken über die noch allgemeinere Frage, in welch unterschiedlichen Weisen sich unter den heutigen, stark durch Globalisierungsprozesse und die Entwicklung zur Weltgesellschaft geprägten gesellschaftlichen Verhältnissen (vgl. Sander/Scheunpflug 2011) soziale respektive politische Zugehörigkeiten entwickeln und kollektive Identitäten bilden. Die Interviews bieten, gewiss auch wegen der Konzentration auf »Wanderer zwischen den Welten« Israels und Deutschlands, eine Fülle von Beispielen dafür, dass und wie Zugehörigkeiten hybride und auf verschiedenen Ebenen geschichtet sein sowie kollektive Identitäten Brüche und komplexe Querverbindungen aufweisen können. Edna Brocke bringt das auf den Punkt, indem sie sagt, sie lebe als Pendlerin nicht »zwischen«, sondern »*in*« zwei Welten« (S. 194). Aber nicht immer gelingt eine solche Verknüpfung spannungsfrei. Christina Bartsch spricht von einem »Hop-on, Hop-off« im Kopf (S. 100); Lizzie Doron sagt, sie fühle sich zwischen Deutschland und Israel »hin- und hergerissen« (S. 200), zugleich sucht sie einen Ausweg aus dieser Zerrissenheit durch eine andere Konstruktion von kollektiver Identität: »Unsere Zugehörigkeit orientiert sich an Menschen und nicht an Räumen.« (S. 201) Noch deutlicher stellt Avri Levitan den eigenen Anspruch auf Individualität kollektiven Identitätszuschreibungen entgegen: »Oft fragt man mich, wie es ist, als Israeli in Berlin zu leben. De facto lebe ich in Berlin als jemand, den andere als Israeli wahrnehmen. Wie andere Berliner auch stehe ich morgens auf, putze mir die Zähne, trinke Kaffee, esse meinen Croissant und beginne zu arbeiten. Es sind die anderen, die mich immerzu in Kategorien einordnen. In Israel lebt man beispielsweise in einem Kibbuz oder in Tel Aviv, kommt aus einer aschkenasischen oder orientalischen Familie. Ich denke, dass diese Kategorien künstlich geschaffen wurden. [...] Die Frage ist, wie definiere ich mich selbst?« (S. 222)

Es gibt in den Interviews recht unterschiedliche Vorstellungen davon, was es heißt, »Israeli« oder »Deutscher« zu sein (oder auch beides zugleich) und zugleich gibt es unterschiedliche Wahrnehmungen von den kollektiven Identitäten im jeweils anderen Land. Es werden auch Unterschiede wahrgenommen im Grad der sozialen Verbindlichkeit von kollektiven Zuordnungen. So sagt Sofie Koll: »Ich finde es schwieriger, hier in Israel Weltbürgerin zu sein.« (S. 79) Demgegenüber fragt Edna Brocke: »Die jüdischen Israelis verbindet ihr Jüdischsein. Was aber verbindet all die in Deutschland lebenden Bürgerinnen und Bürger mit einem deutschen Pass? Was ist der Klebstoff, der ihre Identität ausmacht? Was hält die in Deutschland lebenden Menschen zusammen?« (S. 193)

Es sind Fragen dieser Art, die in der politischen Bildung vielleicht aus Anlass aktuell interessierender politischer Probleme und Konflikte gestellt werden, aber doch über Aktuelles hinausgehen und ins Zentrum der fachlichen Aufgaben politischer Bildung führen. Die Angebote der politischen Bildung sollten immer auch eine Einladung zur Teilnahme am unendlichen Gespräch über die Aufgabe und das Problem des gesellschaftlichen Zusammenlebens von Menschen sein. Die Interviews in diesem Buch bieten Gelegenheit, die anregenden Erfahrungen und Perspektiven interessanter Menschen, die sich auf vielfältiger Weise mit zwei Ländern verbunden fühlen, in dieses Gespräch einzubeziehen.

Literatur

Dachs, Gisela: israel kurzgefasst, überarbeitete Aufl., Bonn 2013.
DISBK (Deutsch-Israelische Schulbuchkommission) (Hrsg.): Deutsch-israelische Schulbuchempfehlungen, Göttingen 2015.
Erbar, Ralph: Zeitzeugen befragen und hinterfragen, in: Sauer, Michael (Hrsg.): Spurensucher. Ein Praxisbuch für historische Projektarbeit, Hamburg 2014.
GPJE (Gesellschaft für Politikdidaktik und politische Jugend- und Erwachsenenbildung): Nationale Bildungsstandards für den Fachunterricht in der Politischen Bildung an Schulen. Ein Entwurf, Schwalbach/Ts. ^{2}2004 (www.gpje.de/ Bildungsstandards.pdf; Zugriff: 16. März 2016).
Gries, Sabine: Das Interview – eine wissenschaftliche Methode der Informationsgewinnung, in: Zurstrassen, Bettina (Hrsg.): Was geschieht im Klassenzimmer? Methoden zur Evaluation, Diagnostik und Erforschung des sozialwissenschaftlichen Unterrichts, Schwalbach/Ts. 2011.
Haarmann, Moritz-Peter/Lange, Dirk: Zeitzeugen, in: Besand, Anja/Sander, Wolfgang (Hrsg.): Handbuch Medien in der politischen Bildung, Schwalbach/ Ts. 2010.
Henke-Bockschatz, Gerhard: Zeitzeugenbefragung, in: Mayer, Ulrich/Pandel, Hans-Jürgen/Schneider, Gerhard (Hrsg.): Handbuch Methoden im Geschichtsunterricht, Schwalbach/Ts. ^{4}2013.
Kilb, Andreas: Rezension des Films »Leb wohl, meine Königin!«, in: Frankfurter Allgemeine Zeitung vom 29.5. 2012.
Sander, Wolfgang: Bildung und Perspektivität – Kontroversität und Indoktrinationsverbot als Grundsätze von Bildung und Wissenschaft, in: Erwägen – Wissen – Ethik, 20 (2009) 2, S. 239–248.
Sander, Wolfgang: Politik entdecken – Freiheit leben. Didaktische Grundlagen politischer Bildung, Schwalbach/Ts. ^{4}2013.
Sander, Wolfgang: Israel in deutschen Schulbüchern für die Gesellschaftswissenschaften, in: zeitschrift für didaktik der gesellschaftswissenschaften (zdg), 6 (2015) 1, S. 154–167.
Sander, Wolfgang/Scheunpflug, Annette (Hrsg.): Politische Bildung in der Weltgesellschaft. Herausforderungen, Positionen, Kontroversen, Bonn 2011.

Die Interviews

E.M.M.

»Das Wort Grenzen passt nicht zu mir«

Geburtsjahr:	1944
Geburtsort:	Naumburg an der Saale in Sachsen-Anhalt
aufgewachsen in:	bis zum 6. Lebensjahr Naumburg, danach in Westberlin
in Israel seit:	1972
lebt derzeit in:	Binjamina-Giw'at Ada
Studium:	Kunstgeschichte
Beruf:	Kunst- und Architekturhistorikerin

1. Die Geschichte meiner Familie

Meine Familie väterlicherseits stammt aus Sachsen-Anhalt. Mein Urgroßvater war Bäcker und mein Großvater brachte es nach dem Ersten Weltkrieg mit der Gründung eines Fuhrbetriebs zu Geld. Für kurze Zeit führte auch mein Vater den Betrieb. Er hatte Maschinenbau in Hannover studiert. Als Diplom-Ingenieur war er Spezialist für Turbinen und am Bau einiger Kraftwerke in Berlin beteiligt.

Mütterlicherseits sind die Familien meiner Großeltern jeweils aus deutschsprachigen Gebieten nach Ungarn ausgewandert, von der Insel Rügen, aus den ehemaligen Habsburgergebieten in der Slowakei und aus Wien.
Mein Großvater war beim ungarischen Militär und wurde von Miklós Horthy mit der höchsten staatlichen Auszeichnung, der Aufnahme in den Vitézi Rend (Heldenorden), geehrt. Horthy war ein guter Freund der Familie.
Als die russische Armee 1944 auf Budapest zumarschierte, meldete mein ungarischer Großvater sich mit 69 Jahren zum Wehrdienst zurück und nahm an der letzten Verteidigung der Burg in Budapest teil. Er kam in russische Gefangenschaft und ist dort verstorben.

Meine ungarische Großmutter war eine sehr gebildete Frau. Sie hat an der Kunstakademie in Budapest Bildhauerei und Malerei studiert und war mit den Komponisten Béla Bartók und Zoltán Kodály befreundet.

E.M.M.

> ▶ **Miklós Horthy**
>
> Miklós Horthy (1860–1957) war von 1920 bis 1944 ungarischer Reichsverweser. Als Kriegsminister der gegenrevolutionären Regierung von Szeged organisierte er 1919 das Vorgehen gegen die Räterepublik, das Terror und antisemitische Pogrome einschloss. Im September 1920 erließ die autoritäre ungarische Regierung unter Horthy das erste antisemitische Gesetz, das die Zulassung von Juden an den Universitäten begrenzte. Ab 1937 Regent (nach Verfassungsänderung), schloss Horthy Ungarn der Achse Berlin–Rom an und führte Ungarn 1941 auf deutscher Seite in den Zweiten Weltkrieg. Ab 1938 erließ die ungarische Regierung weitere antijüdische Gesetze, weigerte sich allerdings 1941/42, den Forderungen Deutschlands u. a. nach Kennzeichnung, Ghettoisierung und Deportation der ungarischen Juden nachzukommen. Die Versuche der ungarischen Regierung unter Horthy in den Jahren 1943/44, mit den Westalliierten Kontakt aufzunehmen, führten zur deutschen Besetzung Ungarns im März 1944 und zum Sturz Horthys am 15./16. Oktober 1944. Nach dem Ende des Zweiten Weltkriegs lebte er ab 1948 zunächst in der Schweiz und später in Portugal im Exil.

Meine Großeltern hatten zwei Söhne und eine Tochter, meine Mutter. Der Lieblingssohn meiner Oma war Testpilot und ist 1942 tödlich verunglückt. Dieser Verlust stürzte seine Mutter in tiefste Trauer. Ich glaube, dass sie mich später zu ihrem Lebensinhalt machte, weil sie in mir einen »Ersatz« für ihren toten Sohn sah.

Im Zuge der Heirat meiner Eltern im Jahr 1943 übersiedelte meine Mutter nach Nazideutschland, und zwar nach Naumburg an der Saale. Sie musste vor der Hochzeit als Ungarin einen »Ariernachweis« vorlegen, um meinen Vater heiraten zu können.

Naumburg war eine typische Beamtenstadt, in der meine Mutter auffiel. Sie wurde oft gerügt: »Eine deutsche Frau raucht nicht, eine deutsche Frau schminkt sich nicht.« Heute weiß ich, dass meine Mutter sich in Deutschland nie zu Hause fühlte. Das soziale Umfeld in Deutschland unterschied sich von den Kreisen, die sie von ihrem Elternhaus her kannte. In Naumburg war sie von engstirnigen Kleinbürgerinnen und Kleinbürgern umgeben, während sie davor in Ungarn in wesentlich weltoffeneren Kreisen gelebt hatte. Sie hatte bei der berühmten jüdischen Stahl- und Eisenfirma Manfred Weiss gearbeitet, ich glaube als Fremdsprachenkorrespondentin. Meine Mutter interessierte sich für Mode und war immer schick gekleidet, auch wenn wir wenig Geld hatten. In Berlin gab es am KaDeWe (= Kaufhaus des Westens) einen kleinen Laden mit exquisiten Stoffen, den sie immer besuchte. Der Inhaber war ein Jude, mit dem sie sich prima verstand.

Meine Eltern haben ein bürgerliches Leben geführt, sie sind regelmäßig in Urlaub gefahren, immer in dieselben Orte. Sie haben mich und meine Familie auch jährlich in Israel besucht.

Meine Mutter ist 1990 im Alter von 70 Jahren gestorben, mein Vater 2002 im Alter von 94 Jahren.

2. Meine Biografie

Ich bin 1944 als einziges Kind meiner Eltern zur Welt gekommen und im selben Jahr ist meine ungarische Großmutter zu uns gezogen. Der Großvater war zu diesem Zeitpunkt wieder beim Militär und sie wollte meiner Mutter helfen. So wurde ich größtenteils von dieser Großmutter erzogen. Ich bin mit zwei Sprachen und zwei Kulturen aufgewachsen. Statt der »Brüder Grimm« lasen wir ungarische Märchenbücher.

1951, ein halbes Jahr nach meiner Einschulung, sind wir auf abenteuerlichen Wegen aus der DDR nach Berlin geflohen. Der Grund war, dass die Russen meinen Vater zum Spitzel machen wollten, denn zu dieser Zeit bestellte jeder im Ort, der sich in den Westen absetzen wollte, bei der Firma meines Vaters einen Umzugswagen. Er war also eine gute Informationsquelle. Eines Tages erhielt mein Vater, der einige amerikanische Freunde hatte, Besuch von einem offiziellen Vertreter der amerikanischen Besatzungsmacht. Er forderte meine Eltern auf, innerhalb einer Woche die DDR zu verlassen. Daraufhin wurden Pakete mit Hab und Gut gepackt und an Freunde gegeben. Mir wurde erzählt, dass der Schornsteinfeger käme. Meine Eltern sind mit dem Motorrad nach Berlin gefahren und hatten nur einige wertvolle Briefmarken bei sich, um bei einer etwaigen Kontrolle keinen Verdacht zu erwecken.

Ich tanzte damals im Ballett der deutsch-sowjetischen Freundschaft. Nach einer Aufführung in Merseburg, zu der meine Großmutter mich wie immer begleitete, sind wir mit dem Zug nach Berlin gefahren.

Weil die Kinder mich in der Grundschule wegen meines sächsischen Dialekts ausgelacht haben, habe ich schnell Berlinerisch gelernt. Zu Hause habe ich mit Mutter und Großmutter allerdings ungarisch gesprochen und so vieles war anders als in anderen Familien. Meine Mutter hat mit Olivenöl und Knoblauch gekocht und meine Schulbrote waren oft mit Käse und grünen Paprikaschoten belegt, ein damals kaum bekanntes Gemüse. Meine Mitschüler wollten auch immer wieder kosten.

E.M.M.

Im Alter von zehn Jahren wechselte ich aufs Französische Gymnasium in Berlin, eine der besten Schulen Deutschlands zu dieser Zeit mit einer großen Anzahl ausländischer Schülerinnen und Schüler, unter ihnen ab 1956 auch Rückwanderer aus Israel. Ich hörte dort zum ersten Mal das Wort Kibbuz und habe mir darunter einen großen Mietshausblock vorgestellt, in dem die Leute lebten, die auswärts arbeiteten und das verdiente Geld in eine gemeinsame Kasse taten. Damals las ich auch das Tagebuch der Anne Frank, das mich natürlich sehr beschäftigt hat. Ihren Vater Otto Frank habe ich als Studentin noch in Amsterdam getroffen.

Ich bin protestantisch erzogen geworden. Mit dem Thema Tod wurde ich schon in meiner Kindheit konfrontiert und es war ein ungelöstes Problem für mich. Als mein Großvater väterlicherseits gestorben ist, hat mir niemand eine Erklärung gegeben. Meine ungarische Großmutter hat sich das Leben genommen, als ich zwölf Jahre war. Ihr letzter Wunsch war es, verbrannt zu werden und dass ihre Asche verstreut werden sollte. Doch das war in Deutschland verboten. Ich musste meine Eltern ins Krematorium begleiten und ich erinnere mich noch heute, wie der Sarg in einen Tunnel geschoben wurde. Später musste ich auch mit zum Friedhof, der Pfarrer mit der Urne in der Hand, begleitet von meinen Eltern und mir. Auch damals ein großes Schweigen.

Ich brauchte irgendeine Erklärung für den Tod und bin daher katholisch geworden. Obwohl meine Mutter selbst katholisch aufgewachsen ist, war sie total dagegen. Ich glaube, sie hatte das Gefühl, dass ich ihr entglitt. Da ich von ihr keine Unterstützung erhielt, bin ich im Alter von siebzehn Jahren jeden Tag vor der Schule zur Messe. In der Kirche konnte ich mich bei Jesus ausweinen. Zu Hause konnte ich keine Gefühle zeigen, denn meine Mutter hätte mich ausgelacht. Später merkte ich, dass die katholische Kirche mir überhaupt nicht liegt, und ich wandte mich wieder von ihr ab.

Nach dem Abitur war es mein sehnlicher Wunsch, Architektur zu studieren, doch meine Eltern sagten mir: »Das ist nichts für Mädchen.« Damals wurde man erst mit 21 Jahren volljährig und ich musste mich dem Willen meiner Eltern fügen. Sie wollten, dass ich Sekretärin werde und schickten mich auf eine Berufsschule, wo ich Tippen und Stenografie lernte. Damit konnte ich mir wenigstens als Studentin Geld verdienen. Ab 1963 habe ich in Berlin Kunstgeschichte studiert.

Bei einem israelischen Folklorekonzert lernte ich den israelischen Architekturstudenten Michael Meyer aus Ramot HaShavim, einem Dorf mit Jeckes, das auf Eierproduktion spezialisiert war, kennen. Meiner Mutter war er ein Dorn im Auge und sie stichelte von Anfang an gegen ihn. Auch mein

»Das Wort Grenzen passt nicht zu mir«

Vater hieß diese Beziehung nicht gut. Sobald ich volljährig wurde, bin ich in Berlin in ein Studentenheim gezogen. Die Miete zahlten meine Eltern, für alles andere musste ich schwer arbeiten, als Assistentin am Lehrstuhl, als Putzfrau im Studentenheim und an den Wochenenden für die United Restitution Organization. Die URO ist eine Organisation, die Betroffenen Rechtshilfe und Unterstützung bietet, wenn sie Anträge stellen wollen, damit ihnen ihr in der Zeit des Nationalsozialismus konfisziertes Eigentum zurückerstattet wird und sie Kompensation für erlittene Schäden erhalten. Es wurden dort »Wiedergutmachungsfälle« bearbeitet und so wurde ich mit den Lebensbeschreibungen von Holocaustüberlebenden konfrontiert. Ihre Geschichten und Schicksale berührten mich zutiefst. Zum Glück war am Wochenende außer mir niemand im Büro und so konnte ich allein tippen und dabei, umgeben von Tausenden von Akten, weinen.

1966 besuchte ich mit Michael das erste Mal seine Familie in Israel. Es gefiel mir, obwohl es Sommer und alles dürr war.

Damals bin ich nach Tel Aviv gefahren und habe absichtlich die Menschen auf Deutsch angesprochen. Ich wollte sehen, wie sie reagieren. Keiner hat negativ reagiert, selbst der Würstchenverkäufer mit der Nummer auf dem Arm nicht. Meine Erfahrung mit Israel ist, dass Holocaustüberlebende sich über eine junge Generation Deutscher gefreut haben.

Mein Studium beendete ich mit einem Doktorat und die Dissertation über einen Berliner Architekten erschien sogar als Buch. Ich war die erste Kunsthistorikerin an der Philosophischen Fakultät der Technischen Universität Berlin. Einer meiner Professoren war der Jude Julius Posener, ein Architekturhistoriker, der mir menschlich und beruflich immer ein Vorbild war. An der Universität hatte ich als Nebenfach Judaistik belegt, auch, um mich auf Israel vorzubereiten. Es interessierte mich. Ich habe das Judentum nicht als Religion aufgefasst, sondern als Kultur. Ich lernte Hebräisch, nahm an einem Talmudkurs teil und wurde mit verschiedenen Strömungen innerhalb des Judentums bekannt gemacht. Im Seminar traf ich eine Israelin, die mir die jüdischen Speisegesetze beibrachte.

Michael und ich beschlossen, nach meiner Promotion zu heiraten und nach Israel zu gehen. Daher entschied ich mich, zum Judentum überzutreten. Bevor ich zum Rabbiner in Berlin ging, warnte man mich: »Du darfst nicht sagen, dass du heiraten willst, sonst wird man dich abweisen.« Also ging ich zu ihm und sagte: »Es gibt zwei Gründe, warum ich zum Judentum konvertieren will, der eine ist, dass ich heiraten will.«

Bei dem Rabbiner lernte ich zwei Jahre. Er wurde jeden Freitag zum Abendessen eingeladen und er nahm mich oft zu den verschiedensten jüdischen Familien in Berlin mit. Dabei habe ich viel über Gebräuche,

Gesänge und Speisen erfahren. 1971, zwei Tage vor unserer Hochzeit, bin ich zum Judentum konvertiert.

1972 sind wir nach Ramot HaShavim ausgewandert. Zwei Jahre später wurde meine Tochter geboren und zwei Jahre darauf mein Sohn. Von 1973 bis 2012 war ich Dozentin an der Universität Tel Aviv.

Mein erster Mann und ich haben uns 1982 scheiden lassen. Mein zweiter Mann war ein Kibbuznik, dessen Familie im Holocaust umgekommen ist. Für mich eine schwere Bürde. Ich war mit beiden Männern jeweils 18 Jahre zusammen.

Mein Sohn lebt heute in Chile und ist Lehrer für Hebräisch und Tanach an einer zionistischen Schule; meine Tochter lebt in Israel. Meine fünf Enkel sind meine größte Freude im Leben.

3. Gründe für die Einwanderung in Israel und Reaktionen des Umfeldes in Deutschland

Von Anfang an war für meinen ersten Mann klar, dass wir nach Israel auswandern würden. Er wollte in seine Heimat zurück und mich interessierte das Land. Meine Mutter war anfangs gegen diese Beziehung. Mein Vater hielt sich zurück, aber schon vor der Hochzeit warnte er mich: »Du wirst es schwer haben.« Später haben meine Eltern diese Beziehung akzeptiert und waren bei der Hochzeit in Berlin anwesend.

Meine Eltern kamen jedes Jahr nach Israel, um uns zu besuchen. Mein Vater zog sich sofort kurze Hosen an und genoss die Sonne. Beide haben sich hier wohlgefühlt. Meine Mutter noch mehr als mein Vater, denn hier erinnerte sie viel an Ungarn, das Brot, die Tomaten. Ich habe sie jedes Jahr mit den Kindern in Deutschland besucht.

Am Anfang besuchten mich noch Freunde aus meiner Studentenzeit. Manchmal hatte ich das Gefühl, dass sie in erster Linie billigen Urlaub bei mir machen wollten, und irgendwann hat es mir dann gereicht.

4. Leben und Alltag in Israel

Die Integration in Israel fiel mir leicht. Ich bin neugierig und bin immer auf die Leute zugegangen. Die Menschen in Ramot HaShavim haben mich sehr gut aufgenommen. Viele von ihnen waren deutschsprachig.

»Das Wort Grenzen passt nicht zu mir«

Meine Nachbarin konnte drei Worte Hebräisch. Man sprach deutsch auf der Straße und bis die erste Generation der Einwanderer ausgestorben war, wurden auch alle Siedlerversammlungen auf Deutsch abgehalten. Mit dem Kinderwagen bin ich durch das Dorf spaziert und habe allen »Schalom« gesagt. Die alten Jeckes waren damals um die fünfzig Jahre alt und haben uns immer eingeladen, weil wir deutsch sprachen. Ich selbst war auch immer gern Gastgeberin und liebte es, wenn das Haus voll war. Anfangs bestand unser Umfeld zu etwa 80 Prozent aus Jeckes.

Auch, was das Essen in Israel betraf, war ich anpassungsfähig. Scharfes Essen war ich von meiner ungarischen Mutter gewohnt. Auch, als ich noch kein Hebräisch sprach und mich mit Händen und Füßen verständigte, ging ich bei Einladungen immer zuerst in die Küche. Ich roch an den Gewürzen und kostete das Essen; dadurch nahm ich schnell Kontakt auf.

Zu Beginn habe ich in einem deutschsprachigen Altersheim Vorträge über Kunst gehalten. Die Leute waren sehr dankbar und für mich war dieses Ehrenamt sehr befriedigend. Ich habe damals auch viele Vorträge auf Deutsch im Goethe-Institut gehalten. Mein Publikum bestand anfangs überwiegend aus alten deutschen Einwanderinnen und Einwandern. Dann habe ich einen Hebräischkurs gemacht und konnte Vorträge auf Hebräisch halten.

Daraufhin habe ich 1973 eine Arbeitsstelle am Lehrstuhl für Kunstgeschichte an der Universität Tel Aviv gefunden. Zunächst sortierte ich dort Dias, habe aber bald angefangen, als Dozentin Vorlesungen über Kunst und Architektur zu halten. Mein Mann hat als Architekt neue Siedlungen in Galiläa geplant.

Das Kräfteverhältnis zwischen Michael und mir hat sich geändert, als wir nach Israel gezogen sind. In Berlin war ich die Starke und er war der Schwache. Er hatte in Deutschland mit antisemitischen Anfeindungen zu kämpfen und konnte sich mit den kulturellen Unterschieden nicht recht anfreunden. In Israel war ich die Hilflose, die die Sprache nicht konnte und vieles erst lernen musste. Es dauerte sieben Jahre bis ich integriert war.

In Israel begeisterte mich, dass ich viele Ideen verwirklichen konnte, weil es keine Vorschriften gab. So habe ich zum Beispiel mit einer Gruppe von Kindern große Mülleimer bunt bemalt. Ich war ja immer anders. Da ich mich nicht auskannte, habe ich einfach Dinge erprobt, beispielsweise experimentierte ich mit dem für mich neuartigen Obst und Gemüse, kreierte Marmeladenkombinationen und buk Quittenbrot.

In meinen Vorlesungen konnte ich auch kreativ sein. Man hat mir Freiheiten gegeben. Ich war die Erste, die Designgeschichte unterrichtete, sowohl an der Universität als auch an der Kunstakademie Bezalel. Damals war mir noch nicht bewusst, dass ich damit Pionierarbeit leistete, doch jetzt weiß ich das. Anerkennung wurde mir zuteil, so war ich Jurorin in den Bereichen Design und Architektur für den Israel-Preis, die höchste Auszeichnung im Land. Vor Kurzem hat mich die israelische Nationalbank in das Komitee berufen, das über das Design neuer Münzen und Banknoten entscheidet. Ich sehe sofort, was neu, gut und interessant ist, und ich konnte die konservativen Kollegen überzeugen, für die innovativsten Entwürfe zu stimmen. Danach unterstützten führende israelische Designer meine Vorschläge, das hat mich mit Stolz erfüllt.

Ich war auch 30 Jahre Mitglied der israelischen Briefmarkenkommission. Das war ungeheuer interessant und es ist schön, dass ich diese Dinge machen konnte. All diese Errungenschaften habe ich mit eigenen Kräften erarbeitet. Ich habe keine fördernden Netzwerke. In der Arbeit hat es keine Rolle gespielt, dass ich eine Frau bin. Ich hatte freie Hand.

5. Grenzerfahrungen und Überwinden von Grenzen

Israel ist ein kleines Land, daher trifft man schnell auf geografische Grenzen. Vor 1967 waren es auf der Höhe von Ramot HaShavim gerade mal 13 km von der Grenze bis zum Meer. Ich habe es noch miterlebt, als in Jerusalem die Altstadtmauer die Grenze war. Heute sieht man in Israel wieder eine Grenzmauer, nämlich wenn man auf der Schnellstraße 6 fährt.

Apropos Grenze: In Israel hat mich der Einfluss der Armee auf das zivile Leben oft gestört. Ich ertrage es schwer, wenn entlassene Offiziere nach ihrer militärischen Laufbahn durch gute Netzwerke wichtige Ämter bekleiden, beispielsweise in Schulen und Museen, von denen sie nicht unbedingt viel verstehen. In meinen Augen verdirbt das Militär den Charakter vieler Menschen, weil sie dort ein stark hierarchisches Denken entwickelt haben. Dabei fällt mir eine Universitätsprofessorin, die zuvor eine hohe Offizierin in der Armee war, ein. Als sie Lehrstuhldirektorin wurde, hat sie die Putzfrau und den Hausmeister angeschrien, weil sie das von der Armee so kannte. Solche Dinge haben mich immer gestört und das spreche ich auch immer aus.

Mein Sohn hatte gesundheitliche Probleme, daher kam er nicht in eine Kampfeinheit. Er ist im Land herumgefahren und hat alle möglichen verstreuten Apparate kontrolliert. Meine Tochter hat als Soldatin in der Jordansenke archäologische Führungen gemacht. Es ist mir bei beiden Kindern – bis auf wenige Ausnahmen – erspart geblieben, sie in Uniform zu sehen.

Gesellschaftliche Grenzen habe ich nie erfahren. Ich komme mit allen Menschen gut aus. Nur mit den religiösen Siedlern im Westjordanland möchte ich nichts zu tun haben. Zu Religiösen suche ich grundsätzlich keinen Kontakt. Ich habe meinen Platz gefunden und ich suche das Positive hier. Ich baue, ich pflanze, ich unterrichte.

Wenn ich an Grenzen in Deutschland denke, dann fällt mir die Berliner Mauer ein. Ich war dabei und habe gesehen, wie sie am 13. August 1961 errichtet wurde. Es waren Sommerferien und eine Kindheitsfreundin aus meiner Heimatstadt Naumburg war zwei Wochen in Westberlin zu Besuch und fuhr am 12. August abends zurück nach Naumburg. Am nächsten Tag hörten wir früh morgens im Radio, dass die Grenzen zugemacht wurden. Zusammen mit anderen jungen Leuten bin ich zum Brandenburger Tor, wo man die Panzer stehen sah. Einige meiner Klassenkameraden konnten noch auf skurrilen Wegen aus dem Osten in den Westen fliehen. Ich erinnere mich auch noch, wie es war, von Westberlin mit dem Auto durch den Osten nach Westdeutschland zu fahren. Man musste immer das Geld abzählen und die Grenzbeamten haben den Tank kontrolliert. Für mich war dies immer beängstigend. Das Verhalten der DDR mit ihren Polizisten ließ mich die Nazizeit besser verstehen. Man gibt den kleinen Leuten Macht und sie nutzen das dann aus. Es war wie eine Fortsetzung des zwölf Jahre anhaltenden Naziregimes.

Was die Sprache betrifft, so habe ich mich zu Beginn mit Händen und Füßen verständigt, wenn ich nicht weiterkam, auch bei meinen Vorträgen. Ich sage immer: »Ich hatte 80 Dias und 20 Worte«, und bis ich die Namen der Künstler gesagt hatte, war die Stunde um. Wenn ich ein Wort nicht wusste, habe ich es auf Deutsch oder Englisch gesagt und jemand im Publikum half mir weiter. Die Leute waren immer sehr hilfsbereit und verständnisvoll und haben nicht korrigiert, sondern geholfen.
Ich habe mit meinem ersten Mann zuerst nur Deutsch gesprochen. Auch heute noch, wenn wir uns auf Familienfesten treffen, dann spricht er mich auf Deutsch an, aber ich antworte auf Hebräisch.
Es hat gedauert, bis ich Hebräisch konnte. Als die Kinder in den Kindergarten gingen und mir alles auf Hebräisch erzählten, habe ich von ihnen nicht verlangt, Deutsch mit mir zu sprechen. Ich glaube nur an Freiheit, auch bei der Erziehung. Meine Tochter versteht alles auf Deutsch. Mein

zwölfjähriger Enkel kommt jetzt in die weiterführende Schule und konnte zwischen drei Sprachen wählen: Italienisch, Chinesisch und Deutsch. Neulich erzählte er mir ganz stolz, dass er Deutsch gewählt hat.

Es ist mein Bestreben, dass in Israel Juden und Muslime in Frieden miteinander leben. Der Apotheker hier im Ort ist ein junger Moslem und viele schätzen ihn sehr, weil er seine Kunden oft besser berät, auf jeden Fall geduldiger, als ein Arzt. Meine Putzfrau ist eine religiöse Muslima und bringt mir Geschenke aus Mekka. Ich erinnere mich, als ich meine Tochter geboren hatte, lag im Krankenhaus eine Araberin neben mir. Sie hatte das sechste Kind zur Welt gebracht und ich dachte: »Mensch, sie ist gleich nach der Geburt aufgestanden und ich liege vollkommen fertig da.«

Meine Tochter, die an der Universität Haifa promoviert und dort unterrichtet, hat auch arabische Kolleginnen und Kollegen. Den Menschen in Deutschland möchte ich erzählen, dass wir – abseits der großen Politik – hier einfach zusammenleben.

Das ist für mich selbstverständlich. Ich bin tolerant und finde den Weg zu den Menschen unabhängig von ihrer Herkunft. Ich kann mich anpassen, das ist mein Glück. Es freut mich, dass meine Kinder auch so offen sind.

Stereotype abzubauen, ist mir ein wichtiges Anliegen. Da beginne ich immer bei mir selbst. Weil ich aus Deutschland komme, gehen die Menschen hier immer davon aus, dass ich sehr ordentlich bin. Dabei kämpfe ich täglich mit meinem Chaos. Meine ungarische Mutter benahm sich fast preußisch, weil sie aus einer Offiziersfamilie stammte. Mein deutscher Vater war dagegen emotional und spontan, Ordnung war nicht seine Stärke.

Im Grunde genommen kann ich mit dem Begriff »Grenzen« nichts anfangen, ich verstehe mich als »grenzenloser« Mensch.

Ich lehne stereotypisierende Aussagen ab und stelle sie sofort infrage. Mein Leitmotiv lautet: »Für jede Aussage finde ich dir genau das Gegenteil.« Man muss alles kritisch unter die Lupe nehmen. Das ist eine meiner Grenzen.

6. Bezug zu deutsch-jüdischer Geschichte und Wahrnehmung deutsch-israelischer Beziehungen

Mein Vater war deutscher Soldat. Da er Ingenieur war, ist er bis Dnipropetrowsk und bis Smolensk gekommen. Mit seiner Leica-Kamera machte er Dias vom Krieg, die er hin und wieder vorführte. Als Kind habe ich mich an seinen Bildern unkritisch erfreut. Mein Vater wurde im letzten Moment aus Russland nach Schleswig-Holstein abgezogen und kam kurz in britische Gefangenschaft.

Ein Bruder meiner Mutter gehörte zu einer ungarischen Eliteeinheit. Als die Ungarn zu Verbündeten der Deutschen wurden, verlegte man die Mitglieder dieser Einheit nach Celle. Von der deutschen Wehrmacht wurden sie nicht eingesetzt, aber als das Konzentrationslager Bergen-Belsen von der britischen Armee eingenommen wurde, bewachten sie das Lager, das heißt, sie wurden von den Briten als nicht gefährlich eingestuft. Als mein Onkel 1947 mit seiner Familie nach Australien auswanderte, besuchten meine Mutter und ich ihn in Bergen (Landkreis Celle), gleich neben Bergen-Belsen, aber davon wusste ich damals noch nichts.

Meine Mutter interessierte sich nicht für Politik. Sie hatte jüdische Freundinnen in ihrer Schulklasse, aber ihr Vater war beim Militär und sie gehörte sozusagen einer antisemitischen Gesellschaftsschicht an. In der Familie gab es einen jüdischstämmigen Onkel, Dr. Kalman Ullmann, der mit seiner griechischen Frau aber in der Türkei lebte. Es wurde erzählt, dass meine Großmutter, wenn sie gutes Fleisch kaufen wollte, zum koscheren Fleischer ging. Mehr ist mir nicht bekannt, allerdings weiß ich, dass meine ungarische Großmutter eine überzeugte Anhängerin von Adolf Hitler war. Über meinen ungarischen Großvater habe ich durch das Internet herausgefunden, dass er 1943 mit Nazigrößen durch Berlin marschierte, aber in Zivil. Er war in Ungarn im Boxsport engagiert. Nach dem Ersten Weltkrieg durften auch die Ungarn keine Armee haben, also hat man unterschiedliche Sportarten gefördert, nicht zuletzt als Training für den militärischen Einsatz. Dies sind Dinge, die ich erst heute zu verstehen beginne.

Ich habe auch Vorlesungen über Nazikunst und -architektur gehalten und mich auch immer mit jüdischen Elementen in Kunst und Architektur beschäftigt. Mit meiner Einwanderung in Israel habe ich allerdings ganz bewusst gesagt: »Ich schaue vorwärts, ich baue auf«, und habe nicht deutsch-israelische oder deutsch-jüdische Kreise gesucht oder mich mit Schoahthemen beschäftigt. Ich wollte dies nicht, aber dennoch holte es mich immer wieder ein, insbesondere am Jom haScho'a, dem Holocaustgedenktag. In meinen Vorlesungen saßen Studierende, teilweise viel älter als ich, die Holocaustüberlebende waren. Eine meiner Studentinnen war Partisanin in Polen, die andere erzählte mir, dass sie lebendig begraben und von der russischen Armee gerettet wurde. Später saß sie da und hat mir begeistert über deutsche Kunst zugehört. In Israel hatte ich viele Erlebnisse wie dieses, aber persönlich habe ich die Schoah ganz bewusst nicht als Thema behandelt. Dafür habe ich mich als eine der Ersten mit Synagogenarchitektur beschäftigt, dies auch schon während meiner Zeit in Deutschland, und sogar viel Material hierzu aus Deutschland mit nach Israel gebracht. Im Diaspora-Museum habe ich eine Ausstellung über deutsche Synagogen gemacht, habe Vorträge gehalten und Aufsätze geschrieben.

Kürzlich traf ich eine alte Klassenkameradin in Berlin und wir standen vor einer Karte mit den rund neunzig Holocaustdenkmälern in Berlin. Meine Freundin sagte zu mir:»Das ist viel zu viel.« Ich habe geschwiegen. Schon lange schweige ich, denn ich habe keine Lust, mich auf diese Diskussionen einzulassen. Die Zeiten, in denen ich die Welt verändern wollte, sind vorbei.

Vor einigen Jahren sollte ich einen Vortrag über Holocaustdenkmäler in Berlin halten. Bei den Recherchen fand ich ein Foto aus der Nazizeit mit einem Mann und einem Kind, unter dem stand: »Marek James, eines der Opfer, die umgekommen sind.« Marek James ist der Name des Vaters meines Schwiegersohnes, der aber erst nach dem Krieg geboren ist. Der Junge auf dem Bild sah meinem Enkel verblüffend ähnlich, daher wollte ich mehr wissen und recherchierte weiter. Es stellte sich heraus, dass der Mann auf dem Foto der Großonkel meines Schwiegersohns war. Er und sein Bruder, der Großvater meines Schwiegersohnes, überlebten, der damals sechsjährige Junge nicht. Er gehörte zu den zwanzig jüdischen Kindern, die zu medizinischen Versuchen missbraucht wurden und am 20. April 1945 in der Schule am Bullenhuser Damm gehängt wurden. Als die beiden Überlebenden nach dem Krieg Söhne bekamen, nannten sie diese Marek, mit Familienname James. Der Vater meines Schwiegersohnes ist später im Jom-Kippur-Krieg gefallen. Da war mein Schwiegersohn eineinhalb Jahre, er war also zu jung, um sich noch an die Zeit mit seinem Vater erinnern zu können. Sein Großonkel mit dem anderen Marek James ist in die USA ausgewandert. Dank meiner Recherchen haben die Familien sich wiedergefunden und auch in Hamburg getroffen. Es gibt eine Marek-James-Straße in Hamburg.

Grenzen im deutsch-israelischen Kontext? Damit setze ich mich heute nicht mehr auseinander. Als meine Mutter gestorben ist, haben sich mein Vater und die Schrebergartennachbarin gefunden. Es war mir bekannt, dass die Frau unter den Nationalsozialisten bei der Polizei am Alexanderplatz gearbeitet hat. Die schlimmste Stelle in Deutschland, was Juden anbelangt. Doch nach dem Krieg hat sie unter den Russen genug gelitten. Sie passte gut zu meinem Vater, besser als meine Mutter, und sie hat mir viel Last abgenommen. Früher hätte ich kein Wort mit ihr gesprochen, doch im Alter bin ich toleranter geworden. Der Kontakt zu Nazis ist für mich ein Beispiel für eine Grenze im deutsch-israelischen Kontext. Doch wahrscheinlich hätte meine Neugierde die Ablehnung überwunden. Ich will wissen und verstehen.

Bei der offiziellen deutsch-israelischen Verständigung steckt auch viel Geld dahinter und sie wird von beiden Seiten ausgenutzt. Insbesondere jetzt, 50 Jahre nach der Aufnahme diplomatischer Beziehungen, sind viele Initiativen entstanden. Da ich mich mit aus Deutschland stammenden Architekten und ihrem Wirken in Israel beschäftige, habe auch ich davon profitiert. An der Bauhaus-Universität in Weimar hat gerade eine hervorragende Konferenz über die klassische Moderne in der Architektur stattgefunden, ohne das Geld wäre das nicht möglich gewesen.

Deutsch-israelische Beziehungen sind mir wichtig und ich verstehe sie. Meinen israelischen Studentinnen und Studenten vermittle ich Nuancen. Von hier sieht Europa wie eine Einheit aus. Doch selbst in Deutschland gibt es maßgebliche Unterschiede, zum Beispiel: Was habe ich mit den Bayern zu tun? Es gibt nicht »die Deutschen«, absolut nicht.

Ich habe auf dem Gebiet Architekturgeschichte einen Beitrag zu deutsch-israelischen Beziehungen geleistet. Das macht mich stolz. Ich wurde als »Felsen der israelischen Architekturgeschichte« beschrieben, denn ich bin, seit ich in Israel bin, eine Anlaufstelle für jeden aus Deutschland, der sich mit Architektur beschäftigt. Ein Deutscher sagte einmal: »Da kriegte man Information über Architektur und eine gute Suppe.« Wenn ich heute nach Berlin reise, dann habe ich überwiegend Kontakt zu Deutschen, die sich mit der Architektur in Israel befassen.

Meine Gefühle, meine Einstellung zu Deutschland? Das Problem fing mit dem ersten Libanonkrieg 1982 an. Die deutsche Berichterstattung fand ich schrecklich und der Wortschatz stammte immer aus der Nazizeit. Von da ab habe ich gemerkt, dass uns Welten trennen. Ich bin auch immer halb krank aus Deutschland zurückgekommen. Ich höre und lese zwischen den Zeilen. Ich bin immer sehr froh, wieder zurück in Israel zu sein.

Es ist erschütternd, wie man seit dem letzten Gazakrieg in Deutschland über Israel spricht. Ich finde, dass die Leute einseitig informiert sind und Antisemitismus in Reinkultur betreiben.

7. Heimat / Zuhause

Mit dem Begriff Heimat kann ich überhaupt nichts anfangen. Von meinem Geburtsort bin ich im Alter von sechs Jahren geflüchtet, die ungarische Großmutter, die mir sehr nahestand, habe ich früh verloren. Der Onkel wanderte nach Australien aus. Ein Teil der Familie war in Norwegen und in der Türkei.

Ich habe überhaupt keine Sehnsucht nach Deutschland, weder kulinarisch noch in einer anderen Weise. Das Wort Heimat bedeutet mir nichts, weil ich immer gespalten war und stets mit einem Bein in Ungarn stand. Ich erinnere mich noch gut an die Fußballweltmeisterschaft 1954, als Deutschland gegen Ungarn spielte. Ich wusste nicht, welcher Mannschaft ich die Daumen drücke sollte.

Israel ist mein Zuhause und so, wie ich heute lebe und bin, so glücklich war ich mein ganzes Leben nicht. Wenn ich zurückschaue auf die schwere Arbeit und das alles, dann kann ich sagen: »Es hat sich gelohnt.« Ich hatte immer neue Ideen, habe Innovationen umgesetzt und bin meiner Zeit immer ein Stück zu weit voraus gewesen. Das dauert, bis es akzeptiert wird. Jetzt habe ich meine Enkel, die ich sehr liebe. Morgen gehe ich mit dem kleinen Fünfjährigen zusammen zu Ikea und wir sind beide happy dort. In meinem kleinen Leben hier geht es mir sehr gut und hier mache ich, was ich will. Hier kann ich so sein, wie ich bin, in Deutschland ginge das nicht.

Inge Buhs

»In Israel musste ich meine deutsche Identität definieren«

Geburtsjahr:	1960
Geburtsort:	Bernau am Chiemsee
aufgewachsen in:	Bernau am Chiemsee
in Israel seit:	1983
lebt derzeit in:	Jerusalem (seit 1994)
Ausbildung:	Krankenpflegehelferin
Beruf:	Gründerin und Leiterin des Hilfsvereins für Holocaustüberlebende Ner Yaakov

1. Die Geschichte meiner Familie

Meine Familie stammt aus Bayern. Ich habe nur einen meiner beiden Großväter kennengelernt, doch auch von ihm weiß ich nichts. Wir sind uns nur drei- oder viermal begegnet.

Meine Mutter ist 1927 geboren und hat den Zweiten Weltkrieg als Jugendliche miterlebt. Sie war Mitglied im nationalsozialistischen Bund Deutscher Mädel (BDM). Mein Vater kämpfte als Soldat bei der Kriegsmarine. 1974 starb er an bis heute ungeklärter Ursache. Meine Mutter arbeitete in Restaurants und in Fabriken, um uns zu ernähren.
Ich habe zwei Geschwister und noch einige Halbgeschwister.

2. Meine Biografie

Ich bin 1960 in Bernau am Chiemsee geboren und aufgewachsen. Meine Eltern waren nicht verheiratet, daher hatten sie es in der konservativen bayerisch-katholischen Umgebung sehr schwer. Auch meine Kindheit war aufgrund ihrer Marginalisierung von Ausgrenzung überschattet.

Der Tod meines Vaters war ein tiefer Einschnitt für die Familie. Ich war damals 14 Jahre alt. Von der Kirche oder aus meiner Umgebung habe ich keine Hilfe erfahren. Die Schule habe ich mit einem Hauptschulabschluss beendet. Ich arbeitete als Bedienung in einem bayerischen Bierlokal und dies war mein Umfeld.

Im Alter von 22 Jahren habe ich mich bewusst entschieden, Christin zu werden und mein bisheriges Umfeld hinter mir zu lassen. Mein christlicher Glaube hat mir den Halt gegeben, den ich vorher nicht hatte. Mein Glaube führte mich 1983 auch nach Israel, wo ich seitdem – mit Unterbrechungen – lebe. Ende 1989 bin ich für einige Zeit wieder nach Deutschland zurückgegangen, um eine Pflegehelferinnenausbildung zu machen und die praktische Arbeit in der Onkologie kennenzulernen.

3. Gründe für die Einwanderung nach Israel und Reaktionen des Umfeldes in Deutschland

Mein Bezug zu Israel entwickelte sich durch meinen Glauben. Wer die Bibel liest, kann Israel gar nicht ignorieren. 1983 besuchte ich das Land zum ersten Mal. Ich wollte als Volontärin arbeiten und gleichzeitig Israel kennenlernen.

Mein Umfeld in Deutschland hat meine Entscheidung, nach Israel zu gehen, zunächst nicht verstanden. Auch meine Mutter war anfangs skeptisch, doch, nachdem sie mich das erste Mal in Israel besuchte, änderte sie ihre Meinung und sie unterstützte mich – in jeder Hinsicht. Sie sah, dass ich hier Halt und eine Lebensaufgabe gefunden habe.

Andere deutsche Bekannte dachten sich vermutlich, dass ich nur vorübergehend in Israel bleiben und wieder nach Bayern zurückkehren würde.

Als ich damals nach Israel kam, dachte ich keineswegs: »Ich bleibe jetzt mein ganzes Leben lang hier.« Diese Entscheidung hat sich über die Jahre langsam entwickelt.

4. Leben und Alltag in Israel

Im Mai 1983 besuchte ich zum ersten Mal Israel. Als Volontärin arbeitete ich bei deutschen Christen in Emek HaShalom auf einer Farm. Anschließend machte ich Freiwilligendienst in einem Elternheim. Von 1985 bis

»In Israel musste ich meine deutsche Identität definieren«

1987 habe ich bei einer deutschen Ärztin in Haifa und Tel Aviv als Volontärin gearbeitet. In dieser Arztpraxis lernte ich 1987 eine Auschwitzüberlebende kennen. Wir freundeten uns an und ich wohnte einige Zeit bei ihr in Tel Aviv. Erst durch die Begegnung mit der heute fast 92-Jährigen begann ich, mich mit dem Thema Holocaust, meiner deutschen Identität und mit Israel auseinanderzusetzen. Ihr Freundeskreis bestand aus Holocaustüberlebenden. Ich hörte, wie unseren schwer kranken Nachbarn Holocaustalbträume quälten. Meine Gastgeberin litt unter Depressionen, weil sie keine Kinder hatte und allein war. Diese Erlebnisse führten mir vor Augen, dass ich zum Volk der Täter gehörte. Es war mein Volk, das diesen Menschen solch schreckliches Leid zugefügt hatte.

Vor 28 Jahren war die Haltung dieser Menschen gegenüber Deutschen noch anders gewesen als heute. Damals habe ich schon so manches Mal gespürt, dass ich als deutsche Christin stellvertretend für die Tätergesellschaft stehe.

Ich wollte etwas für die Holocaustüberlebenden tun, hatte aber weder Geld noch sonstige Mittel. Also habe ich bei Überlebenden gewohnt und habe sie zum Arzt begleitet, für sie gewaschen, geputzt, gekocht usw. Doch ich wollte mich stärker für sie engagieren. Daher entschloss ich mich, in Deutschland eine Ausbildung als Krankenpflegehelferin zu beginnen. Nach meiner Ausbildung kehrte ich wieder nach Israel zurück, wohnte weiterhin bei der Überlebenden und arbeitete als Volontärin.

Als deutsche Christin war es nicht immer leicht, von den israelischen Behörden eine Arbeitserlaubnis zu erhalten. Mal hatte ich für kurze Zeit ein Visum für Freiwillige und mal ein Arbeitsvisum. 1993 beantragte ich zum ersten Mal die Aufenthaltserlaubnis für Israel. Nach jahrelangem Kampf erhielt ich 1998 zunächst eine temporäre, dann später die permanente Aufenthaltsgenehmigung. Seit 2012 bin ich israelische Staatsbürgerin. Neben der israelischen Staatsbürgerschaft erlaubte Deutschland mir, die deutsche Staatsbürgerschaft beizubehalten, was mir sehr wichtig war.

Damals verlagerte sich mein Lebensmittelpunkt komplett nach Israel und seitdem besuche ich Deutschland nur noch für Urlaube.

Zu dieser Zeit nahm mein Leben mehr Stabilität an und ich kam mit zwei christlichen Vereinen in Kontakt, die auch mit Holocaustüberlebenden arbeiteten. Zum Teil habe ich bei diesen Vereinen mitgearbeitet und Unterstützung erhalten. Im Jahr 2000 habe ich den Hilfsverein Ner Yaakov für Holocaustüberlebende gegründet, der zum größten Teil durch Spenden aus Deutschland finanziert wird.

In unserem Verein erhalte ich Unterstützung von Volontärinnen und Volontären, die hauptsächlich aus Deutschland kommen, vereinzelt aber auch aus anderen Ländern, beispielsweise aus den Niederlanden. Die Idee ist, dass deutsche Christinnen und Christen die Holocaustüberlebenden pflegen. Aber natürlich kann jede Person, der es ein Bedürfnis ist, zu helfen, bei uns mit anpacken, egal, welchen Hintergrund sie hat.

Als Leiterin des Vereins arbeite ich nach wie vor als Volontärin mit den Holocaustüberlebenden, also unentgeltlich. Ich lebe selbst nur von Spenden, aber es geht mir gut und ich habe alles, was ich brauche.

Meine Lebensqualität hat sich verbessert, was ich in allererster Linie meinem Glauben zuschreibe, der mir überall und in allen Lebenslagen hilft und Halt gibt. In meinem Fall bin ich mir ganz sicher, dass ich hier in Israel sein soll und dass ich einfach mache, wofür ich bestimmt bin. Ich bin mir also innerlich ganz sicher, dass ich meine Bestimmung gefunden habe. Aus dieser Gewissheit schöpfe ich die Kraft und Stabilität, die ich benötige.

Der Dienst für Holocaustüberlebende ist zu meiner Lebensaufgabe geworden. In meinem Privatleben treffe ich gern Freundinnen und Freunde, außerdem gehe ich meinen Hobbys nach: Fotografieren bedeutet mir sehr viel, hauptsächlich Naturfotos – Zugvögel, Tiere, Landschaften und Blumen im Frühjahr. Und, damit verbunden, besuche ich sehr gern die israelischen Naturparks. Außerdem ist es mir ein Anliegen, andere Länder, Leute und Kulturen kennenzulernen, deshalb ist mir Reisen wichtig. Hier in Israel habe ich viele Menschen aus der ganzen Welt kennengelernt und, wenn sie in ihr Heimatland zurückkehrten, blieben wir oft in enger Verbindung. So konnte ich sie besuchen und andere besuchten wiederum mich in Israel.

Mein soziales Umfeld besteht aus israelischen Freundinnen und Freunden sowie aus Menschen aus der Nachbarschaft, die allesamt völlig unterschiedlich sind. Es sind einige Ältere dabei, junge Ehepaare, religiöse und säkulare jüdische Menschen, die mich alle akzeptieren und herzlich aufgenommen haben. Durch meinen christlichen Glauben habe ich auch christliche Freundinnen und Freunde aus der ganzen Welt, die aus unterschiedlichen Gründen in Israel leben und arbeiten. Mein Umfeld ist multikulturell, doch zu arabischen Israelis habe ich keinen Kontakt. Ab und an treffe ich sie natürlich, aber ich suche den Kontakt nicht gezielt. Wir hatten einmal einen arabischen Pastor, der auch ein guter Freund war, aber er hat Israel inzwischen verlassen. Manche Freiwillige versuchen, sich sowohl für die jüdische als auch die arabische Community zu engagieren. Da es Konflikte zwischen den beiden Gruppen gibt, glaube ich, dass viele dieser Deutschen in innerliche Konflikte geraten. Ich weiß, wo mein Platz ist, und da bleibe ich.

5. Grenzerfahrungen und Überwinden von Grenzen

Zum Thema Grenzen und Israel fallen mir zunächst die Landesgrenzen ein. Ich trenne nicht zwischen Israel und dem Westjordanland. Aufgrund meiner religiösen Überzeugung und meines Glaubens an die Bibel sehe ich alles zusammen als das Heilige Land an.

In meinem persönlichen Leben spielen geografische Grenzen keine Rolle. In palästinensische Autonomiegebiete reise ich nicht und auch unseren Volontärinnen und Volontären erlaube ich nicht, die palästinensischen Autonomiegebiete zu besuchen, denn es ist für die Holocaustüberlebenden verstörend. Wenn unsere Volontärinnen und Volontäre in der Vergangenheit zum Beispiel die palästinensische Stadt Ramallah besuchten und den Holocaustüberlebenden davon berichteten, dann fragten sie mich: »Ist sie jetzt antisemitisch geworden?« Es macht den Überlebenden Angst. Für mich ist es wichtig, dass die Freiwilligen nach Israel kommen und sich voll und ganz ihrer Aufgabe widmen. Sie sollen den alten Menschen das Gefühl vermitteln, dass sie einzig und allein für sie gekommen sind. Was sie vor oder nach ihrem Freiwilligendienst machen, das ist natürlich ihnen überlassen. Aber während des Dienstes setze ich hier eine Grenze. Auch die Sicherheitsfrage hat wesentlich zu dieser Entscheidung beigetragen.

Vor einigen Jahren hatten wir Volontärinnen und Volontäre, die sich in Beit Jala im christlich-arabischen Bereich engagierten. Eines Tages gab es einen Terroranschlag und die Armee sperrte die Gegend ab. Sie saßen deshalb auf der palästinensischen Seite fest und konnten nur mit der Hilfe eines Journalisten wieder nach Israel einreisen.

In Israel habe ich nie Ausgrenzung erfahren. Es kommt vor, dass Einzelne komisch auf mich reagieren, beispielsweise ultraorthodoxe Juden. Als kinderlose, alleinstehende Frau, als Deutsche und Christin rufe ich bei manchen Ultraorthodoxen Ablehnung hervor. Doch nehme ich diese nicht persönlich, weil es säkularen Juden nicht anders geht.

6. Bezug zu deutsch-jüdischer Geschichte und Wahrnehmung deutsch-israelischer Beziehungen

Bei meinen deutschen Freundinnen und Freunden und in meiner Familie war die Schoah nie ein Thema. Wenn diese Zeit überhaupt thematisiert wurde, ging es nur um den Krieg gegen die Sowjetunion.

Als Teenager habe ich einmal eine vierteilige Serie über den Holocaust angeschaut und das Thema bei Nachbarn und meiner Mutter angesprochen. Doch sie wollten nicht darüber sprechen und es stattdessen verleugnen und verschweigen. Damals habe ich nicht weiter nachgehakt. Heute würde ich das Thema ganz anders anschneiden. Später konnte ich noch mit meiner Mutter über den Holocaust sprechen, aber mein Vater war zu diesem Zeitpunkt bereits verstorben.

Erst viel später habe ich verstanden, dass ich als Deutsche eine verletzte Seele hatte. Schuldgefühle quälten mich und ich verspürte Scham. Erst als ich anfing, als Volontärin mit Holocaustüberlebenden zu arbeiten, begriff ich, dass ich vor dem Thema nicht weglaufen kann. In Israel musste ich mich der Frage stellen, wie ich meine deutsche Identität definiere. Was bedeutet sie im Angesicht derer, die von der Schoah bis heute gezeichnet sind? Letztlich waren es die Überlebenden, die mir Trost spendeten. Die Konfrontation mit ihnen war für mich sehr heilsam, denn sie haben mir fast nie Vorwürfe gemacht. Irgendwann war ich in der Lage, zu sagen: »Es ist in Ordnung, Deutsche zu sein, und als Deutsche bin ich nun gefordert, etwas für diese Menschen zu tun.«

Ein Stück weit sehe ich es auch als meine Aufgabe, anderen Deutschen diese heilsame Auseinandersetzung zu ermöglichen.

Mir ist es wichtig, zur Versöhnung zwischen Deutschen und Überlebenden des Holocaust Christen und Juden beizutragen. Mein ganzes Leben lang habe ich mich dafür eingesetzt. In unserem Verein besuchen uns viele deutsche Gruppen, für die die Begegnung mit Überlebenden sehr wichtig ist.

Viele deutsche Gruppen besuchen die Holocaustgedenkstätte Yad Vashem. Das ist auch sehr wichtig, aber, wenn sie das Museum verlassen, sind sie oft bedrückt. Sie stellen sich dann immer noch viele Fragen zu ihrer persönlichen Familiengeschichte, die dort nicht beantwortet werden. Der Austausch mit Überlebenden, die die deutschen Besucherinnen und Besucher nicht anklagen, sondern ihnen ihre Lebens- und Leidensgeschichte erzählen, damit diese nicht vergessen wird, kann eine heilsame Erfahrung für Deutsche sein. Diese Besucherinnen und Besucher haben dann auch ein positiveres Bild von Israel. Zugleich merke ich auch, dass diese Begegnungen für die Holocaustüberlebenden selbst wichtig sind, und sie empfinden es als positiv, wenn gerade junge Deutsche kommen und Interesse zeigen.

Es freut mich, dass die heutige deutsche Jugend sich offen mit der Schoah auseinandersetzt und dieses Schweigen ablegen konnte, mit dem meine Generation noch aufgewachsen ist. Es ist schön, dass deutsche Jugendliche sich mit Israel auseinandersetzen – wo diese Entwicklung in Zukunft hinführen wird, das ist eine andere Frage, aber in den letzten Jahren habe ich es als positiv empfunden.

Momentan bin ich mir unsicher, wie ich die deutsch-israelischen Beziehungen einschätzen soll. Ich denke, dass das Image Israels in Deutschland unter nicht immer korrekten Medienberichten leidet. Mein Umfeld in Israel hingegen ist Deutschland gegenüber sehr positiv eingestellt.

Was die Zukunft der deutsch-israelischen Beziehungen betrifft, so mache ich mir Sorgen. Meiner Meinung nach wird die weitere Etablierung und Verbreitung des Islam in Deutschland mehr und mehr zu einer Verschlechterung der deutsch-israelischen Beziehungen führen.

Die deutsch-israelischen Beziehungen sind mir wichtig. Ich sehe es als meine Aufgabe, einen Beitrag dazu zu leisten. Dies ist nicht zuletzt ein Grund, warum ich in Israel bin und warum es mir wichtig war, zusätzlich zur israelischen Staatsbürgerschaft auch meine deutsche Staatsbürgerschaft zu behalten.

Die meisten Deutschen, denen ich hier begegne, sind Christen und haben aufgrund ihrer Religion einen Bezug zu Israel, also ähnlich wie bei mir.

7. Heimat / Zuhause

Meine Heimat ist in Bayern, aber mein Zuhause ist heute ganz klar in Israel.

Heute sehe ich meinen Umzug nach Israel nicht mehr als eine temporäre Entscheidung, aber das hat sich im Lauf der Zeit erst entwickelt. Wenn in meinem Leben keine drastischen, unvorhersehbaren Änderungen eintreten, dann werde ich in Israel bleiben.

Sofie Koll

»Dicht dabei, aber nicht zu nah dran«

Geburtsjahr:	1961
Geburtsort:	Berlin
aufgewachsen in:	Berlin und Osnabrück
in Israel seit:	1989
lebt derzeit in:	einem Moschaw
Studium:	Ethnologie und Publizistik
Beruf:	Journalistin

1. Die Geschichte meiner Familie

Meine Eltern stammen aus der Gegend von Magdeburg. Mein Vater wurde 1916 geboren. Als der Zweite Weltkrieg ausbrach, ließ er sich vom Wehrdienst zurückstellen. Er wollte seine Ausbildung als Tanzlehrer beenden. Gegen Kriegsende hatte er es wiederum sehr eilig, als Soldat an die Front zu kommen. Er wollte ein Kriegsheld sein und sich einen militärischen Orden verdienen. Beim Einsatz an der Ostfront wurde er mehrmals verletzt und war irgendwann nicht mehr kampffähig. Nach dem Krieg arbeitete er als Tanzlehrer und war auch ostdeutscher Meister im Ballroom-Dancing. In der DDR wurde Kultur großgeschrieben. In der Nachkriegszeit wollten die Leute tanzen und sich vergnügen, daher war die Tanzschule meiner Eltern sehr erfolgreich.

Meine Mutter wurde 1923 geboren. Sie ist eine kluge und gebildete Frau. Sie hat in Heidelberg ein Sprachstudium begonnen, das sie während des Zweiten Weltkrieges aufgab, um freiwillig an die Front zu gehen. In ihrer Wahrnehmung opferten sich alle für das Land auf, sie wollte ihren Beitrag leisten. Erst war sie Rotkreuzschwester im Lazarett, dann ging sie an die Front nach Griechenland. Dort arbeitete sie in einer Frontbuchhandlung, »Kultur für die Soldaten«.

Nach der Hochzeit machte sie eine kaufmännische Lehre bei ihrem Vater, der einen kleinen Betrieb hatte. Sie arbeitete als Steuerberaterin und half später meinem Vater beim Tanzunterricht, kümmerte sich aber vor allem um die Buchhaltung der Tanzschule.

Ich habe zwei Brüder, die acht und elf Jahre älter sind als ich. Sie sind beide noch in der DDR geboren. Meine Familie hat die DDR 1957 mit Erlaubnis der Behörden verlassen. Mein Vater erhielt ein amtliches Attest, das ihm bescheinigte, dass er das Klima gesundheitlich nicht vertragen konnte. In Wahrheit waren es allerdings politische Gründe, die meine Eltern zur Auswanderung bewogen. Mein ältester Bruder sollte zu dieser Zeit eingeschult werden. Das wollten sie nicht. Meine Eltern wollten aus der Diktatur der DDR ausbrechen, wohlwissend, dass in der Schule auch Kinder instrumentalisiert und ausgefragt wurden. Mein Vater hatte nie ein Blatt vor den Mund genommen, deshalb war er auch einige Wochen in der DDR im Gefängnis. Den genauen Grund für seine Inhaftierung haben wir nie erfahren.

Der Umzug nach Westdeutschland war ein wirtschaftlicher Abstieg für meine Eltern. Sie wohnten anfangs in Berlin-Lichterfelde und gründeten eine kleine Tanzschule. Da die Kunden lieber die großen Tanzschulen am Kurfürstendamm besuchten, ging das Geschäft meiner Eltern nicht gut. Mein Vater musste die Familie zusätzlich mit Nebenjobs über Wasser halten, zum Beispiel als Statist in Kinofilmen.

Dann zogen wir von Berlin in die Nähe von Osnabrück. Es war eine kinderreiche, katholisch geprägte Gegend. Dort gab es kaum kulturelle Angebote und alle Kinder besuchten in der siebten Klasse die Tanzschule. Dieser Umzug brachte für die Familie den ersehnten wirtschaftlichen Aufschwung. Mein Vater war bereits über 50 Jahre alt, als er in Westdeutschland ein gutes Einkommen hatte. Später konnten sich meine Eltern auch ein Haus kaufen und Geld fürs Alter zurücklegen. Mein Vater ist 1999 gestorben.

2. Meine Biografie

Ich bin 1961 in Berlin geboren, also vier Jahre, nachdem meine Eltern die DDR verlassen hatten.

1969 sind wir von Berlin nach Niedersachsen gezogen, wo ich bis zum Alter von 20 Jahren in einer ländlichen Gegend aufwuchs. Mein ältester Bruder war in Berlin geblieben und wir anderen zwei Geschwister waren in der neuen Umgebung nicht glücklich. Wir sind, sobald wir konnten, nach Berlin zurückgegangen.

In meiner Jugendzeit war ich bei uns auf dem Land im Posaunenchor der evangelischen Kirche. 1975 habe ich mit diesem Chor das erste Mal Israel besucht. Wir haben im Kibbuz Ramat Rachel gewohnt und in der Erlöserkirche gespielt. Das Wetter, das Land und die Menschen haben mich begeistert.

Während dieses Aufenthaltes haben wir auch einen ARD-Korrespondenten getroffen, der mich stark beeindruckte. So entschied ich im Alter von 15 Jahren bereits, dass ich Auslandskorrespondentin werden würde. Nach dem Abitur bin ich 1981 nochmal für ein halbes Jahr als Freiwillige nach Israel gegangen. Im Kibbuz Bror Chail habe ich mein schlechtes Gewissen als Deutsche mit Orangenpflücken beruhigt.

▶ **Osloer Friedensabkommen von 1993**

Am 13. September 1993 unterzeichnen der israelische Premierminister Itzhak Rabin und Jassir Arafat, Vorsitzender der »Palästinensischen Befreiungsorganisation« (Abk. PLO von Palestine Liberation Organization), die »Osloer Prinzipienerklärung«, ein Rahmenabkommen, das unter dem Leitgedanken »Land für Frieden« der israelischen Bevölkerung dauerhaften Frieden bringen sollte und der palästinensischen einen eigenen Staat in Aussicht stellte. Sie wurde in Geheimverhandlungen, die parallel zu den offiziellen Gesprächen aller am Nahostkonflikt beteiligten Parteien (Israel, Syrien, Libanon, Jordanien und die palästinensische Delegation) auf Initiative der USA in Madrid stattfanden und sich als äußerst schleppend erwiesen, unter der Schirmherrschaft Norwegens in Oslo ausgehandelt.
Israel erkannte damit die PLO an, die PLO verpflichtete sich zur Entfernung jener Paragrafen aus ihrer Charta, die zur Auslöschung Israels aufforderten. Israel sollte sich sukzessive aus den besetzten Gebieten zurückziehen, eine aufzubauende Palästinensische Autonomiebehörde sollte diese Gebiete verwalten. Dieses später als »Oslo-I-Abkommen« bezeichnete Vertragswerk klammerte die heikelsten Themen – den Status von Jerusalem, die Zukunft der palästinensischen Flüchtlinge einerseits und der jüdischen Siedlungen in den besetzten Gebieten andererseits sowie den Grenzverlauf zwischen beiden Staaten – aus und vertagte sie auf sog. Endstatusgespräche.
Zum Nahostkonflikt vgl. auch: www.bpb.de/internationales/asien/israel/45042/nahostkonflikt

Nach diesem Aufenthalt kehrte ich nach Deutschland zurück und habe in Berlin Ethnologie und Publizistik studiert. Danach arbeitete ich als freie Journalistin bei der dpa und bemühte mich um eine Referendariatsstelle in Israel. Als dies nicht klappte, beschloss ich Ende 1988, auf eigene Faust herzukommen. Ein halbes Jahr lang habe ich in einer Sprachschule Hebräisch gelernt. Weil ich pleite war, bin ich nochmal zurück nach Deutschland, um Geld zu verdienen. Im Oktober 1989, zwei Wochen vor dem Mauerfall, bin ich als Berlinerin nach Israel ausgewandert. Ich wohnte damals in Tel Aviv.

1993 im September wurde das Osloer Friedensabkommen zwischen Israelis und Palästinensern unterzeichnet. Da ich dort sein wollte, wo die Musik spielt, bin ich einen Monat später von Tel Aviv nach Jericho, das im Westjordanland liegt, gezogen. Nach einem Jahr ging ich in einen Kibbuz. Diese funktionierende kleine Gemeinschaft, in der Kinder im Mittelpunkt stehen, betrachtete ich als Ersatzfamilie. Mein Sohn ist 2000 zur Welt gekommen. Er ist im Kibbuz aufgewachsen und war wie alle anderen Kinder völlig integriert. 2010 haben wir den Kibbuz verlassen und leben heute in einem Moschaw.

3. Gründe für den Umzug nach Israel und Reaktionen des Umfelds in Deutschland

Ich bin nach Israel gezogen, um als Journalistin zu arbeiten. Ich habe mich nie dazu entschlossen, für immer hier zu bleiben, und die Rückkehr nach Deutschland erwäge ich immer wieder.

Mein Umzug nach Israel war auch eine Revolte gegen meinen Vater. Wir führten heftige Auseinandersetzungen. Ich warf ihm immer wieder vor: »Wie konntet ihr nur? Was habt ihr nur getan? Wieso?« Für ihn war mein Umzug sehr schlimm, doch irgendwann kämpfte er nicht mehr gegen meine Entscheidung an. Er fand es gut, dass ich auf eigenen Beinen stand, und las auch meine Artikel. In der Nacht, als Itzhak Rabin starb, gab ich Radiointerviews und er weckte meine Mutter und sagte: »Unsere Tochter ist im Radio.« Ich glaube, er fand es gut, dass ich beruflich meine Ziele verfolgte.

Meine Mutter schmerzte es sehr, dass ich so weit wegzog, nicht, dass ich nach Israel ging. Mein ältester Bruder bewunderte mich für diesen Schritt. Den mittleren Bruder interessierte es damals nicht sonderlich, was ich mache. Er äußerte sich nicht dazu, aber er war oft in Israel zu Besuch und das Land gefällt ihm.

Für meine Freunde kam mein Umzug nach Israel nicht überraschend.

4. Leben und Alltag in Israel

Mein Alltag dreht sich überwiegend um Nachrichten. Ich verbringe viel Zeit am Schreibtisch, um zu recherchieren. Im Grunde würde ich gern weniger arbeiten.

Darüber hinaus kümmere ich mich natürlich um meinen Sohn, der mich heute weniger braucht als früher, aber dennoch immer noch einen bedeutenden Teil meiner Zeit und Gedanken in Anspruch nimmt. Danach erst kommen meine Hobbys und mein Freundeskreis.

Das Verhältnis zu meinem Sohn ist viel eher ein israelisches Mutter-Sohn-Verhältnis als ein deutsches. Ich rufe meine Mutter einmal pro Woche oder alle zwei Wochen an, während Israelis täglich mit ihren Eltern telefonieren. Eine Woche lang nicht mit meinem Sohn zu sprechen, wäre für mich unvorstellbar. Er ist jetzt 15 Jahre alt, aber das werde ich nicht zulassen, auch wenn er 50 ist. In dieser Hinsicht bin ich sehr vom israelischen Familiengedanken geprägt. Den familiären Zusammenhalt in Israel finde ich besser als in Deutschland.

Die Hälfte meines Lebens habe ich in Israel verbracht und das prägt mich natürlich. Das merke ich im Alltag, zum Beispiel, wenn ich meine Wohnung putze: Ich schütte einen Eimer Wasser auf den Boden und schiebe ihn dann raus. Auch spüle ich unter laufendem Wasser Geschirr, obwohl Wasser hier knapp ist. Die Prägung macht sich auch in meinen kulinarischen Vorlieben und in der Art, wie ich mit Leuten umgehe, bemerkbar. Ich bin direkter, härter und auch ein bisschen unverschämter geworden. Als ich herkam, war ich netter, aber auch verlogener. Ich bereue nichts.

Zu meinen Schulfreunden in Deutschland habe ich kaum noch Kontakt. Mittlerweile habe ich neue Freunde in Deutschland, aber das sind Kontakte, die innerhalb der letzten 30 Jahre in Israel entstanden sind. Menschen mit Israelbezug oder Menschen, die längere Zeit hier gelebt haben.

5. Grenzerfahrungen und Überwinden von Grenzen

In Israel sind Grenzen eher ein Thema als in Europa, wo es keine geografischen Grenzen gibt. Das ist gut so, denn ein Mangel an Grenzen heißt auch, dass es keine Kriege gibt. Israel hat keine Grenzen, aber dafür Mauern. Wenn eine Mauer steht, dann kann man immer gegen denjenigen kämpfen, der hinter der Mauer ist.

Ich finde es schwieriger, hier in Israel Weltbürgerin zu sein. Es ist einfacher für einen Deutschen, sich in Spanien zu integrieren und die Unterscheide zu verwischen. Hier ist dies schwieriger.

Wenn es um Grenzerfahrungen geht, ist für mich mein Leben mit dem bisherigen Werdegang meines Sohnes untrennbar verwoben. Daher spreche ich in diesem Kontext auch viel über ihn.

Meine Identität ist nicht klar, denn ich fühle mich deutsch und auch israelisch. Auf dem Papier bin ich nur Deutsche, da ich offiziell keine Verbindung zum Judentum habe. Somit habe ich keinen Anspruch auf die israelische Staatsbürgerschaft, höchstens über Umwege.

Ich wäre gern weniger zerrissen. Ich wäre gern beides mehr. Mehr Israelin und mehr Deutsche. Ich wäre gern in mir ruhend in diesen beiden Ländern, wo ich gelebt habe und lebe, die mich so geprägt haben. Die Zerrissenheit kommt daher, dass ich auf gewisse Weise beides bin, Deutsche und Israelin, aber beides nicht richtig. Ich gehöre weder zu den einen noch zu den anderen richtig dazu. Deutsche bin ich nicht mehr und Israelin noch nicht bzw. das werde ich nie sein. Die fehlende Zugehörigkeit macht diese Zerrissenheit aus und es verletzt mich auch, dass ich nicht dazugehöre. Allerdings habe ich es so gewählt, denn es hat zugleich Vorteile und ich fühle mich ganz wohl mit diesen Grenzen. Ich bin dicht dabei, aber nicht zu nah dran. Dass ich nicht dazugehöre, ist einerseits schmerzhaft, aber andererseits auch gut so.

In Bezug auf Deutschland ist es fast genauso. Mit der deutschen Geschichte fühle ich mich natürlich verbunden, aber mit dem heutigen Deutschland habe ich nichts zu tun – das fühlt sich manchmal auch ganz gut an.

Im Kibbuz störte es niemanden, dass wir deutsche Nichtjuden sind und dass ich alleinerziehende Mutter bin. Dort war ich weder die einzige Deutsche noch die einzige Nichtjüdin noch die einzige Alleinerziehende – allerdings war ich die Einzige, die alle drei Merkmale in einer Person vereinte. Dennoch war mein Sohn im Kibbuz kein Exot. Erst als der Kibbuz privatisiert wurde und wir 2010 ausziehen mussten, waren wir die Exoten. Gern hätte ich mich im Kibbuz eingekauft, aber als Touristin habe ich keinen Anspruch auf Staatsland.

Wir sind in einen Moschaw gezogen und in ein tiefes Loch gefallen, was ich so nicht erwartet hätte. Es war ein jemenitisch-ultraorthodoxer Moschaw mit Neubauviertel, in dem meine Freundinnen und Freunde wohnten, die ebenfalls den Kibbuz verlassen mussten. Wir lebten im alten Teil des Moschaws unter den jemenitischen Ultraorthodoxen. Zu unseren Nachbarn gab es keinen Kontakt. Für uns war es dort schrecklich, daher sind wir rasch wieder weggezogen.

Heute wohnen wir in einem anderen Moschaw. Hier leben einige Religiöse, aber ganz wenige Ultraorthodoxe. Die meisten Einwohner sind aus Indien stammende Juden. Das Zusammenleben von Weltlichen und Religiösen, Aschkenasim und Misrachim, Schwarz und Weiß funktioniert sehr gut. Dennoch sind wir exotisch: als Fremde, als Mutter und Sohn ohne Vater. Es ist nicht so unerfreulich wie in dem vorherigen Moschaw, aber unangenehmer als im Kibbuz. Für meinen Jungen war dies sehr gewöhnungsbedürftig.

Parallel dazu wurde in der Schule immer stärker thematisiert, wer Jude ist und wer nicht. Schwierig war es auch, als seine Klassenkameraden ihre Bar Mizwa feierten, weil sie sich zu dieser Zeit intensiv mit dem Judentum auseinandersetzten. Mein Sohn versuchte, sich zu integrieren und die Unterschiede zu verwischen.

Mir war immer klar, dass mein Sohn es in Israel schwer haben würde und sich durchkämpfen muss. Das macht er gut. Das große Problem ist nach wie vor, dass kein Vater da ist. Auch die Zerrissenheit zwischen Deutschland und Israel ist schwierig für ihn. Allerdings sieht er jetzt auch die Vorteile, die er durch seine deutsche Staatsbürgerschaft hat, dass er nämlich keinen Militärdienst leisten muss.

> ▶ **Militärdienst**
>
> Zum obligatorischen Wehrdienst in der israelischen Verteidigungsarmee Zahal werden jüdische Männer und unverheiratete jüdische Frauen ab 18 Jahren eingezogen. Für Männer dauert er seit 2015 zwei Jahre und acht Monate (Spezialkräfte und Eliteeinheiten drei Jahre), für Frauen ist eine Erhöhung von bisher 21 Monaten auf 25 Monate geplant. Zudem sind Reservedienste vorgeschrieben. Die Ausnahmeregelungen für Männer im religiösen Studium werden seit Langem in Israel kontrovers diskutiert.

Er ist ein stolzer Deutscher, wenn es um Fußball geht, und auch in anderen Aspekten. Das Erbe der Tätergeneration hat ihn nicht so sehr gebrandmarkt wie mich. Er wurde in einer Zeit geboren, in der die Deutschen nicht als die Täter oder das Böse schlechthin gesehen wurden. In den Schulen und in den Köpfen seiner Mitschülerinnen und Mitschüler ist er nicht der böse Deutsche. Das wäre vor zehn Jahren noch anders gewesen.

Er selbst sieht sich in gewisser Weise auch als Israeli. Er ist hier geboren und aufgewachsen. Wenn er es möchte, dann könnte er über seinen leiblichen Vater israelischer Staatsbürger werden. Mittlerweile geht er aber wieder etwas auf Abstand zu Israel. Der Gazakrieg 2014, den er als sehr schlimm empfand, war hierfür ausschlaggebend. Wir hatten zwar kaum Raketenalarm in unserem Wohnort, aber wir sahen jeden Tag die Bilder der gefallenen Soldaten. Er fragte mich immer, was wir hier überhaupt machen, und fand die Situation furchtbar. Momentan spielt er mit dem Gedanken, in drei Jahren nach Deutschland zu gehen. Darüber bin ich froh und motiviere ihn zu dieser Entscheidung, auch wenn ich ihn natürlich sehr vermissen werde. Aber da er in Israel – wie seine jüdischen Altersgenossinnen und Altersgenossen – auf keinen Fall zur Armee gehen will, würde er mit Kommilitoninnen und Kommilitonen studieren, die deutlich älter sind als er. In Deutschland ist das Studium kostenlos und ein deutscher Hochschulabschluss wird in ganz Europa anerkannt. Abgesehen davon, glaube ich auch, dass er nur in Deutschland diese Zerrissenheit ablegen und völlig dazugehören kann. In Berlin leben bereits viele Israelis, was für ihn super sein könnte. Das Verhältnis meines Sohnes zu meiner Familie in Deutschland ist großartig. Er fühlt sich da sehr wohl. Meine Mutter liebt ihn und er hat ein sehr enges Verhältnis zu seinen Cousinen und Cousins, die schon oft in Israel waren. Meine Nichte studierte ein halbes Jahr an einer israelischen Kunsthochschule und verbrachte viel Zeit bei uns.

Für mich ist mein israelischer Freundeskreis ganz wichtig, aber mein Sohn hat Priorität. Es wäre ideal, wenn ich diese zwölf Freundinnen und Freunde mitnehmen könnte, die zum Teil Deutsch sprechen und erwägen, Israel zu verlassen. Oder, wenn man sich darauf einigen könnte, in einer Art Kommune zusammenzuwohnen. So könnte man mit einem Bein in Israel und mit dem anderen in Deutschland stehen – das wäre ideal.

Ob die Tatsache, dass ich eine Frau bin, meine Integration in Israel beeinflusst, kann ich schwer sagen, denn ich kenne es ja nicht anders. In Jericho war es als Frau anstrengend. Für Menschen aus Europa ist es dort ohnehin schwierig, während die israelische Gesellschaft mir mit meiner europäischen Mentalität viel näher ist als die arabische. Als alleinstehende Frau in der konservativen arabischen Gesellschaft Jerichos war es nicht einfach. Ich hatte bestimmte Auflagen zu erfüllen, durfte beispielsweise keinen Alkohol, keine Männer und kein Schweinefleisch in die Wohnung bringen. Mein Vermieter hatte mich in gewisser Weise adoptiert und passte darauf auf, dass ich diese Regeln einhalte. Dies tat er, um mich vor dem Umfeld zu schützen. Für eine Frau Anfang dreißig, die in Europa aufgewachsen ist, war dies eine ziemliche Zumutung. Es war für eine bestimmte Zeit machbar und auszuhalten, weil ich es auch exotisch fand und etwas lernen wollte. Nach einem Jahr aber war meine Grenze erreicht und ich bin nach Israel zurückgekehrt.

Heute besteht mein engster Freundeskreis aus weltlichen jüdischen Israelis, die bereits in Israel geboren sind. Die Familien von dreien stammen aus arabischen Ländern, alle anderen sind europäischer Herkunft. Sie unterrichten fast alle an Hochschulen. In meinem weiteren Freundeskreis gibt es auch Menschen aus den USA und Brasilien. Zur arabischen Community habe ich leider zu wenig Kontakt. Es wäre natürlich eine Bereicherung, einen arabischen Freundeskreis zu haben, aber das hat sich nicht ergeben. Wahrscheinlich liegt es daran, dass jüdische und arabische Israelis räumlich getrennt wohnen. In Jericho habe ich einen palästinensischen Freundeskreis, weil ich dort gelebt habe. Allerdings würden Araber auch nicht in meinen engen Freundeskreis hineinpassen. Dieser ist auch ein Familienersatz für mich. Obwohl wir alle weltlich sind, feiern wir gemeinsam die jüdischen Feste und lesen jüdische Texte. Das Judentum ist ein verbindendes Element in diesem engen Freundeskreis.

Als freiberufliche Journalistin für mehrere Zeitungen bin ich mittendrin im Nahostkonflikt, aber gleichzeitig auch außen vor. Ich fühle mich gerade in diesem politischen Konflikt nicht zugehörig, weder zur jüdischen noch zur palästinensischen Seite. Durch meinen Beruf bin ich außenstehende Beobachterin und muss dies auch sein.

Hier gibt es eine ganz klare Abgrenzung zwischen meinem israelischen Freundeskreis und mir. Für meine deutsche Geschichte fühle ich mich mitverantwortlich, aber für Kriegsverbrechen, die von der israelischen Armee im Gazastreifen begangen werden, die Siedlungspolitik oder Menschenrechtsverletzungen übernehme ich keine Mitverantwortung. Damit quälen sich meine israelischen Freundinnen und Freunde. Dies ist auch immer wieder ein Thema bei uns, aber auf unsere Freundschaft hat es keine Auswirkungen.

In meiner Arbeit stellt sich mir immer wieder ein Dilemma: Warum schreibe ich nicht über Verbrechen an der unschuldigen Zivilbevölkerung, wie sie gerade täglich in Syrien geschehen, sondern darüber, dass Israel Gefahr lief, aus dem internationalen Fußballverband FIFA ausgeschlossen zu werden, oder dass eine neue Siedlung in Jerusalem gebaut wird? Wenn ich Themen anbiete, mache ich mich mitschuldig an den falschen Proportionen der Berichterstattung in den Medien. Doch mein Zuständigkeitsbereich liegt eben hier und dann schreibe ich über Dinge, die meines Erachtens verändert werden müssen.

Den israelisch-palästinensischen Konflikt sehe ich als eine Tragödie zweier Völker, in der es momentan schwerfällt, die Position der israelischen Regierung nachzuvollziehen. Meine Haltung zu Israel hat sich im Lauf der Jahre immer wieder verändert und ich versuche mit relativem

Erfolg, zwischen der israelischen Bevölkerung und ihrer Regierung zu unterscheiden – auch wenn die Bevölkerung diese gewählt hat.

Eine existenzielle Bedrohung für das jüdische Volk sehe ich im Zusammenhang mit dem Iran. Wenn jemand von der Vernichtung eines Volkes spricht, das vor 70 Jahren die Auslöschung fürchten musste, dann ist es völlig plausibel, dass diese Angst noch in den Köpfen der Menschen präsent ist. Aber ich kann die Politik der israelischen Regierung nicht ständig mit dem Holocaust rechtfertigen.

Israel ist ein junges Land und es ist ein besonderes Land: Seine Einwohnerinnen und Einwohner haben hier praktisch aus dem Nichts eine wirklich lebenswerte Gesellschaft aufgebaut, mit allem, was zu einer Demokratie dazugehört: Informationsfreiheit, Geschlechtergleichberechtigung, sexuelle Freiheit und mehr; die beeindruckende Kreativität dieser vielstimmigen Gesellschaft kommt im kulturellen Bereich besonders stark zum Ausdruck.

Zugleich muss diese Gesellschaft aufgrund des Nahostkonflikts unermüdlich kämpfen, was seine Spuren hinterlassen hat: Viele Menschen sind verhärtet und verhalten sich unverschämt. Die israelische Gesellschaft wird in gewisser Weise zum Überlebenskampf gezwungen. Man kann nicht einfach mitschwimmen und es sich gut gehen lassen, vielmehr wird man herausgefordert. Gleichzeitig bietet diese Gesellschaft viele gute Dinge.

Ich habe in einer Sprachschule relativ schnell Hebräisch gelernt, doch nur bis zu einem bestimmten Niveau, über das ich mich nicht hinausentwickle. Sprachliche Barrieren sind somit noch vorhanden, denn manche Dinge bekomme ich nicht mit. Beispielsweise verstehe ich die Nuancen israelischen Humors nicht immer.

6. Bezug zu deutsch-jüdischer Geschichte und Wahrnehmung deutsch-israelischer Verständigung

Ich habe das Graf-Stauffenberg-Gymnasium in Osnabrück besucht. Trotz des Namensgebers der Schule hob sich der Unterricht zum Holocaust oder zum Widerstand gegen die Nazis nicht von dem in anderen Schulen ab. Was sehr wohl einen Einfluss auf die schulische Auseinandersetzung mit der Schoah hatte, war die Tatsache, dass ich einer Generation angehörte und in einer Gegend lebte, wo der Holocaust intensiv unterrichtet wurde. Unsere Lehrkräfte kamen vorwiegend aus der Studentenbewegung. Es waren junge, engagierte Menschen, die die Auseinandersetzung mit dem Holocaust in jedes Fach integrierten. Ich hatte das Gefühl, dass außer dieser Thematik nicht viel an deutscher Geschichte übrig blieb, und empfand es als zu dogmatisch.

Allerdings hatten wir auch einen Mathematiklehrer, der von der »Auschwitzlüge« sprach und den Holocaust leugnete. Die Schüler organisierten eine Kampagne gegen ihn und er musste die Schule verlassen.

Meine Mutter ist sehr reflektiert. Sie fühlt sich von den Nazis betrogen. Im Nachhinein erinnerte sie sich daran, dass plötzlich eine jüdische Klassenkameradin nicht mehr zur Schule kam. Auf die Frage nach dem Verbleib der jüdischen Freundin sagte die Lehrerin: »Sie ist jetzt da, wo alle Juden sind«, und die Schülerinnen und Schüler wussten, dass sie nicht weiter nachfragen sollten. Meine Mutter war und ist heute noch ein Fan des Lyrikers Rainer Maria Rilke, der zu Zeiten der Nationalsozialisten verboten war. Die Lehrerin sagte einmal zu ihr: »Den liest man lieber nicht.«

Nach ihrem Abitur, als der Krieg bereits in vollem Gang war, leistete sie wie viele junge Leute den sogenannten Reichsarbeitsdienst. Sie arbeitete die meiste Zeit in der Landwirtschaft, aber einmal musste sie in der arisierten Wohnung einer jüdischen Familie eine Inventur durchführen. Dies tat sie auch und sie wusste, dass sie diesbezüglich nicht weiter nachfragen durfte. Sie war eine Mitläuferin, aber keine Antisemitin. Sicher hat sie sich bei dieser Arbeit schlecht gefühlt, doch sie war darauf bedacht, sich selbst nicht die Finger zu verbrennen und ihre Familie nicht in Gefahr zu bringen. Den Bund Deutscher Mädel fand sie nicht gut, aber auch da machte sie mit. Bis zu einem gewissen Maß war sie von Hitler begeistert. Als er Stendal besuchte, war sie eine derjenigen, die am Straßenrand standen. Als ich eine Jugendliche war, da sagte sie einmal am 20. April: »Ach, heute ist Führers Geburtstag.« Da war sie einfach darauf programmiert.

Während des Krieges verliebte sie sich an der Front in einen Offizier, der bereits davon sprach, dass Hitler Deutschland in den Untergang führt. Meine Mutter wollte davon nichts hören.

Später schrieb sie alle ihre Erinnerungen an diese Zeit auf. Sie hatte schwer mit dieser Schuld zu kämpfen. Dies wurde besonders deutlich, als ich israelische Freundinnen und Freunde nach Deutschland mitbrachte.

Mein Vater reflektierte seine Rolle während der Nazizeit nicht. Seinen ersehnten Orden als Kriegsheld hat er nie erhalten. Seinen Aussagen konnte ich entnehmen, dass er die Juden dafür verantwortlich machte, dass er nicht als Held, sondern als Kriegsverbrecher zurückkam.

Mein Vater war Antisemit. Auf meine Liebe zu Israel reagierte er mit provokativen Kommentaren. Ich erinnere mich an eine Situation, in der

der jüdische österreichische Bundeskanzler Bruno Kreisky etwas sagte, was ihm nicht passte. Mein Vater meinte: »Den haben sie vergessen.« Dies war eine Provokation gegen mich. Er hatte Juden in seinem Freundeskreis, aber das waren die berühmten Ausnahmen.

An seinem 80. Geburtstag nahm er mich beiseite und sagte: »Sofie, ich habe nie die Hand gegen einen Juden gehoben.« Das fand ich fast rührend und habe es ihm auch geglaubt. Im Nachhinein denke ich, dass er damit meinte: »Du kannst jetzt aufhören, meine Schuld abzutragen.« Das hatte ich schon längst getan. Wenn man 20 Jahre in Israel wohnt, dann kann man nicht ständig dieses schlechte Gewissen vor sich hertragen. Es relativiert sich mit der Zeit.

Mein erster Besuch in Israel war für mich ein Schlüsselerlebnis, denn ich hatte von Aufenthalten in England und Frankreich das Gefühl, dass wir Deutschen dort immer noch die »Krauts« bzw. die »Boches« sind. Dort waren wir noch immer die Bösen aus dem Zweiten Weltkrieg. In Israel war der Umgang mit Deutschen ganz anders. Zum einen lag dies an der Art der jüdischen Israelis, zum anderen machten sie einen Unterschied zwischen den Deutschen in Deutschland und den Deutschen, die nach Israel gekommen sind. Ich hatte das Gefühl, dass die Tatsache, dass wir hier in ihrem Land sind, bereits ein Beweis dafür war, dass wir nicht die schlimmsten Antisemiten sind. Die Israelis haben das Thema direkt angesprochen und wir konnten dazu Stellung nehmen. Das fand ich unheimlich fair und war davon total begeistert.

Die deutsch-israelischen Beziehungen sind mir sehr wichtig. Es ist mir ein persönliches Anliegen, dass die Beziehung der beiden Völker, die mir so wichtig sind, harmonisch ist. Natürlich möchte ich, dass die beiden Völker dichter zueinanderfinden. Daher habe ich mich immer angestrengt, einen Beitrag zu deutsch-israelischer Verständigung zu leisten. Ich trage wahrscheinlich meistens gar nicht dazu bei, wenn ich die israelische Regierungspolitik kommentiere, weil ich sie scharf kritisiere. Allerdings ist es meine Pflicht, zu kritisieren, wenn es Anlass dazu gibt. Problematisch ist, dass ich damit den Leuten, die aus dem Bauch heraus gegen Israel argumentieren, gleichsam Munition liefere. Das liegt auch am Format meiner Arbeit, dass ich kurz kommentieren muss und nicht immer kontextualisieren kann. Ich hoffe dennoch, dass die Unterscheidung zwischen israelischer Bevölkerung und israelischer Regierung in meinen Artikeln rüberkommt. Das ist eines meiner Ziele.

Deutsche nehmen Israel unglaublich emotional wahr. Sie haben selten einen nüchternen Blick auf das Land, wie das beispielsweise bei Spanien der Fall ist. Die Debatte mit Deutschen über Israel finde ich deshalb teilweise sehr schwierig und mühsam, denn sie ist sehr angespannt. Deutsche argumentieren eher aus dem Bauch heraus, egal, ob sie propalästinensisch oder proisraelisch sind.

Israelis verhalten sich wesentlich nüchterner Deutschland gegenüber. Ihr Bild über die Deutschen hat sich in den letzten Jahren stark verbessert. Das hängt auch mit ganz alltäglichen Dingen zusammen, beispielsweise ist deutscher Fußball in Israel beliebt, dann gab es einen beliebten deutschen Fernsehkoch, Tokio Hotel, Angela Merkel und viele mehr. Das Verhältnis zwischen Israelis und Deutschen änderte sich durch diese Menschen und nicht zuletzt durch Israelis, die in Berlin leben und denen es dort gut geht. Sie kommen zurück und erzählen, dass es nicht mehr so ist wie zu Zeiten des Nationalsozialismus, auch wenn es heute noch Antisemitismus gibt.

7. Heimat / Zuhause

Mein Zuhause ist, wo die mir wichtigen Leute sind. Das ist heute in Israel, aber das muss nicht immer so bleiben.

Ich glaube, ich bin heimatlos. Entweder habe ich keine Heimat oder beide Länder sind meine Heimat.

Kathrin Ziemens

»Die Schwere in Jerusalem ist nicht meine«

Geburtsjahr:	1977
Geburtsort:	Köln
aufgewachsen in:	Köln
in Israel:	1996–1997 1999–2002 2013–2015 (zum Zeitpunkt des Interviews noch in Israel)
lebt derzeit in:	Tel Aviv
Studium:	allgemeine Geschichte und englische Literatur an der Universität in Tel Aviv Masterstudium Soziologie und Politik in Deutschland
Beruf:	Landesbeauftragte der Aktion Sühnezeichen Friedensdienste

1. Die Geschichte meiner Familie

Meine Urgroßeltern mütterlicherseits waren alteingesessene Düsseldorfer. Sie kamen aus mittleren Verhältnissen, aber mein Großvater hat sich zum Universitätsprofessor für Pädagogik hochgearbeitet. Er und meine Großmutter hatten drei Kinder. 1953 ist meine Oma bei der dritten Geburt gestorben.

Mein Großvater verfasste zur Zeit des Nationalsozialismus philosophisch-religiöse Texte gegen das Regime und veröffentlichte sie anonym. Er sprach sich somit gegen das Regime aus. Mithin war dieser Teil der Familie gegen die Nationalsozialisten. Als Soldat in der Wehrmacht war er trotz seiner Ablehnung auch aktiver Teil des nationalsozialistischen Systems.

Meine Familie väterlicherseits stammt aus Koblenz. Sie sind im »Dritten Reich« nach Köln gezogen, wo sie ein Hutgeschäft betrieben. Sie waren dem Regime gegenüber nicht kritisch eingestellt und Autorität war ihnen wichtig. Mein Vater ist der Ansicht, dass die Familie zu katholisch gewesen ist, um der NSDAP beizutreten. Während des Zweiten Weltkrieges war auch dieser Großvater in der Wehrmacht, als Bote im Informationsdienst in Belgien.

Viel ist mir von beiden Seiten über die Zeit des Zweiten Weltkrieges und der Schoah nicht bekannt. Da meine Großeltern bereits gestorben sind, kann ich sie dazu nicht mehr befragen und von meinen Eltern habe ich erfahren, was sie selbst darüber wissen.

Meine Eltern kommen beide aus sehr katholischen Elternhäusern, haben sich aber durch die 1968er-Revolte (→ 68er-Bewegung, S. 190) etwas von dieser Erziehung abgewandt. Sie sind beide Lehrkräfte und lernten sich Mitte der 1970er-Jahre in einer Gesamtschule kennen. Beide sehen sich als Initiatoren der Gesamtschule und vertreten eine antiautoritäre Pädagogik. Meine Mutter glaubt an eine akzeptierende Pädagogik, während mein Vater stärker Grenzen setzt. Ihre Einstellungen spiegelten sich auch in ihrer Kindererziehung wider.

2. Meine Biografie

Ich bin 1977 in Köln geboren und dort aufgewachsen. Meine Eltern waren beide vorher schon einmal verheiratet, so habe ich einen Halbbruder und eine Halbschwester und noch einen kleinen Bruder.

Bereits in meiner Jugend habe ich mich intensiv mit dem Holocaust auseinandergesetzt.

Meine Eltern haben mir und meinen Geschwistern schon früh vermittelt, jeder nationalen Gesinnung zunächst kritisch und mit Distanz gegenüberzustehen. Im Alter von 13 Jahren habe ich begonnen, Bücher über die Schoah zu lesen. Dabei habe ich als Deutsche eine Schwere empfunden. Damals dachte ich, dass man als Deutsche kein glücklicher Mensch sein kann.

Während des Golfkriegs 1991 war ein Junge aus Israel in meiner Schulklasse und durch ihn habe ich begonnen, mich mit der Situation in Israel auseinanderzusetzen. Mit 17 Jahren habe ich einen Hebräischkurs an der Volkshochschule belegt.

Mein erster Aufenthalt in Israel kam über israelische Bekannte meiner Mutter zustande, die ich im Alter von 18 Jahren besuchte. Dabei lernte ich eine junge Deutsche kennen, die einen Freiwilligendienst absolvierte. Dies beeindruckte mich dermaßen, dass ich mit 19 Jahren ebenfalls ein freiwilliges soziales Jahr in Israel absolvierte. Die Bewohnerinnen und Bewohner des Altersheims, in dem ich arbeitete, stammten zumeist aus Osteuropa und Deutschland. Viele waren Überlebende des Holocaust.

Anschließend beschloss ich, an der Universität in Tel Aviv allgemeine Geschichte und englische Literatur zu studieren.

Nach dem Studium bin ich nach Köln zurückgekehrt. Dort gab es noch wenige Freundschaften aus Kindheitszeiten, aber sonst hat sich mein soziales Netzwerk nicht groß erweitert. In Köln hatte ich immer die Sehnsucht nach Israel. Erst in Berlin, wo ich von 2008 bis 2013 gewohnt habe, hat sich diese Sehnsucht gelegt. Dort habe ich mir einen großen Freundeskreis aufgebaut. Heute leben viele Israelis in Berlin, einige gehören zu meinem Berliner Freundeskreis.

Als mir die Stelle der Landesbeauftragten der Aktion Sühnezeichen Friedensdienste in Israel angeboten wurde, bin ich 2013 dann wieder nach Israel gezogen.

3. Gründe für den Umzug nach Israel und Reaktionen des Umfelds in Deutschland

Meine Auseinandersetzung mit dem Thema Holocaust war einer der Gründe, der mich bewogen hat, das soziale Jahr in Israel zu leisten und im Anschluss dort auch zu studieren. Damals habe ich mich als eine Art Botschafterin betrachtet. Es war meine Intention, zu zeigen, dass die Deutschen sich nach dem »Dritten Reich« und dem Holocaust geändert haben. Im Rückblick empfinde ich dieses Anliegen als etwas kindlich, da die Dinge natürlich viel tiefschichtiger sind. Nach meinem Studium bin ich nach Deutschland zurückgekehrt. Ich habe noch einige Jahre danach eine große Sehnsucht nach Israel verspürt, die erst in Berlin nachgelassen hat. Daher war das Jobangebot der ASF eine große Chance für mich, jedoch auch einen Tick zu spät. Die Stelle war anfangs auf ein Jahr begrenzt, was mir ganz gelegen kam. Ich hatte mich auf Israel gefreut und fand es reizvoll, dieses Mal Jerusalem zu erleben, denn Tel Aviv kannte ich bereits. Ich dachte, Jerusalem könnte eine Bereicherung zu meinem Leben in Tel Aviv sein, eine Annahme, die sich nicht bestätigt hat.

Die Reaktionen von Familie und Freunden auf meine enge Beziehung zu Israel und meine mehrfachen längeren Aufenthalte waren im engeren Umfeld positiv. Meine Familie hat mein Engagement und meine Aufenthalte in Israel aktiv unterstützt. Sorgen machten sie sich lediglich wegen der sicherheitspolitischen Situation in Israel. Ich habe mein Studium zu Hochzeiten der zweiten Intifada in Israel absolviert und zeitweilig wäre es meinen Eltern lieber gewesen, ich hätte das Studium woanders weitergeführt. Hier kam es natürlich schon zu einigen Diskussionen über die sicherheitspolitischen Vorgehensweisen Israels im Familien-, Freundes- und Bekanntenkreis, die ich manchmal als einseitig israelkritisch empfunden habe.

Als ich begann, mich für Israel zu interessieren, haben meine Großeltern schon nicht mehr gelebt. Da meine Mutter bereits in den 1960er-Jahren eine israelische Freundin mit zu sich nach Hause brachte, denke ich, dass sie meine Beziehung zum jüdischen Staat nicht verwundert hätte. Reaktionen im Familienkreis, die der Generation meiner Großeltern angehörten, waren unterstützend bis verhalten.

Die meisten Diskussionen zu Israelkritik, Antisemitismus und Rassismus habe ich im erweiterten Freundes- und Bekanntenkreis geführt. Hier war ich schon oft überrascht darüber, auf so viel Unwissen und oft auch auf Vorurteile Israel und dem Judentum gegenüber zu treffen.

4. Leben und Alltag in Israel

Ich bin Landesbeauftragte der Aktion Sühnezeichen Friedensdienste. Diese Arbeit ist einer meiner bislang interessantesten Jobs. Das Aufgabengebiet ist sehr vielfältig. Die Organisation hat sich aufgrund der nationalsozialistischen Geschichte Deutschlands 1958 gegründet, mit der Intention, den Menschen, die durch die Schoah geschädigt wurden, tatkräftig im eigenen Land zur Hand zu gehen. Bis heute ist eine der großen Arbeitsbereiche die Arbeit mit Überlebenden der Schoah. In Israel ist die Organisation seit 1961 aktiv und wird vom hiesigen Freundeskreis unterstützt. Diesem Freundeskreis gehören viele Überlebende der Schoah an und diese Menschen ermöglichen unsere Arbeit vor Ort. Hier arbeite ich mit aus Deutschland eingewanderten Juden zusammen, die zum Teil über 90 Jahre alt sind. Sie oder ihre Familie mussten aus Deutschland flüchten. Ich empfinde es als Ehre und besonderes Geschenk, mit so interessanten Menschen zusammenzuarbeiten und von ihren Geschichten zu erfahren. Auch die pädagogische Arbeit mit Freiwilligen finde ich spannend. Zugleich habe ich eine Leitungsfunktion inne und diese Mischung von Arbeitsfeldern macht mir Spaß.

Ich verdiene hier mehr als in Berlin, aber ich gebe auch mehr für meinen Lebensunterhalt aus. Mein Lebensstandard hat sich mit dem Umzug nach Israel verändert, aber nicht verschlechtert. In Deutschland kann man eindeutig leichter eine höhere Lebensqualität erreichen, denn in Israel ist alles viel teurer. Aber ich habe nicht das Gefühl, dass ich hier große Einbußen habe.

Von meiner Herkunft her würde ich mich der oberen Mittelschicht zuordnen. So würde ich mich auch heute noch verorten. Finanziell bin ich zwar noch nicht so gut aufgestellt wie meine Eltern, die gut situiert sind, aber ich habe nicht das Gefühl, dass ich abgestiegen wäre.

In Jerusalem fand ich mein Leben nicht so schön, da ich es schwierig fand, Kontakte aufzubauen, eine Erfahrung, die ich sonst aus Israel eigentlich nicht kenne. Mit dem Umzug nach Tel Aviv hat sich meine Lebensqualität verbessert. Ich bin zufriedener, obwohl ich oft zwischen Jerusalem und Tel Aviv pendle.

In Israel habe ich viele Freundinnen und Freunde, die ich seit meiner Studienzeit in Tel Aviv kenne, und es kommen immer auch neue dazu. Die meisten sind Israelis, aus der israelischen Mitte. Zu anderen Deutschen habe ich wenig Kontakt, aber ich spreche in meinem Alltag viel Deutsch. Mein Umfeld ist bunt gemischt, aber ich würde es nicht als multikulturell bezeichnen, sondern, wie gesagt, als israelische Mitte.

5. Grenzerfahrungen und Überwindung von Grenzen

In Europa sind die Grenzen offen und deshalb herrscht eine große Mobilität. Man kann leicht mit dem Auto Grenzen überschreiten. In Israel ist das nicht möglich. Insbesondere in Situationen wie im Sommer 2014, während der Militäroperation in Gaza, habe ich hier ein Gefühl des Eingeschlossenseins empfunden. Auch bei Gefahr sind die Grenzen nicht einfach zu überqueren. Obwohl ich zu Zeiten der zweiten Intifada in Israel gelebt hatte und somit die Ungewissheit und die Angst vor Anschlägen kannte, hatte der Gazakrieg für mich eine neue Dimension. Zum ersten Mal erlebte ich Luftsirenen und musste in einem Bunker in Deckung gehen. Dennoch hatte ich nicht das Gefühl, in akuter Gefahr zu sein. Es erstaunte mich, wie gelassen ich mit der Situation umgehen konnte. Hier half, dass es genaue Angaben gab, wie man sich bei einem Raketenangriff zu verhalten hat. Dies nimmt zum einen die Angst und verringert auch die akute Gefahr, wobei es natürlich keine Sicherheit gibt, dass einem nichts passiert. Als belastend habe ich es empfunden, dass ich in meiner Funktion als Landesbeauftragte der Aktion Sühnezeichen Friedensdienste die Verantwortung für zwanzig junge Freiwillige trug, mit denen ich permanent in engem Kontakt stand, um deren Wohlergehen ich mich gesorgt habe und für deren Sicherheit, wie für meine, keine Garantie bestand.

Als ich 2013 erneut nach Israel kam, war mein Aufenthalt für ein Jahr geplant. Das fand ich gut so, denn ich fühlte mich wohl in Berlin und die Sehnsucht nach Israel hatte sich bereits gelegt. Als mir nach einem Jahr angeboten wurde, die Arbeitsstelle zu verlängern, habe ich zunächst gezögert. In Jerusalem fühlte ich mich nicht wohl. Die Stadt zeigte sich mir gegenüber zu wenig aufgeschlossen. Ich bin deshalb nach Tel Aviv gezogen, dort ging es mir deutlich besser. Ich habe die Stelle dann regulär für vier Jahre verlängert, meinen Arbeitgebern aber vermittelt, dass ich nicht sicher bin, ob ich diese vier Jahre auch wirklich bleiben werde.

Ich bin gern in Israel und verstehe mich gut mit den Leuten hier, dennoch bleibe ich in gewisser Weise immer eine Außenstehende. In Jerusalem habe ich mich teilweise isoliert gefühlt, was in Tel Aviv nicht der Fall ist. Jerusalem ist eine sehr religiöse Stadt und ich habe in einem Stadtteil gewohnt, der von US-amerikanischen orthodoxen Juden geprägt ist. Wenn ich am Wochenende vor die Tür ging, konnte es passieren, dass ich schräg angeguckt und darauf hingewiesen wurde, dass »Schabbes« sei und ich jetzt kein Auto fahren solle. Das empfand ich als eine starke Einschränkung, denn ich fühlte mich beobachtet. Zudem ist es mir nicht gelungen, Einblicke in die Lebenswelten meiner religiösen Nachbarn zu erhalten, weil ich keinen Kontakt zu ihnen aufbauen konnte.

Ich habe das Gefühl, Jerusalem bringt eine Schwere mit sich. Die Schwere meiner deutschen Identität, die ich in der Auseinandersetzung mit dem Holocaust empfand, ist nicht die gleiche Schwere, die ich in Jerusalem spüre. Es ist vielleicht auch eine Identitätsschwere, aber nicht meine eigene. In dieser Stadt schafft Religion eine spürbare Beengtheit durch die konstante Regulierung des Alltags. In Jerusalem ist außerdem der Konflikt zwischen Israelis und Palästinensern deutlich spürbar. Die Menschen beider Seiten wohnen in derselben Stadt, aber es sind Parallelwelten, die sich nur wenig überschneiden.

Als Mitteleuropäerin fühle ich mich in Israel als willkommener Gast. Trotzdem habe ich manchmal erlebt, außen vor zu bleiben. Besonders in Liebesbeziehungen mit jüdischen Israelis, die daran gescheitert sind, dass ich keine Jüdin bin. Die Vorstellung, eine Familie mit einer Nichtjüdin zu gründen, ist für viele schwierig bis unmöglich. Das empfinde ich als starke Ausgrenzung und das macht mich auch betroffen.

Die Tatsache, dass ich einen deutschen Arbeitgeber habe, führt nicht dazu, dass ich mich im Berufsleben ausgegrenzt fühle. Der Zugang zum israelischen Arbeitsmarkt ist für mich wahrscheinlich schwieriger als für Israelis, wobei es natürlich immer Nischen gibt.

Zu arabischen Israelis hatte ich Kontakt über das Altersheim, in dem ich meinen Freiwilligendienst absolviert habe. Dort war das Putzpersonal durchweg arabisch und wir haben uns angefreundet. Wir wurden nach Hause eingeladen, teilweise auch auf Hochzeiten.

Bei meinem ersten Aufenthalt in Israel, mit 18 Jahren, hatte ich Angst, mich als Deutsche zu erkennen zu geben. Diese Befangenheit war meine erste selbst gesteckte Grenze. Es erstaunte mich umso mehr, dass jüdische Israelis positiv auf mich reagierten. Die alten Menschen, die ich während meines Freiwilligendienstes betreute, freuten sich, dass eine junge deutsche Frau ein Jahr ihres Lebens für einen Freiwilligendienst gibt. Ich erinnere mich noch gut an den ersten Holocaustgedenktag, den ich in dem Altersheim erlebt habe. Eine Bewohnerin, mit der ich mich besonders gut verstand, erzählte weinend, dass ihre gesamte Familie im Holocaust ermordet wurde. In diesem Moment habe ich mich unwohl gefühlt und wäre der Situation am liebsten entflohen. Doch habe ich gleichzeitig verstanden, dass die Menschen dort nicht mich verachten, sondern die Täter von damals. Für mich als 19-Jährige war das eine wichtige und positive Erfahrung, denn ich hatte bis dahin dieses Schuldgefühl als Deutsche mit mir herumgetragen.

Bei Liebesbeziehungen ist meine Grenze erreicht, wenn meine Person nicht ausreicht, weil ich keine Jüdin bin. Mein erster israelischer Freund sagte mir nach einem halben Jahr: »Wenn wir heiraten, dann musst du zum Judentum konvertieren.« Ich wusste gar nicht, wovon er sprach, erstens hatte ich nach sechs Monaten Beziehung und mit 19 Jahren noch gar nicht an Hochzeit gedacht und zweitens überraschte mich diese Forderung. Damals war ich dieser Idee gegenüber noch unvoreingenommen und habe darüber nachgedacht. Trotz meiner Bereitschaft, mich damit auseinanderzusetzen, hat er dann von heute auf morgen Schluss gemacht. Er kam nicht damit klar, dass ich keine Jüdin bin. Da habe ich verstanden, dass ich nicht bereit bin, meine Identität für jemanden zu ändern.

Oft habe ich das Argument gehört: »Wenn du die Person wirklich liebst, dann würdest du auch für sie konvertieren.« Ich sehe es genau andersherum: Wenn mich die Person wirklich liebt, dann akzeptiert sie mich, so wie ich bin, und erwartet nicht, dass ich meine Identität ändere. Für mich ist dies eine Grenze, die ich eindeutig nicht überschreiten möchte.

6. Bezug zu deutsch-jüdischer Geschichte und Wahrnehmung deutsch-israelischer Verständigung

Durch meine Zeit in Israel und durch das positive Feedback, dass ich hier zu meiner Identität und Person erlebt habe, hat sich die Schwere, die ich in meiner Jugendzeit mit meiner deutschen Identität verband, deutlich gelockert. Diese Schwere, die ich mit 13 Jahren empfand, trage ich heute kaum mehr mit mir herum. Zum einen war die Auseinandersetzung mit deutsch-jüdischer Geschichte in Israel tiefer, als sie es in Deutschland gewesen wäre, und zum anderen habe ich verstanden, dass ich nicht die Schuld für den Holocaust trage, sondern als Deutsche Verantwortung für die Gegenwart übernehmen sollte.

Ich denke, dass meine Eltern die Grundlagen für mein Engagement und eine tiefer gehende Auseinandersetzung mit Israel und der Schoah gelegt haben. Meine eigene Auseinandersetzung mit dem Holocaust empfinde ich trotzdem als tiefer gehend als die meiner Eltern. Ich habe sie einmal gefragt, warum sie niemals ein Konzentrationslager besucht haben. Mein Vater sagte, das könnte er nicht, das wäre ihm zu schwer.

Im Geschichtsstudium in Israel habe ich mich mit der Geschichte von Königsberg/Kaliningrad befasst. Der erste Mann meiner Mutter stammt aus dem ehemaligen Königsberg an der Ostsee. Mit seiner Mutter ist er von dort nach Norddeutschland geflohen. Erst, als ich an einer Hausarbeit über Königsberg arbeitete, erfuhr ich von seiner Herkunft und fragte ihn, ob ich seine Mutter dazu interviewen dürfte. Seine Mutter lehnte dies ab, da es ihr zu schwer war, über die Flucht zu sprechen. Meine Mutter sagte in diesem Zusammenhang zu mir, dass sie an Verwandte dieser Generation keine direkten Fragen nach dieser Zeit stellen würde. Die Erfahrungen von damals seien zu drastisch gewesen.

Meine Eltern haben ein starkes Bewusstsein für die Verbrechen und die Ausmaße des Nationalsozialismus, haben aber eine tiefere persönliche familienbiografische Auseinandersetzung gescheut.

Seit ich die Ergebnisse von Harald Welzers Studie »Opa war kein Nazi« kenne, tendiere ich dazu, familiäre Berichte aus der Zeit infrage zu stellen.

Die Auseinandersetzung mit deutsch-israelischen Beziehungen ist ein Teil meiner deutschen und persönlichen Identität. Ich versuche, einen Beitrag zur deutsch-israelischen Verständigung zu leisten. Dieser Wunsch durchwebt mein ganzes bisheriges erwachsenes Leben. Seitdem ich das erste Mal in Israel war, bin ich jährlich hier und es war mir immer wichtig, im Bereich des deutsch-israelischen Dialogs zu arbeiten. Ich habe das Gefühl, an dieser Aufgabe wachsen zu können, auch wenn ich an persönliche Grenzen stoße. Manchmal denke ich, dass der deutsch-israelische Dialog beide Seiten überfordert. Dennoch finde ich diesen Dialog wichtig und er liegt mir persönlich am Herzen.

Seit einigen Jahren hat sich das Image Deutschlands in Israel deutlich gebessert. Das liegt vor allem an den guten politischen und wirtschaftlichen Kontakten zwischen beiden Ländern. Dennoch ist aufgrund des geschichtlichen Hintergrundes eine Voreingenommenheit spürbar. Auch wenn ich dies nachvollziehen kann, macht mich dies auf der persönlichen Ebene auch betroffen.

Im Kontext meiner Arbeit habe ich manchmal das Gefühl, dass wir uns in einem Hamsterrad drehen. Während eines Seminars sprachen wir über die Zukunft der deutsch-israelischen Beziehungen, als eine Israelin sagte: »Wir vergessen hier das Wichtigste, nämlich den Holocaust.« Dabei hatten wir uns drei Tage lang mit dem Holocaust auseinandergesetzt und in diesem Moment ging es um die Zukunft der Beziehungen, die selbstverständlich auf dem Holocaust beruhen. Diese Situation vermittelte mir das Gefühl, drei Schritte zurückgeworfen worden zu sein.

Wenn ich auf die Entwicklung der deutsch-israelischen Beziehungen blicke, dann finde ich es doch erstaunlich, welch weiter Weg bereits zurückgelegt wurde. Bei einer Podiumsdiskussion anlässlich 50 Jahre diplomatischer Beziehungen und 54 Jahre Arbeit der Aktion Sühnezeichen in Israel berichteten Mitglieder aus unserem Freundeskreis, dass sie trotz ihrer Erlebnisse in Deutschland bereits vor der Aufnahme diplomatischer Beziehungen Kontakte zu Deutschen aufgenommen hatten. Andere erzählten, dass sie ihre Vorbehalte Deutschland gegenüber durch persönliche Kontakte überwunden haben. Aus solchen Berichten schöpfe ich immer wieder neue Motivation für meine Arbeit. Sie wappnen mich für so manchen Rückschlag.

Auf der Ebene der offiziellen Politik wird Deutschland dem Staat Israel jederzeit seine Solidarität zusichern. Doch mir ist bewusst, dass ein großer Teil der deutschen Bevölkerung sich gar nicht mit Israel auseinandersetzt. Diesen Menschen bedeutet die deutsch-israelische Verständigung nichts. Das finde ich dramatisch. Die Menschen in Deutschland sind im Gegensatz zu den Menschen in Israel in der luxuriösen Situation, nicht in einem existenzbedrohenden Konflikt zu leben. Viele kritisieren vom Fernsehsessel aus das politische Vorgehen Israels. Zugleich ist ja bekannt, dass das Thema Israel und der Nahostkonflikt polarisieren. Die historischen Verwicklungen spielen hier rein. Manchen Menschen fällt es leichter, mit ihrer eigenen Geschichte umzugehen, wenn sie Israel heute für sein politisches Handeln verdammen können. Das lässt die geschichtlichen Verbrechen der eigenen Gesellschaft in den Hintergrund rücken. Meines Erachtens sollten wir versuchen, uns Polarisierungen zu entziehen. Wir sollten mit gesundem Menschenverstand und historischem Bewusstsein arbeiten. Denn dieser Konflikt ist nicht schwarz-weiß und es gibt keine eindeutigen Antworten. Und wir Deutschen sollten nicht versuchen, uns das Mäntelchen objektiver Beobachter anzuziehen.

Meiner Meinung nach haben die Geschehnisse in Israel großen Einfluss auf das Israelbild in Deutschland. Umgekehrt beobachte ich dies inzwischen weniger. Im Sommer 2014 gab es antisemitische und antiisraelische Demonstrationen in ganz Europa und auch in Deutschland. Diese Ausschreitungen wurden in Israel zwar wahrgenommen, sie haben das Bild Deutschlands jedoch nicht nennenswert beeinflusst.

Berlin ist derzeit sehr populär in Israel und es gibt einen Trend, dass junge Israelis nach Berlin ziehen. Als ich seinerzeit nach Berlin gezogen bin, fand ich es toll, dass dort so viele junge Menschen aus Israel leben. Hier in Israel wird dies oft kritisch gesehen. Ihnen wird vorgeworfen, sie würden die Geschichte vergessen. Ich denke, dass sie trotz der Geschichte und mit der Geschichte nach Deutschland ziehen. Sie leben an dem Ort, an dem es ihnen gerade gut geht, ohne die persönliche Auseinandersetzung mit der Geschichte außer Acht zu lassen. Ich habe noch niemand aus Israel getroffen, der bzw. die sich in Berlin nicht auf die eine oder andere Art mit der Schoah auseinandersetzt.

7. Heimat/Zuhause

Für mich ist mein Zuhause dort, wo ich aufgewachsen bin und wo das Haus meiner Eltern steht. Heimat ist der Ort, an dem ich gern sein möchte. Daher fällt mir bei dem Wort Heimat Berlin ein und mein Zuhause ist in Köln.

Israel spielt in diesem Kontext keine Rolle, obwohl ich sehr gern hier bin. Doch habe ich nicht das Gefühl, *wirklich* dazugehören zu können. Dies ist aber auch schon nicht mehr meine Intention, auch wenn es manchmal schmerzt.

Christina Bartsch

»Israel ist immer ein ›Hop-on, Hop-off‹ vom Kopf her, aber physisch leben wir in Israel«

Geburtsjahr:	1979
Geburtsort:	Erfurt
aufgewachsen in:	Erfurt
in Israel seit:	2005
lebt derzeit in:	Ramle
Studium:	Diplom-Geografie
Beruf:	leitende Angestellte in einem israelischen Reiseunternehmen

1. Die Geschichte meiner Familie

Mein Vater ist 1934 in Ostpreußen geboren und aufgewachsen und hat den Anfang des Zweiten Weltkrieges dort miterlebt. Sein Vater ist als Soldat im Krieg gefallen. Er ist dann mit seiner Mutter nach Erfurt gezogen, wo sie ihn an eine Pflegefamilie abgab.

Meine Mutter ist mit ihrer Familie aus dem ehemaligen Sudetenland nach Erfurt gekommen. Sie sind geflohen bzw. vertrieben worden – wie auch immer man das bezeichnen soll.

Meine Eltern wurden beide streng katholisch erzogen. Sie haben sich in Erfurt kennengelernt und geheiratet. Sie sind beide katholisch geblieben, was unter dem DDR-Regime natürlich etwas schwierig war. Ich weiß von meinen Eltern, dass sie auch Probleme mit ihrem beruflichen Aufstieg hatten. Es wurden ihnen Steine in den Weg gelegt. Da mein Vater aufgrund des Krieges die Schule nicht abschließen konnte, hat er eine Ausbildung zum Apothekenfachhelfer gemacht. Danach hat er auf der Abendschule das Abitur nachgeholt und war in einer Apotheke tätig. Später arbeitete er bei der Post. Dann war er Pförtner in einem Krankenhaus, wo er bis zu seiner Frührente die Schranken geöffnet und geschlossen hat.

Meine Mutter ist gelernte Maßschneiderin, hat dann gearbeitet und sich mehr oder weniger selbst weitergebildet und im Kombinat – so wurden Großbetriebe in der DDR bezeichnet – hochgearbeitet. Doch nach der Wende verlor sie ihren Arbeitsplatz. Obwohl sie dafür eigentlich zu alt war, hat sie sich beim Arbeitsamt eine Weiterbildung »erschlichen«. Dank dieser Umschulung konnte sie noch einige Jahre als Sekretärin in einem Krankenhaus arbeiten.

> ▶ **Sudetenland**
>
> Ab 1918 gelegentliche und ab Mitte der 1930er-Jahre gebräuchliche zusammenfassende Bezeichnung für Gebiete in der Tschechoslowakei, in denen nach deren Gründung 1918 überwiegend Menschen lebten, die Deutsch sprachen, sich der deutschen Kultur zugehörig fühlten und sich als Deutsche begriffen. Nach dem Münchner Abkommen Ende September 1938, mit dem das nationalsozialistische Deutschland die »Abtretung« des Sudetengebiets an das Deutsche Reich erzwang, war »Sudetenland« die offizielle Bezeichnung für den neu eingerichteten »Reichsgau«. Mit der Annexion wurden wichtige tschechische Verkehrsadern durchschnitten und ein Gebiet mit knapp 700 000 tschechischen Einwohnern dem Deutschen Reich angegliedert. Die meisten der drei Millionen Sudetendeutschen empfingen die Wehrmachtstruppen jubelnd, 400 000 Tschechen verließen ihre Wohnorte. Das Sudentenland umfasste etwa 22 500 km^2; die Grenze verlief bei Aš (Asch) im Westen und bei Opava (Troppau) im Osten.

2. Meine Biografie

Ich bin 1979 in Erfurt geboren worden und mit dem katholischen Hintergrund meiner Familie aufgewachsen. Dadurch war es für mich nicht einfach, mich in das Bildungssystem der DDR zu integrieren. Besonders eingeprägt hat sich mir ein Beispiel: In der Klasse wurden besonders gute Schülerinnen und Schüler ausgewählt, die als Vorbild für den Rest der Klasse dienten. Obwohl ich immer die Klassenbeste war und dadurch eine logische Kandidatin für diese Auszeichnung gewesen wäre, wurde sie mir nie zugestanden. Das war nicht akzeptabel, denn meine Eltern waren nicht in der Partei. Die als Vorbild ernannten Kinder hatten zwar schlechtere Noten als ich, aber sie wurden bevorzugt, da ihre Eltern bei der Polizei oder der Staatssicherheit tätig waren. Diese Benachteiligung habe ich als Kind sehr stark gespürt. Darüber hinaus weiß ich viele Dinge aus den Erzählungen meiner Eltern. Beispielsweise hatten wir Kontakt zu einem Teil der Familie meines Vaters in Westdeutschland. Sie haben uns besucht und einmal Plastiktaschen mit der Aufschrift »Karstadt« mitgebracht. Meine Mutter hat einmal aus Versehen eine solche Plastiktasche in die Schule mitgenommen. Dadurch wurde klar, dass wir Westkontakt hatten, was natürlich nicht gern gesehen war.

Die Kinder wurden ausgefragt, welche Nachrichten abends zu Hause gesehen wurden. Hier musste ich stets aufpassen, denn meine Eltern waren immer mehr Richtung Westdeutschland orientiert. Sie haben mich immer gewarnt, dass es Spitzel gibt. In der Kirche wussten wir immer genau, wer dort ein Spitzel war und nicht mitbetet. Nach der Wende 1989 haben meine Eltern mir erzählt, dass mein Lieblingslehrer ihnen gedroht hatte, sie fertigzumachen, nachdem er bei uns zu Hause das Kreuz an der Wand gesehen hatte.

Ich war zehn Jahre alt, als die Wende kam. Die Grenze nach Westdeutschland wurde geöffnet, wir konnten plötzlich nach Göttingen fahren. In den Geschäften sah ich dort mir bis dahin unbekannte Waren. Die Umstellung des Schulsystems war für mich persönlich schwierig. Mehrere Lehrerinnen und Lehrer wurden ausgewechselt, weil sie wegen ihrer SED-Mitgliedschaft Berufsverbot erhielten. Außerdem war unsere Familie auch direkt betroffen: Nach der Wende war meine Mutter arbeitslos und die berufliche Situation meines Vaters verschlechterte sich.

Nach meinem Abitur habe ich Geografie sowie Friedens- und Konfliktforschung im Nebenfach studiert, erst in Eichstätt und später in Marburg.

2002 habe ich in Marburg meinen zukünftigen Mann kennengelernt. Er stammt aus einer arabischen Familie in der israelischen Stadt Ramle. Ramle ist eine Stadt, in der christliche und muslimische Araber sowie Juden leben, es ist also eine gemischte Stadt. Seine Eltern sind christliche Araber, griechisch-orthodox. Sie sind etwa im Alter meiner Eltern. Der Vater ist etwa 1934 geboren, die Mutter zwischen 1940 und 1942. Sie haben die Staatsgründung Israels als Kinder erlebt, wenn sie sich überhaupt noch daran erinnern können. Mein Mann ist 1968 in Ramle geboren und aufgewachsen. Nach der Schule hat er sein Chemiestudium in Deutschland aufgenommen.

Anfangs haben wir noch in getrennten Wohnungen gelebt, waren aber immer zusammen. Wir haben uns damals entschieden, zu heiraten, damit ich in Israel schneller eine Arbeitserlaubnis erhalten konnte.

2004 haben wir uns in Dänemark standesamtlich trauen lassen und 2005 kirchlich in Deutschland.

Danach bin ich zu ihm nach Israel gezogen, wo wir bis heute leben. Zunächst haben wir in der Stadt Aschkelon, die nördlich von Gaza-Stadt an der Mittelmeerküste Israels liegt, gewohnt.

Ich habe mich nach Arbeitsmöglichkeiten umgehört und auch überlegt, in Israel zu promovieren, aber das brachte mich nicht weiter. Einen Hebräischkurs konnte ich anfangs auch nicht machen, weil diese in Aschkelon nur für jüdische Neueinwanderer angeboten wurden. Alles in allem war mein erster Eindruck nicht positiv und ich bin ohne meinen Mann nach Deutschland zurückgekehrt. Dort habe ich einige Monate in der Regionalentwicklung, in EU-Projekten und im Bereich der Satellitenbildauswertung gearbeitet.

Ich habe zunächst ein Praktikum in einer deutschen Stiftung in Israel absolviert und danach meine Arbeitserlaubnis erhalten. Die Arbeitssuche war schwierig, da ich nach einer deutschsprachigen Arbeitsstelle suchte. So kam ich zu dem Reiseunternehmen, bei dem ich heute noch arbeite. Dort habe ich ganz unten in der Hierarchie begonnen und mich auf eine leitende Stelle hochgearbeitet.

Mein Mann und ich haben zwei Töchter, die 2010 und 2013 geboren sind.

3. Gründe für den Umzug nach Israel und Reaktionen des Umfeldes in Deutschland

Die Gründe für meinen Umzug nach Israel waren rein privat. Mein Mann hatte in Deutschland sein Doktorat beendet und für kurze Zeit Arbeit gefunden. Doch die Firma ging bankrott und dann sagte ich ihm: »Du bist zwölf Jahre nicht bei deiner Familie in Israel gewesen und jetzt ist die Chance da, es gemeinsam zu versuchen.«

Mein Umzug ist die ganzen Jahre über immer nur eine vorübergehende Entscheidung gewesen und ist auch immer noch vorübergehend – inzwischen seit zehn Jahren. Für meinen Mann und mich ist es nie klar gewesen, dass wir jetzt die nächsten fünfzig Jahre hier leben werden. Es ist immer ein »Hop-on, Hop-off« vom Kopf her, aber physisch leben wir in Israel. Die israelische Staatsbürgerschaft habe ich nicht beantragt.

Meine Eltern habe ich nicht über meine Hochzeit informiert. Mein Vater war damals krank und meine Mutter hatte mich darum gebeten, ihm nicht von unserer Beziehung zu erzählen. Er war grundsätzlich dagegen, dass ich einen Freund habe; hinzu kam, dass mein Mann Araber ist und zehn Jahre älter als ich. Auch meine Mutter war von dieser Beziehung anfangs nicht begeistert. So haben wir in Dänemark allein, ohne Familie und Freundeskreis, standesamtlich geheiratet. Doch die kirchliche Hochzeit in Deutschland gestaltete sich später als ein schönes Familienfest, nachdem ich meinem Vater reinen Wein eingeschenkt hatte.

Da ich ein Einzelkind bin, haben meine Eltern mit großer Angst auf meinen Umzug reagiert. Doch auch viele Freunde reagierten mit Unverständnis. Keiner konnte verstehen, warum ich nach Israel wollte. Mein Vater hat bis heute Angst, mich in Israel zu besuchen.

4. Leben und Alltag in Israel

Wir haben eine Zeit lang in Aschkelon gewohnt, dort leben viele Einwanderer aus den GUS-Staaten. Wir waren dort isoliert, weil uns ihre Mentalität und Kultur fremd war. Daher sind wir nach Ramle gezogen, wo wenigstens mein Mann die Beziehung zu seiner Familie hat. Das ist für mich in Ordnung, denn die Familie gibt uns einen Anker. Dennoch ist es für mich manchmal immer noch schwierig, die arabische Kultur zu verstehen. Wir bleiben, weil die Familie von meinem Mann in Ramle wohnt. Unsere Wohnung haben wir nach unserem Geschmack eingerichtet.

Dennoch fühlen wir uns dort nicht aufgehoben, weil die Menschen sich anders verhalten, als es unseren Vorstellungen entspricht. Ich glaube, das liegt an mangelnder Bildung.

Für die Kinderbetreuung bin in erster Linie ich verantwortlich, da mein Mann sehr früh zur Arbeit fährt. Ich bringe sie in einen Kindergarten in einen etwas weiter entfernten Kibbuz. Dort sind meine Töchter von viel Natur umgeben.

Danach fahre ich zur Arbeit und muss dann die Kinder wieder abholen und ihr Abendprogramm gestalten. Mein Alltag gestaltet sich also als ein Tandem zwischen Arbeit und Familie.

5. Grenzerfahrungen und Überwinden von Grenzen

Die erste Grenze im Rahmen meines Umzugs nach Israel habe ich zwischen mir und meinem deutschen Herkunftsumfeld erlebt. Diese Barriere besteht eigentlich seitdem immer noch und sie ruft in mir Zweifel hervor.

Wenn ein guter Freund, dessen Meinung mir viel bedeutet, denkt, dass es für mich nicht gut ist, in Israel zu leben, dann hinterfrage ich auch öfter meine Entscheidung. Ich befürchte, dass meine Jugendfreunde mich abschreiben. Vielleicht denken sie sich: »Sie kommt nicht mehr zurück. Sie sieht nicht, wie schlecht es ihr und ihrer Familie in Israel geht und wie gut es ihr in Deutschland gehen könnte.«

Bei der eigenen Familie ist die emotionale Bindung noch stärker als bei Freundinnen und Freunden. Die Meinungen der Eltern haben eine besondere Bedeutung für mich.

Es dauerte lange, bis ich mich in Israel eingelebt hatte. Die Tatsache, dass ich meinen Aufenthalt hier als eine vorübergehende Entscheidung angesehen habe, hat meinen Prozess der Eingewöhnung erschwert. Wenn etwas nicht so lief, wie ich es mir vorgestellt hatte, dachte ich sofort daran, wieder nach Deutschland zurückzugehen.

Ich weiß nicht, wie sich mein Leben entwickelt hätte, wenn ich in Deutschland geblieben wäre. In Israel bin ich viel mehr auf mich selbst gestellt. Auch ist das Berufsleben in Israel von mehr Flexibilität als in Deutschland geprägt. Um in Deutschland in einen Beruf einzusteigen, muss man die passende Ausbildung in der Tasche haben. Hier fand ich es gut, dass man auch ohne das entsprechende Diplom Arbeit finden kann. Allerdings habe ich keine Stellung gefunden, die meiner Ausbildung und meinen Erwartungen entsprach. Ich bin Diplom-Geografin. In diesem Bereich habe ich versucht, etwas zu finden, aber Satellitenbildauswertung wurde zu dem Zeitpunkt, als ich gekommen bin, nur von der Armee durchgeführt. Da bin ich also ganz schnell an Grenzen gestoßen. Auf der anderen Seite war es auch ein Überwinden dieser Grenzen, denn es hat ja dann irgendwann geklappt mit der Arbeit. Mein Mann und ich verdienen heute beide so gut, dass wir uns zur Mittelschicht zählen können.

Auch auf religiöser Ebene gab es Grenzen. Mir war Kirche in Deutschland sehr wichtig. Ich bin zum Beispiel jeden Sonntag in die Kirche gegangen, aber die Kirchen hier sind in der Regel arabisch; es gibt nur wenige deutschsprachige Gemeinden und die sind nicht in Ramle, das heißt, dass dieser Teil meines Lebens am Anfang komplett weggebrochen ist. Das vermisse ich. Mir fehlt die Gemeinschaft, nicht die Kirche an sich.

Kulturell hat es sich für mich verschlechtert, denn ich bin früher sehr gern in Opern und in Kinos gegangen. Ramle ist in dem Bereich sehr isoliert und dieser kulturelle Aspekt hat mir anfangs unheimlich gefehlt. Jetzt hat es sich aufgrund der Kinder etwas gebessert, aber es ist nicht auf dem

Niveau, wie es in Deutschland damals war. Das liegt am Sprachlichen und an fehlenden Möglichkeiten, denn zum Beispiel liegt das nächste Kino weiter weg.

Die Familie meines Mannes hat mich zwar herzlich aufgenommen, doch habe ich mich von seinen Verwandten unverstanden gefühlt. Sie wollen sich nicht in meine Situation und meine Denkweise hineinversetzen. Sie erwarten einfach, dass ich alles annehme und es auch noch toll finde. Wenn ich mangelnde Begeisterung, zum Beispiel für das mir fremde Essen, zeigte, brachten meine Schwiegereltern kein Verständnis auf. Die Speisen schmecken anders, als ich es aus Deutschland kenne. Häufig habe ich aus Höflichkeit gesagt, es würde mir gut schmecken, auch wenn das nicht stimmte. Doch, wenn ich einen Apfelstrudel backe, dann wird nicht gesagt: »Toll, ich probiere mal«, sondern »Nein, man muss das anders backen und anders machen, dann würde das besser schmecken«. Etwas Verständnis für meine Kultur, das fehlt mir manchmal.

Die Integration in mein soziales Umfeld habe ich anfangs als schwierig empfunden. Der Freundeskreis meines Mannes bestand in Deutschland aus israelischen Arabern, die auch dort studierten. Im Ausland waren sie voneinander abhängig, doch sobald sie nach Israel zurückkehrten, zerfiel dieses soziale Umfeld. Als wir 2005 nach Israel kamen, erwartete uns nur die Familie meines Mannes. Es fiel mir sehr schwer, einen eigenen Freundeskreis aufzubauen. Anfangs war ich misstrauisch. Ich befürchtete, dass meine jüdischen Bekannten zwar nett zu mir sind, doch hinter meinem Rücken wegen der arabischen Herkunft meines Mannes negative Vorurteile haben.

Heute ist mein Freundes- und Bekanntenkreis bunt gemischt. Ich habe deutsche Freundinnen und Freunde, die vor kurzer oder längerer Zeit nach Israel gekommen sind, und ich habe Kontakt zu einer Freundin, die mit einem Palästinenser verheiratet ist. Durch meine Kinder habe ich eigentlich sehr viel Kontakt zu jungen jüdischen Familien, die auch Kinder haben. Zum Teil haben sie ganz andere kulturelle Hintergründe, aber das verbindende Element ist die Familie.

Zu meinen Kolleginnen und Kollegen habe ich begrenzt privaten Kontakt. Das ist aber auch dadurch bedingt, dass ich Abteilungsleiterin bin. Da ist es schwierig, auch private Kontakte aufzubauen, weil das Verhältnis von Vorgesetzter und Mitarbeiterin bzw. Mitarbeiter immer eine Rolle spielt.

Kontakte zu arabischen Israelis pflege nur ich über die Familie meines Mannes. Das liegt daran, dass die Kinder in einen jüdischen Kindergarten gehen und dort mein Hauptkontaktfeld ist.

Die Tatsache, dass ich eine Frau bin, hat keinen Einfluss auf meine Integration in das jüdische gesellschaftliche Leben. Doch die Familie meines Mannes hat ein ganz anderes Frauenbild als dasjenige, das ich aus Deutschland kenne und das auch vom jüdischen Teil der Gesellschaft geteilt wird. Die Frauen im arabischen Kulturkreis heiraten in der Regel nicht aus Liebe, sondern, um eine Familie zu gründen, was bei meinem Mann und mir ganz anders war. Da haben wir ganz andere Voraussetzungen und eine ganz andere Geschichte. Wir haben sehr viele Jahre vorher zusammengelebt, ohne verheiratet zu sein, was es hier nicht gibt.

Natürlich frage ich mich auch in Bezug auf meine Töchter, welches Familien- und Frauenbild ich ihnen vermitteln möchte. Hierbei wird die Wahl der Schule und des Erziehungssystems einen entscheidenden Wendepunkt darstellen. Die arabische Schule und der Kindergarten arbeiten am Sonntag nicht und sind nur bis 14 Uhr geöffnet. Da ich berufstätig bin und keine familiäre Unterstützung bei der Kinderbetreuung habe, stellt das für mich ein großes Problem dar.

Bezüglich der Schule ist es noch nicht entschieden, ob unsere Tochter in eine jüdische Schule gehen wird.

Mein Mann ist Araber und er hat auch Verwandte, die in Gaza leben. Dadurch erfahre ich persönlich das Spannungsfeld zwischen der jüdischen Mehrheit und der arabischen Minderheit in Israel. In diesem Kontext taucht natürlich auch der Konflikt zwischen Palästinensern und Israelis immer wieder auf. Besonders eingeprägt hat sich mir eine Situation während des Gazakrieges. Ich war in der Reiseagentur und stand in der Küche. Kolleginnen und Kollegen schlugen auf Hebräisch antiarabische Töne an und ich stand dort und litt. Ich war mir nicht sicher, ob ich sprachlich alles verstanden hatte, daher habe ich nicht reagiert. Doch durch meine Präsenz wollte ich meinen Kolleginnen und Kollegen signalisieren, dass ich auch zur anderen Seite Kontakt habe. Ich fühlte mich eher sprachlos als hilflos. Ich kann diese Vorurteile nachvollziehen, weil ich mich manchmal auch selbst dabei ertappe, Stereotype gegenüber jüdischen Einwanderern aus Äthiopien oder muslimischen Arabern zu haben.

Seit ich in Israel lebe, habe ich schon mehrere militärische Konflikte miterlebt. Den ersten Raketenalarm erlebte ich mit meinen Töchtern auf einem Kinderfest. Nachdem die Anwesenden verstanden hatten, dass es sich nicht um einen Fehlalarm handelte, sind wir in den Schutzbunker gelaufen. Dann wollten wir nach Hause fahren und wieder ertönten die Sirenen. Ich wusste nicht, ob ich am Abend nochmal nach Ramle fahren will, denn ich wollte nicht vom Bunker weg. Die Menschen in Gaza haben keine Warnsysteme und keine Raketenabwehr. Sie haben keine Zeit, vor den Bombardements zu flüchten. In Israel haben wir Bunker, wir haben genügend Zeit. Hier sind wir nur Raketen ausgesetzt und nicht bombardierenden Flugzeugen. Ich gehöre einer deutschen Generation an, die ohne Krieg aufgewachsen ist. Die persönliche Erfahrung des Raketenalarms verändert die Bewertung – und damit auch die Sicht auf Deutschland und Europa. Die Menschen dort fällen oft eine schnelle und voreilige Meinung über Israel und den Konflikt. Ich glaube, dass sie so denken, weil sie solch eine Situation nie am eigenen Leib erlebt haben. Sie wissen nicht, wie viel Leiden das hervorbringt. Die Menschen, die ich in Israel und in Gaza kenne, wollen nur leben und keinen Krieg. Dennoch gibt es diesen Krieg und man kann es nicht ändern. Ich war sprachlos, dass die internationale Gemeinschaft nicht in der Lage war, etwas zu tun, außer eine Unterbrechung des Krieges aus humanitären Gründen für ein paar Stunden zu vereinbaren. Krieg ist nicht human und, wenn man aus humanitären Gründen einen Krieg unterbrechen kann, dann sollte man aus humanitären Gründen einen Krieg auch beenden. Diese Grenzerfahrung hat mich innerlich zerrissen. Hinzu kam, dass wir mit einem Bein eigentlich schon im Flugzeug nach Deutschland standen. Wir haben die Abreise immer nur um einen Tag verschoben und hofften, dass die Waffenruhe halten würde. Doch der Krieg ging weiter und wir haben es viel länger ausgehalten, als wir dachten. Ich habe mich in den Alltag hineingezwungen, um weiterzumachen. Es beeinflusst die Arbeit, denn der Tourismus lag am Boden. Klar, während des Krieges kommt keiner. Im Büro herrschte eine angespannte Atmosphäre, da mit Kündigungen zu rechnen war. Dazu kam, dass mein Mann in der Nähe des Gazastreifens arbeitet. Dort fielen nicht nur die Raketen, sondern auch die Mörsergranaten, bei denen es keinen Alarm gibt. Da war ich froh, ihn abends wieder lebend und gesund zu Hause zu sehen.

Dieser Krieg hat die Grenze zu meiner Familie verschärft, weil meine Eltern nicht verstanden haben, dass ich in Israel geblieben bin.

Einmal ist es bei einem Telefonat passiert, dass wir Alarm hatten, glücklicherweise war das kein Telefonat mit meinen Eltern, aber da musste ich sagen: »Ich muss jetzt aufhören, weil wir Alarm haben.« Das war das, was ich meiner Familie nicht vermitteln wollte. Die Bilder, die in Deutschland die Medien zeigen, sind schon schlimm genug, aber, wenn dann noch die Gewissheit dazukommt, dass es tatsächlich so ist, dann wäre die Angst bei meiner Familie zu groß gewesen. Weil ich das vermeiden wollte, habe ich mir diesbezüglich eine Grenze gesetzt.

Politische Grenzen in Israel empfinde ich sehr stark, und zwar zieht sich das durch verschiedene Teile der Gesellschaft und betrifft verschiedene Aspekte. Das bewirkt bei mir Sprachlosigkeit. In wenigen Wochen sind Parlamentswahlen in Israel und gestern kam im Büro eine hitzige parteipolitische Diskussion auf. Ich spürte, welch existenzielle Bedeutung Israelis dem Wahlergebnis beimessen und wie sehr ihre Entscheidung sich auf mein Leben auswirkt. In solch einer Situation lernt man, seine Kolleginnen und Kollegen anders einzuschätzen.

In Deutschland habe ich politische Grenzen nicht so bestimmend empfunden. Früher hatten die unterschiedlichen Parteien in meinen Augen kein so scharfes Profil, doch heute sehe ich plötzlich eine Verschärfung. Als ich 2014 in Deutschland war, fanden in Thüringen Landtagswahlen statt, bei denen die NPD starke Werbung machte. Das war für mich eine neue Erfahrung.

Auf sprachlicher Ebene gab es Grenzen, da ich kein Hebräisch konnte, und das blockiert sehr, auch wenn viele Israelis Englisch sprechen. Heute spreche ich Hebräisch, aber immer noch ist es wesentlich schwieriger, sich in einer Fremdsprache auszudrücken als in der eigenen Muttersprache.

Mit meinem Mann spreche ich deutsch, weil wir uns in Deutschland kennengelernt haben. Ich verstehe einige arabische Wörter durch meine Kinder – jetzt. Meine Kinder sprechen auch nicht fließend Arabisch, es ist die am schlechtesten entwickelte Sprache bei ihnen. Der Grund ist, dass mein Mann am wenigsten zu Hause ist, und nicht, weil wir nicht wollen. Die Kinder sprechen deutsch mit mir und mein Mann versucht, arabisch mit ihnen zu sprechen, und sie antworten auch, aber da sie wissen, dass er auch deutsch spricht, antworten sie auch manchmal auf Deutsch.

Es ist schwierig zu sagen, was ihre Muttersprache ist. Die Frage ist, woran man Muttersprache misst? Ist das die Sprache der Mutter oder ist das die Sprache, die sie am besten sprechen? Die Große spricht am besten Hebräisch, weil sie die meiste Zeit im Kindergarten ist, aber die Sprache, die sie mit der Mutter spricht, ist Deutsch. Ich hoffe, dass sie später kein Identitätsproblem haben werden.

Das Überwinden von Grenzen geht nur durch persönlichen Kontakt und das Kennenlernen des Fremden. Das habe ich aus der Geschichte und meinem eigenen Leben gelernt. Beispielsweise versuche ich, den Vorurteilen und Stereotypen meiner Kollegen und Kolleginnen entgegenzuwirken, indem ich ihnen viel über unsere Lebenssituation erzähle.

Mein Mann arbeitet in einem jüdischen Unternehmen in einem Kibbuz in der Nähe des Gazastreifens, in Sichtweite von Rafiach, dem Grenzübergang zwischen Ägypten und Gaza. Da kamen eben auch sehr viele antiarabische Töne, aber meinem Mann haben sie gesagt: »Aber wir meinen natürlich nicht dich.« Das ist ein langer Prozess. Doch freue ich mich, wenn zumindest einige jüdische Israelis verstanden haben, dass Araber nicht unbedingt ihre Feinde sind. Diese Erkenntnis werden sie vielleicht auch an ihre Kinder weitergeben können. Unsere beiden Kinder gehen in einen jüdischen Kindergarten, die Große inzwischen im vierten Jahr. Auch und gerade bei Kindern ist der offene Austausch die richtige Kommunikationsform, um Empathie zu erwecken.

In Bezug auf die Integration in die jüdische Gesellschaft habe ich selbst Grenzen geschaffen, weil ich die Erfahrungen meines Mannes automatisch übernommen habe. Ich wusste nicht, wie mein Gegenüber reagiert und habe daher Abstand gehalten. Durch die Kinder musste ich diese selbst geschaffenen Grenzen überwinden und habe damit positive Erfahrungen gemacht.

6. Bezug zu deutsch-jüdischer Geschichte und Wahrnehmung deutsch-israelischer Beziehungen

Das Thema Holocaust wurde in der Familie nie erwähnt. Es wurde immer nur über das persönliche Leiden während des Zweiten Weltkrieges gesprochen.

Persönlich habe ich einen Juden erst in Israel kennengelernt, aber die Geschichte meiner Familie ist stark mit dem Holocaust und dem Zweiten Weltkrieg verwachsen. Mein Großvater war Soldat und ist im Krieg gefallen und die Familien wurden aus ihren Häusern in Ostpreußen und dem ehemaligen Sudetenland vertrieben bzw. sind geflüchtet. Für die Familie war das eigene Leid während des Krieges ein wichtiges Thema, aber der Holocaust wurde nicht angesprochen. Ich habe aus den Medien und im Schulunterricht über die Judenvernichtung gelernt, nicht aus erster Hand. In Israel treffe ich immer wieder Leute, die mir die Geschichte der Eltern oder Großeltern während der Schoah erzählen. Diesen persönlichen Anknüpfungspunkt habe ich erst, seit ich in Israel lebe.

In der Schule bestand der Unterricht über den Holocaust aus dem mechanischen Auswendiglernen von Jahreszahlen. Nach dem Abitur und während des Studiums habe ich mich eigenständig mit dem Thema auseinandergesetzt.

Ich habe mich immer gefragt, wieso man die Kinder im Geschichtsunterricht nicht in eine Synagoge bringt und ihnen zeigt, dass Juden ganz normale Menschen sind. Wir hatten keinen Kontakt. Die Synagoge in Erfurt wurde damals versteckt und ist erst in den letzten Jahren im öffentlichen Raum sichtbar.

Seitdem ich in Israel lebe, haben sich mir auch andere Aspekte der Geschichte erschlossen, zum Beispiel habe ich mehr über die deutschstämmigen jüdischen Einwanderer, die »Jeckes«, erfahren. Beispielweise habe ich eine Familie getroffen, die als jüdische Familie in Reichenberg lebte, wo meine Familie mütterlicherseits aufgewachsen ist. Jetzt kann ich aber leider niemanden mehr von meiner Familie danach fragen, wie sie es damals eigentlich empfunden haben. Damals habe ich mich nicht getraut, meine Familie zu fragen. Das Schweigen trägt man immer mit sich und man fragt sich, wie die Judenvernichtung eigentlich passieren konnte. Ich nehme diesen Aspekt auch jetzt immer in mein Leben mit herein, aber es kommen andere Aspekte dazu. Heute übertrage ich ähnliche Fragestellungen auch auf andere Situationen, die ich momentan erlebe. Als Deutsche ist es mir einmal passiert, dass ich in einem Einkaufszentrum von einem Mann beschimpft wurde, weil ich deutsch gesprochen hatte.

Deutsch-israelische Beziehungen sind mir sehr wichtig, weil ich die persönliche Verbindung dazu habe. Sie haben sich verbessert. Es war ein schwieriger Prozess, den Punkt zu erreichen, an dem wir heute stehen. Allerdings befürchte ich, dass die Bedeutung der deutsch-israelischen Beziehungen in Deutschland im Abnehmen begriffen ist. In Israel habe ich manchmal das Gefühl, dass sie nicht als allzu wichtig erachtet werden. Ich denke, dass es wichtig ist, diese Beziehung zukunftsweisend aufrechtzuerhalten.

Gegenwärtig mache ich mir keine Sorgen über die deutsch-israelischen Beziehungen. Es kommt auf die Initiativen an, die jetzt in den nächsten Jahren unternommen werden. Wenn den nächsten Generationen der persönliche Kontakt zu den Zeitzeugen des Zweiten Weltkrieges fehlen wird, dann frage ich mich, ob es gelingen kann, die besondere Verbindung zwischen beiden Ländern aufrechtzuerhalten.

Ich denke, dass ich durch meinen Lebensweg und meine Arbeit einen Beitrag zu israelisch-deutscher Verständigung leisten kann. Ich glaube aber, dass ich noch nicht ausgereizt habe, was ich zur deutsch-israelischen Verständigung beitragen könnte.

Ich glaube, die Wahrnehmung von Israel ist in Deutschland sehr gespalten. Manche lieben Israel und andere hassen es. Das habe ich auch schon im Gespräch mit Kunden erlebt. Es gibt auch welche, die in der Lage sind, zwischen dem Land und der Politik zu differenzieren. Ich erfahre es häufig durch die Arbeit. Es gibt aber Reisegruppen, die nicht mit einem jüdischen Unternehmen arbeiten wollen oder nicht mit einer jüdischen Reiseleitung, weil sie propalästinensisch sind. Das Bild von Israel in Deutschland war nicht positiv und ist es immer noch nicht, in Bezug auf Sicherheit. Meine Freundinnen und Freunde sahen Israel als Unruheherd mit explodierenden Bussen und Raketenbeschuss. Diese Wahrnehmung führe ich auf mangelnde Information und keine reale Kenntnis des Landes zurück.

Im Wesentlichen würde ich sagen, dass das Deutschlandbild in Israel positiv ist, jedenfalls in den Bereichen, in denen ich mich bewege.

7. Heimat / Zuhause

Ich sehe mich in beiden Ländern beheimatet. Das merke ich immer, wenn ich fliege. Letzte Woche war ich in Deutschland zu Besuch. Der Abschied fiel mir zwar schwer, doch gleichzeitig freute ich mich, wieder nach Israel zurückzukehren.

Bevor ich Kinder hatte, habe ich Deutschland als mein Zuhause angesehen. Jetzt, da ich Kinder habe und sehe, dass ihr Zuhause Israel ist, schwanke ich zwischen Israel und Deutschland.

Heimweh hatte ich sehr viel. Doch meine Sehnsucht gilt der Welt meiner Jugend. Allerdings gibt es »mein Deutschland von damals« nicht mehr. Heute fehlen mir die Sprache und die Kultur.

Mahir Türkmen

»In Israel bin ich ein bunter Vogel, denn ich habe keine deutsche Biografie«

Geburtsjahr:	1994
Geburtsort:	Augsburg
aufgewachsen in:	Neusäß (Landkreis Augsburg)
in Israel seit:	September 2014 (bis voraussichtlich Ende August 2015)
lebt derzeit in:	Haifa
Beruf:	Abiturient/Freiwilliger bei der ASF

1. Die Geschichte meiner Familie

Die Geschichte meiner Familie ist die klassische türkische Gastarbeitergeschichte.

Meine Großeltern mütterlicherseits sind Kurden und stammen aus einem ostanatolischen Dorf. Später zogen sie in die westtürkische Großstadt Bursa, wo meine Mutter als Jüngste von drei Geschwistern geboren wurde. Die Arbeits- und Lebensbedingungen in der Türkei waren schlecht und so beschloss mein Großvater 1969 im Alter von dreißig Jahren, als Gastarbeiter nach Deutschland zu gehen. Es war für ihn wie ein Sprung ins kalte Wasser, aber das nahm er in Kauf, er träumte von einer besseren Zukunft im Ausland.

Die Gastarbeiter wurden in Deutschland für körperlich schwere Arbeit gebraucht, zum Beispiel im Straßenbau und in Fabriken. Sie mussten richtig schuften, deswegen wurden sie auch in der Türkei schon einem Gesundheitscheck unterzogen. Damit wurde aussortiert, wer die körperliche Arbeit nicht verrichten kann. Auch mein Opa musste ärztliche Bescheinigungen und viele Dokumente vorlegen. Die Familie hat ihn in dieser Zeit sehr unterstützt, damit es ihm gelingt, nach Deutschland auszuwandern. Er war einer der ganz wenigen aus der Familie, die es geschafft haben.

Mit dem Istanbul-München-Express kam er in Deutschland an und wurde sofort zu einer Firma in Neusäß, nahe Augsburg, weitergeschickt.

Dort arbeitete er als Elektriker. Mein Opa teilte ein Zimmer mit fünf weiteren Gastarbeitern. Er wollte so viel Geld wie möglich sparen, damit er seine Familie nachholen kann.

Erst 1972 konnte meine Großmutter mit den drei Kindern im Rahmen der Familienzusammenführung nach Deutschland emigrieren. Meine Mutter war damals vier Jahre alt. Als meine Großmutter nach Deutschland kam, sprach sie kaum Deutsch und hat allerlei Arbeiten angenommen, so arbeitete sie beispielsweise als Putzhilfe und als Näherin in einer Fabrik. In der Anfangszeit hatten meine Großeltern ein gutes Netzwerk aus türkischen Familien. Diejenigen, die schon länger im Land waren und besser Deutsch sprachen, haben die Neuankömmlinge bei der Wohnungssuche und bei Behördengängen unterstützt.

Nach und nach konnten meine Großeltern Geld sparen und sich eine Eigentumswohnung in Neusäß und auch ein Haus in der Türkei leisten. Mittlerweile leben sie die Hälfte des Jahres in Deutschland und die andere Hälfte in der Türkei.

Meine Großeltern haben sich immer fürsorglich um ihre Kinder gekümmert, doch da beide in Vollzeit arbeiteten, fehlte einfach die Zeit. Daher hatten meine Mutter und ihre Brüder es schwer. Sie haben die Hauptschule besucht und konnten alle keinen höheren Bildungsabschluss erzielen. Meine Mutter hat eine Ausbildung als Friseurin absolviert. Inzwischen arbeitet sie in der Auftragsannahme eines Farbenherstellers.

Bei einem Familienurlaub in der Türkei lernte sie meinen Vater kennen, der gerade seinen Wehrdienst leistete. Er lebte in Bursa mit seiner Familie im Nachbarhaus meiner Großeltern.

In den 1970er-Jahren war es in der Türkei üblich, dass man zuerst die Eltern seiner »Angebeteten« um Erlaubnis fragt, wenn man jemanden näher kennenlernen möchte. Mein Vater hat sich selbst nicht getraut und seine Mutter vorgeschickt. Sie ist zu den Eltern meiner Mutter gegangen und hat ihnen gesagt, dass ihr Sohn ihre Tochter näher kennenlernen möchte. Meine Großeltern haben meiner Mutter diese Entscheidung überlassen und sie stimmte zu. Nach ein oder zwei Jahren, in denen meine Mutter immer zwischen der Türkei und Deutschland pendelte, haben meine Eltern geheiratet. Nach der Hochzeit ist mein Vater zu meiner Mutter nach Deutschland gezogen. Er war damals 25 Jahre alt. Der Umzug war eine leichte Entscheidung für ihn, denn die Verhältnisse in der Türkei waren nicht so gut wie in Deutschland. Aber es war auch ein großer Schritt, denn er ließ fast seine komplette Familie zurück.

Als mein Vater nach Deutschland kam, musste er zunächst die Sprache erlernen. Heute spricht er zwar Deutsch, aber nicht gern. Es ist nicht seine

Muttersprache; er hat sich nie mit der deutschen Sprache wirklich angefreundet.

Anfangs arbeitete er in einem Gartenmarkt. Seit 2001 ist er Bodenmitarbeiter am Flughafen München und für die Gepäckabfertigung verantwortlich.

2. Meine Biografie

Ich bin 1994 in Augsburg geboren und in Neusäß in einem gemischt türkisch-deutschen Umfeld groß geworden. Ich bin zweisprachig aufgewachsen. Mein jüngerer Bruder und ich haben mit unserer Mutter Deutsch gesprochen und mit unserem Vater Türkisch.

Das Alevitentum war der kulturelle Background, mit dem ich groß geworden bin. Bis heute ist es mir wichtig. Meine Eltern haben uns nicht religiös erzogen, sie haben uns die Entscheidung, religiös zu leben, freigestellt. Wir haben aber alevitische Feste gefeiert und auch die Zeremonien und Rituale begangen, die sehr pantheistisch sind. Das bedeutet: Wir beten keinen Gott als solchen an, sondern glauben, dass in jedem Lebewesen etwas Göttliches liegt. Meine Eltern, insbesondere mein Vater, haben uns stets dementsprechende Werte wie Ehrlichkeit und Nächstenliebe vermittelt.

Wir lebten in einem Häuserblock, wo es nur noch eine weitere türkische Familie gab. Die anderen Nachbarn waren Deutsche und das Verhältnis zu ihnen war sehr gut. Insbesondere mit einem deutschen Ehepaar hatten wir immer engen Kontakt. Die beiden haben mir oft geholfen, wofür ich ihnen bis heute dankbar bin. Der Mann ist für mich eine Art Patenopa. Er ist pensionierter Ingenieur und hat mich bei den Hausaufgaben und beim Lernen unterstützt. Meine Mutter konnte mir noch bis zur vierten Klasse mit dem Lernstoff helfen, dann habe ich das Gymnasium besucht und, als Englisch und Latein hinzukamen, war sie überfordert.

2014 habe ich mein Abitur gemacht und wenige Monate später ein freiwilliges soziales Jahr in Israel begonnen. Seitdem lebe und arbeite ich in Haifa. Wenn ich wieder nach Deutschland zurückkehre, möchte ich mein Studium der Staatswissenschaften beginnen.

► **Alevitentum**

Das Alevitentum wird meist zu einer Glaubensrichtung innerhalb des schiitischen Islams gezählt. Es entstand, als im 13./14. Jahrhundert turkmenische Stämme nach Anatolien einwanderten.
Die Glaubenslehren der Aleviten unterscheiden sich von denjenigen der Sunniten und auch der Schiiten in vielen Punkten. Einige Inhalte, Traditionen und Geschichten leiten sich aus dem (schiitischen) Islam ab; vieles stammt jedoch auch aus anderen Religionen oder längst verschwundenem Volkstum. Im Zentrum steht die große Verehrung Alis, eines Cousins und Schwiegersohns Mohammeds; in ihm sehen die Aleviten einen Märtyrer, der zum Wohl der Muslime gestorben ist.
Das islamische Recht, die Scharia, ist für Aleviten nur von untergeordneter Bedeutung. Sie stellen einen für sein Schicksal eigenverantwortlichen Menschen in den Mittelpunkt ihres Weltbildes. Aleviten betonen die wechselseitige Liebe zwischen Gott und den Menschen und betrachten es als Lebensziel, einen vollkommenen Zustand zu erlangen. Das Alevitentum kennt keinen derart detaillierten Katalog an Glaubenspflichten wie der sunnitische und schiitische Islam; lediglich einige Moralvorschriften, die den Koran ergänzen, leiten zu gutem Verhalten an.
Aleviten leben auch nicht nach den »Fünf Säulen des Islams« (Glaubensbekenntnis, Gebet, Almosen, Fasten, Pilgerfahrt), die sie als reine Äußerlichkeiten ansehen. Sie treffen sich in einem sog. Cemevi (Versammlungshaus); direkte Nachkommen der Familie Alis – egal ob männlich oder weiblich – leiten die Zeremonien. Männer und Frauen sind nicht getrennt, auch tragen die Frauen kein Kopftuch.
Die Unterschiede zwischen den Aleviten und den Sunniten sind so groß, dass die Sunniten die Aleviten teilweise gar nicht als dem Islam zugehörig bezeichnen. Auch betrachten sich einige Aleviten als außerhalb der islamischen Tradition stehend.
Im Osmanischen Reich (ca. 1299–1923) wurden die Aleviten unterdrückt, ihre Forderungen nach Gleichberechtigung blutig niedergeschlagen. Nach Gründung der Türkei 1923 wurden sie zwar rechtlich gleichgestellt, erfahren aber in der Gesellschaft bis heute Diskriminierung und Verfolgung. In den vergangenen Jahren kam es sogar zu Morden an Aleviten.
In der Türkei bekennen sich etwa 15 Prozent der Türken zum alevitischen Glauben. In Deutschland zählt die alevitische Gemeinde etwa 500000 Mitglieder. Fast alle sind in den vergangenen Jahrzehnten aus der Türkei eingewandert oder als Kinder türkischer Eltern hier geboren.
(nach: http://www.wasglaubstdudenn.de/spuren/143251/wer-sind-die-aleviten)

3. Gründe für den Umzug nach Israel und Reaktionen des Umfeldes in Deutschland

Schon vor dem Abitur habe ich beschlossen, ein freiwilliges soziales Jahr zu absolvieren. Ich wollte aus Europa raus, »über den Tellerrand schauen«, wie man so schön sagt, und etwas lernen. Bei meinen Recherchen nach möglichen Ländern bin ich im Internet auf die Aktion Sühnezeichen Friedensdienste (ASF; → S. 150) gestoßen. Dort habe ich mich für einen Freiwilligendienst in Israel beworben.

Israel ist in den Medien immer präsent. Da ich viel über das Land gelesen habe, wollte ich mit eigenen Augen sehen, wie es hier ist. Ich war auch neugierig auf die Kultur Israels, von der wir in Deutschland wenig wissen. In der Oberstufe haben wir deutsche Geschichte, die Staatsgründung Israels und die israelischen Kriege durchgenommen. Das hat zusätzlich meine Neugier auf das Land geweckt.

Meine Eltern fanden es gut, dass ich mir die ASF ausgesucht hatte, denn die Organisation erschien ihnen vertrauenswürdig. Im Februar 2014 stand fest, dass ich nach Israel gehe. Als dann im Sommer der Gazakrieg ausbrach und man in den Medien sah, dass beide Seiten unter Beschuss standen, reagierte mein Umfeld sehr kritisch auf meine Entscheidung. Während ich mich auf meine Ausreise im September 2014 vorbereitete, war der Gazakrieg noch in vollem Gang. Meine Entsendeorganisation hatte bereits angekündigt, den Ausreisetermin zu verschieben, wenn die Sicherheitslage sich nicht normalisieren sollte. Doch konnte ich plangemäß einreisen, weil Israel und die Hamas einen Waffenstillstand vereinbart hatten.

Mein gesamtes Umfeld, insbesondere meine Eltern, nahmen Israel als Kriegsgebiet wahr und sorgten sich um mich. Ich habe meine Familie beruhigt, dass man in Haifa nicht viel vom Gazakrieg im Süden des Landes spürt. Darüber hinaus musste ich ihnen versprechen, beim kleinsten Konflikt nach Deutschland zurückzukehren. Hilfe bekam ich von der Deutsch-Israelischen Gesellschaft. Ein Mitglied besuchte meine Eltern, schilderte ihnen die Lage in Israel und versicherte, dass er mich bei meinem Vorhaben unterstützt.

Die Familie in der Türkei war ebenfalls besorgt wegen der Sicherheitslage. Sie haben grundsätzlich kein Problem mit Israel. Das hat auch mit unserem alevitischen Hintergrund zu tun. Sie sind sehr offen und unvoreingenommen.

Aber es gab in meinem Umfeld auch – unabhängig vom Krieg – überaus kritische Stimmen, sowohl von Türkischstämmigen als auch von

Deutschen, die sagten: »Geh nicht nach Israel, das sind doch Mörder.« Oft wurde ich gefragt, warum ich mir nicht ein anderes Land aussuche. Für manche habe ich auch im übertragenen Sinn eine Grenze überschritten, als ich nach Israel kam.

4. Leben und Alltag in Israel

Seit meiner Ankunft in Israel lebe ich in einer Wohngemeinschaft mit anderen deutschen Freiwilligen in Haifa. Die nordisraelische Stadt habe ich mir vor allem wegen der Arbeit ausgesucht. Ich arbeite in zwei unterschiedlichen Projekten. Dreißig Stunden meiner wöchentlichen Arbeitszeit leiste ich in einem Zentrum für Kinder mit geistiger und körperlicher Behinderung und ältere Menschen mit Behinderung. Hier assistiere ich beim Unterricht, helfe den Kindern und greife den Therapeutinnen und Therapeuten unter die Arme. Ich mache alles von A bis Z und bin überall dabei, wo man mich braucht.

Zusätzlich arbeite ich wöchentlich zehn Stunden in einem Altenheim mit deutschsprachigen Seniorinnen und Senioren. Manche sind vor dem Zweiten Weltkrieg nach Palästina geflüchtet, andere haben den Holocaust überlebt und sind danach in Israel eingewandert. Ich besuche sie zwei Tage in der Woche, wir trinken zusammen Kaffee, essen Kuchen und ich unterhalte mich mit ihnen. Diese Begegnungen sind auch für mich sehr interessant. In der Schule ist der Geschichtsunterricht sehr theoretisch, aber hinter jedem Namen steckt eine Biografie. In gewisser Weise ist es ein Luxus, dass es noch Zeitzeugen gibt, die uns ihre Geschichte berichten können. Daher genieße ich es, derart viele Menschen zu treffen, die so alt sind, über so viel Erfahrung verfügen und so viel erlebt haben. Sie geben mir Denkanstöße, für die ich sehr dankbar bin.

Auch die Arbeit in der Einrichtung für Menschen mit Behinderung macht mir viel Spaß. Zuvor habe ich noch nie in diesem Bereich gearbeitet und daher gerade in der Anfangszeit viel Neues gelernt. Diese Tätigkeit ist körperlich anstrengend, während ich im Altenheim geistig gefragt bin. Da reflektiere ich und verarbeite, was die Seniorinnen und Senioren mir erzählen. Beide Arbeitsstellen sind sehr unterschiedlich und ergänzen sich meiner Meinung nach wunderbar.

Haifa gefällt mir gut, weil es eine gemischte Stadt ist. Hier wohnen muslimische und jüdische Menschen und das Zusammenleben funktioniert mehr oder weniger. Dies bietet mir zusätzlich einen anderen Blickwinkel auf die Gesellschaft und die Menschen hier in Haifa. Mittlerweile habe ich viele arabische Freundinnen und Freunde, auch mit Arbeitskolleginnen und -kollegen bin ich befreundet. Ich arbeite mit Drusen, Arabern sowie orthodoxen und säkularen Juden zusammen.

Ich war immer interessiert und neugierig und das erleichterte mir die Integration. Die Leute hier sind überaus kontaktfreudig und man kommt schnell ins Gespräch. Die sprachliche Verständigung funktioniert ohne Probleme, da hier alle Englisch sprechen.

In Israel ist mein Umfeld durch die anderen deutschen Freiwilligen und meine Arbeit im Altenheim auch deutsch geprägt. Manchmal habe ich das Gefühl, hier in einer deutschsprachigen Blase zu leben.

Viele aus meinem arabischen Freundeskreis leben in der Innenstadt von Haifa. Wir treffen uns oft und gehen zusammen aus. Bei der Arbeit habe ich sehr viele jüdische Freundinnen und Freunde, doch sie leben eine Stunde mit dem Bus entfernt. Daher sehe ich sie hauptsächlich bei der Arbeit. Wir verstehen uns gut und können über alles sprechen. Doch, da ich nach einem Jahr wieder weggehe, stellt sich für mich auch die Frage, wie sehr man Freundschaften vertiefen möchte.

In meinem Alter leisten die meisten jüdischen Israelis gerade Militärdienst, deswegen ist es für uns schwer, mit ihnen in Kontakt zu kommen. Auch deswegen haben wir mehr mit arabischen Israelis zu tun.

5. Grenzerfahrungen und Überwinden von Grenzen

In Europa spielen geografische Grenzen kaum eine Rolle. In Israel ist es genau das Gegenteil. Das Land ist von arabischen Staaten umgeben, die Israel meist feindlich gesinnt sind und den jüdischen Staat hier nicht wollen. Kürzlich waren wir auf den Golanhöhen an der syrischen Grenze und da sahen wir auch physisch die Landesgrenze in Form einer UN-Sicherheitszone und riesigen Anlagen mit Stacheldraht und Elektrozaun. Die physischen Grenzen Israels sind kaum durchlässig, auch zum Westjordanland und zu Gaza gibt es umfassende Kontrollen an den Grenzübergängen, die nicht jeder passieren darf.

In Israel nehme ich viele Grenzen wahr, nicht nur physische, sondern auch ethnische, religiöse und politische. Es gibt eine Grenze zwischen der jüdischen Mehrheit und der arabischen Minderheit, aber auch innerhalb dieser beiden Gruppen, zum Beispiel zwischen Religiösen und Säkularen oder zwischen Aschkenasim und Sephardim. Die israelische Gesellschaft ist sehr gespalten und es verlaufen viele Trennungslinien zwischen den einzelnen Bevölkerungsgruppen.

Meine jüdischen Bekannten äußern oft Vorurteile gegenüber Arabern, auch von arabischen Bekannten höre ich abfällige Äußerungen gegenüber Juden. Dieser offene oder zumindest latente Rassismus, auf den man hier überall stößt, machte mir gerade anfangs zu schaffen. Da bin ich an Grenzen gestoßen, auch an die eigenen, weil ich dies nicht nachvollziehen kann. Beispielsweise waren wir hier in Haifa bei einem netten älteren Ehepaar zum Essen eingeladen und plötzlich fielen rassistische Äußerungen. Ich saß als Gast an ihrem Tisch, daher konnte ich mir nicht anmaßen, sie zu tadeln oder zu sagen: »Ich weiß es besser als du, auch wenn du hier lebst.« Mit der Zeit stumpft man etwas ab, kann damit umgehen und es auch ein bisschen verdrängen. Am Anfang war es schwierig und man stellt sich die Frage, ob man mit diesen Leuten noch befreundet sein kann oder will.

Es kommt nicht vor, dass ich mit jüdischen und arabischen Menschen gleichzeitig etwas unternehme, das sind zwei getrennte Freundeskreise, obwohl in Haifa das Zusammenleben halbwegs funktioniert. Wir haben den Luxus eines Sonderstatus in diesem Fall, denn als Deutsche können wir arabische und jüdische Freundschaften pflegen.

Auch auf politischer Ebene sind die Grenzen in Israel sehr deutlich. Einige meiner Arbeitskolleginnen und Arbeitskollegen stehen voll und ganz hinter der Politik von Ministerpräsident Benjamin Netanjahu, während die meisten der Seniorinnen und Senioren gegen Netanjahu sind und teilweise politisch weit links stehen. Dies kommt auch daher, dass viele der Kibbuzbewegung angehörten und in Teilen den damit verbundenen sozialistischen Ideen nach wie vor anhängen. Auch diejenigen, die sich inzwischen davon abgewandt haben, sind dennoch gegen Netanjahu. Meine arabischen Bekannten wiederum wählen die Vereinigte Liste. Diese politischen Grenzen nehme ich wahr und sie spalten die Gesellschaft. Die Grenzen zwischen der Linken und der Rechten sind sehr deutlich.

▶ **Vereinigte Liste**

Zusammenschluss von vier arabischen Parteien zu einer gemeinsamen Liste im Vorfeld der Wahlen zur Knesset am 17. März 2015. Sie erhielt 10,6 Prozent der Stimmen und wurde damit drittstärkste Kraft.

In Deutschland lassen sich die großen Parteien inhaltlich schwer unterscheiden und die politische Stimmung ist nicht derart emotional aufgeladen wie in Israel. Dies liegt auch daran, dass die Sicherheit Deutschlands nicht auf dem Spiel steht. Deutschland geht es momentan gut, trotz der Krise in Europa. In Israel spielt die Angst um Sicherheit eine große Rolle, mit der man nicht zuletzt auch versucht, die Wählerinnen und Wähler zu mobilisieren, indem existenzielle Ängste geschürt werden.

In Israel habe ich keine Ausgrenzung erfahren. Ganz im Gegenteil. Juden freuen sich immer, wenn ich erzähle, dass ich als Volontär hier bin und fragen mich: »Wie kamst du auf die Idee, nach Israel zu kommen? Israel wird doch auf der ganzen Welt gehasst.« Die zweite Frage ist immer, ob ich Jude bin. Sie freuen sich dann noch mehr, wenn sie erfahren, dass ein Nichtjude herkommt, um hier freiwillig zu arbeiten. Im Endeffekt sind die Reaktionen auf mich positiver, weil ich Nichtjude bin.

Im Altenheim gibt es einige Seniorinnen und Senioren, die Deutsch als Sprache der Täter ablehnen und dementsprechend wenig mit den deutschen Freiwilligen zu tun haben. Das ist eine Grenze, die ich respektiere und nachvollziehen kann. Die meisten sprechen jedoch gern Deutsch und sind Deutschen gegenüber offen. Für viele Israelis, denen ich begegne, bin ich ein bunter Vogel, denn ich habe keine deutsche Biografie im geschichtlichen Sinn. Ich bin Deutscher und in Deutschland aufgewachsen, aber meine Familie ist erst nach dem Zweiten Weltkrieg nach Deutschland emigriert. Wenn ich ihnen sage, dass ich Deutscher bin, dann wundern sie sich natürlich über mein Aussehen und fragen nach. Dann sage ich, dass ich türkische Wurzeln habe. Natürlich wundern sie sich, warum ich dann mit der Aktion Sühnezeichen Friedensdienste diese Arbeit mache, aber die Reaktionen sind umso positiver.

Bis ich nach Israel kam, habe ich noch zu Hause bei meinen Eltern gelebt. In unserer Wohngemeinschaft hier ist jeder für sich selbst verantwortlich. Ich muss mich nicht nur auf meine Arbeit konzentrieren, sondern auch den Haushalt mittragen. Die Wohnung, Wasser, Strom usw. werden von der ASF übernommen und auch mein Busticket bekomme ich bezahlt. Meine Lebensqualität ist nicht gesunken, denn Israel ist sehr westlich geprägt. Allerdings sind die Lebenshaltungskosten hoch und man muss haushalten können. Hier musste ich lernen, selbstständig zu sein. Das war eine Grenze, die ich überwinden musste und auch erfolgreich überwunden habe.

Eine weitere Grenze stelle ich in Bezug auf mein eigenes Wissen fest. Man lernt hier Dinge aus einer ganz neuen Perspektive kennen und beschäftigt sich damit. In Deutschland vergessen wir oft, diese Dialektik anzuwenden und den Nahostkonflikt aus verschiedenen Perspektiven und auch aus dem Blickwinkel der unterschiedlichen Minderheiten zu beleuchten. Man kann nicht sagen: »Araber ist gleich Araber«, zum Beispiel gibt es Drusen (→S. 135), die sich als Muslime fühlen, und einige unterstützen Israel und dienen in der israelischen Armee, während andere Assad in Syrien unterstützen. Daran merkt man, wie zerrissen und vielschichtig die israelische Gesellschaft ist und dass man nicht von der einen israelischen Gesellschaft oder pauschal von »den Juden« oder von »den Arabern« sprechen kann.

Vor der Ankunft in Israel hatte ich versucht, mir keine Meinung zu bilden, um nicht voreingenommen zu sein. Aber irgendwie denkt man als Deutscher doch immer, Bescheid zu wissen, wenn es um Israel geht. Vor Ort stellte ich fest, dass alles ganz anders ist als erwartet. Die Situation ist vielschichtig und unübersichtlich. Momentan sieht es so aus, als ginge es im gesamten Nahen Osten drunter und drüber, außer in Israel. Es werden Grenzen offensichtlich, von denen wir in Deutschland zuvor nicht gehört haben. Beispielsweise zeigt der »Islamische Staat« deutlich, dass Islam nicht gleich Islam ist und dass wir eigentlich sehr wenig über den Nahen Osten wissen.

▶ **Islamischer Staat**

Der »Islamische Staat« (IS) ist eine sunnitische Terrororganisation, die zurzeit größere Gebiete im Irak und in Syrien und kleinere in Libyen kontrolliert. Mit der Ausrufung eines Kalifats erhebt er Anspruch auf die weltweite Führung der Muslime. Die Dschihadisten gehen mit äußerster Grausamkeit gegen Kriegsgefangene, Geiseln, Andersgläubige und vermeintlich oder tatsächlich Abtrünnige vor. Sie brandschatzen und morden mit unermesslicher Brutalität.
Nach Informationen des US-Instituts Terrorism Research and Analysis Consortium ist der IS jedoch keine reine Kampftruppe, sondern er versucht, in den von ihm eroberten Gebieten Regierungsmacht zu etablieren: »Die Islamisten bemühen sich, ein System aufzubauen, das die Bevölkerung mit dem Nötigsten versorgt wie Benzin und Lebensmittel. Und sie stellen Regionalregierungen auf, Bürgermeister, Gouverneure. [...] Die Dschihadisten bezahlen Gehälter, liefern Wasser, Strom und Gas, regeln den Verkehr, unterhalten Schulen, Universitäten, Moscheen, Banken und Bäckereien. Es sind diese geordneten Strukturen, die den IS von den meisten der anderen, nur lose organisierten aufständischen Gruppen unterscheidet und die seine Stärke ausmachen.« (Alfred Hackensberger in: www.welt.de/politik/ausland/article132433112/Das-Organigramm-des-Terrorkalifats.html; Zugriff: 16. Oktober 2015)
Weiterführende Informationen: www.bpb.de/politik/extremismus/islamismus/202373/der-islamische-staat-interne-struktur-und-strategie?p=all

In Israel höre ich äußerst genau auf das, was die Menschen sagen, und auch, wie sie es sagen. Oft kann man die Position von jemandem heraushören, auch wenn er sie nicht offensichtlich preisgibt. Ich habe auch gelernt, sensibler zu sein, die feinen Trennungslinien innerhalb von Minderheiten wahrzunehmen und auch zu sehen, wie sie miteinander umgehen. Das ist auch eine kulturelle Bereicherung für mich.

In Deutschland gibt es immer noch viele soziale Grenzen. Zum Beispiel ist es für Arbeiterkinder oder Kinder mit Migrationshintergrund nach wie vor schwieriger, ein Gymnasium zu besuchen. Das habe ich selbst erfahren, denn eigentlich sollte ich die Hauptschule besuchen, da meine Noten in der Grundschule nicht für das Gymnasium ausreichten. Meine Mutter wollte, dass ich die Aufnahmeprüfung für die Realschule mache, aber ich habe beschlossen, dass ich die Prüfung fürs Gymnasium ablegen möchte. Dann habe ich mich die ganzen Sommerferien in meinem Zimmer verschanzt und von morgens bis abends gelernt. Meine Eltern haben mir immer ermöglicht, Nachhilfe in Anspruch zu nehmen, weil sie mir selbst nicht beim Lernen helfen konnten. Als ich die Aufnahmeprüfung geschafft habe, war ich sehr glücklich, das Gymnasium besuchen zu dürfen.

Die Anfangszeit war allerdings schwierig. Meine Mitschülerinnen und Mitschüler kamen aus besseren Verhältnissen und ihre Eltern konnten ihnen beim Lernen helfen. Da habe ich eine Grenze gespürt. Zusätzlich gab es bis zur achten Klasse eine Klasse nur für Kinder mit Migrationshintergrund. Wir waren 31 Kinder, vier davon waren Deutsche ohne Migrationshintergrund. Das hatte zur Folge, dass keiner richtig Deutsch lernte. Meine Mutter beschwerte sich oft beim Schulleiter. Seine Antwort lautete, dass es für den Religionsunterricht bequemer sei, wenn die Kinder nicht den Klassenraum wechseln müssten, denn wir hatten alle Ethikunterricht. Später kam eine zweite Fremdsprache dazu und wir wurden wieder anders verteilt.

In der neuen Klasse war ich komplett integriert, doch die deutlich spürbaren sozialen Grenzen habe ich nicht vergessen, auch nicht, als ich schon Schulsprecher war. Als für die neuen fünften Klassen diskutiert wurde, wieder eine solche Ethikklasse einzurichten, bin ich vor der gesamten Elternversammlung und dem Direktor aufgestanden und habe mich dagegen ausgesprochen.

6. Bezug zu deutsch-jüdischer Geschichte und Wahrnehmung deutsch-israelischer Beziehungen

Die deutsch-jüdische Geschichte interessiert mich in vielerlei Hinsicht. Bereits in der Schule habe ich nach dem Unterricht an einem freiwilligen Projekt zu jüdischem Leben in Augsburg vom Wiener Kongress bis zum Ersten Weltkrieg teilgenommen. Wir recherchierten, wie viele Juden in Augsburg lebten, was sie arbeiteten, welche Vereine sie hatten, wo sie wohnten etc. Ich fand es interessant, mich mit diesem Thema auseinanderzusetzen und Recherchen zu betreiben, die normalerweise nur Studierende machen. Am Ende hatten wir die genauen Adressen, an denen jüdische Menschen damals lebten. Wir sind auch dort hingefahren, haben uns die Häuser angesehen und geschaut, wer dort heute lebt.

Meine erste Begegnung mit dem Thema Schoah hatte ich im Alter von sieben Jahren, als wir umgezogen sind. Bei Renovierungsarbeiten kam hinter einem riesigen Kachelofen eine bronzene Büste von Hitler zum Vorschein. Das war das erste Mal, dass ich bewusst mit Hitler konfrontiert wurde. In der Grundschule nahmen wir gerade oberflächlich deutsche Geschichte durch und ich wollte diese Büste als Überbleibsel und Geschichtsobjekt der Klasse zeigen. Meine Lehrerin sah die Büste und war schockiert. Sie sagte mir: »Das ist ein ganz böser Mann.« Ich hatte daraufhin Gewissensbisse, dass ich die Büste mitgenommen hatte. Mein Vater warf sie in den Müll, weil er sie nicht im Haus haben wollte.

Wir leben nicht weit von Dachau entfernt. Dort war ich nicht nur mit der Schule, sondern auch mit meiner Familie, weil wir uns die KZ-Gedenkstätte selbst anschauen wollten. Meine Familie unterscheidet sich von anderen Familien, wo der Opa oder Uropa in der SS war. In meiner Familie gab es keine Täter, vielleicht ist es daher leichter für uns, damit umzugehen. Die Schoah ist in ihrem Ausmaß einmalig und nicht vergleichbar, aber es gab 1915 einen Völkermord an den Armeniern in der Türkei und das ist uns bewusst. Ein Verwandter von uns hatte damals in der Türkei einen Armenier versteckt und vor der Ermordung gerettet. Wir gehören ebenfalls einer unterdrückten Minderheit an und sind daher sehr sensibel für diese Thematik.

Es liegt nicht nur in der Verantwortung der Deutschen, sich mit dem Thema Verfolgung und Genozid auseinanderzusetzen. Das müssten alle Nationen weltweit tun. Ein Völkermord darf nicht nur in Deutschland, sondern weltweit nie wieder zugelassen werden.

▶ Völkermord an den Armeniern

Bereits im letzten Drittel des 19. Jahrhunderts kam es im Osmanischen Reich zu gewaltsamen Spannungen zwischen den muslimischen Türken und den christlichen Armeniern. Nachdem 1894/96 und 1909 rund 200 000 Armenier in Pogromen ermordet worden waren, erzwangen die Großmächte unter Führung Russlands schließlich ein Reformprogramm, das den Armeniern eine begrenzte Autonomie im Osten des Osmanischen Reiches gewähren sollte. Der Erste Weltkrieg stoppte diese Pläne und führte dann zur entscheidenden Radikalisierung der türkischen Armenierpolitik. Sie wurde bestimmt von den Jungtürken, einer nationalistisch-reformistischen Gruppierung, die zwischen 1908 und 1918 die führende politische Kraft im Osmanischen Staat war. Das nationalistische Motiv, die Vorherrschaft der Türken in dem osmanischen Vielvölkerstaat mit allen Mitteln durchzusetzen, verband sich mit der aus der Kriegssituation geborenen Auffassung, dass die an der Grenze zu Russland siedelnden Armenier ein Sicherheitsrisiko seien. Dies war insofern nicht ganz falsch, als diese nach mehr Autonomie strebten, im Zuge der türkisch-russischen Grenzkämpfe 1914/15 in der Tat mit dem Zarenreich sympathisierten und in wenigen Fällen auch die Truppen des Zaren unterstützt hatten. In Konstantinopel (das heutige Istanbul) wurden bereits kurz nach dem Eintritt des Osmanischen Reiches in den Ersten Weltkrieg am 5. November 1914 die armenischen Staatsbediensteten entlassen. Nachdem die türkischen Offensiven unter hohen Verlusten abgewehrt waren und russische Einheiten ihrerseits in den äußersten Osten des Osmanischen Reiches vordrangen, rebellierten armenische Deserteure, deren Widerstand brutal niedergeschlagen wurde.

Dies war ein willkommener Vorwand, um die in der jungtürkischen Führung lange Zeit vorgedachte ethnische Säuberung Ostanatoliens umzusetzen. In der Nacht vom 24./25. April 1915 begann eine Verhaftungswelle, die zunächst armenische Intellektuelle in Konstantinopel betraf. Einen Monat später wurde die Deportation der Armenier aus ihren seit Jahrhunderten angestammten Siedlungsgebieten in die syrische Wüste angeordnet. Hunderttausende starben entweder auf den Märschen oder aber in gezielten Massakern vor Ort, denen vor allem die Männer zum Opfer fielen.

Die Intention Konstantinopels war es, die Armenier zu dezimieren, aber wohl nicht, sie vollständig auszulöschen. Von offizieller türkischer Seite wird der Genozid bis heute bestritten. Die Deportationen werden mit der militärischen Notwendigkeit begründet, eine staatsfeindliche Bevölkerungsgruppe aus dem Frontgebiet zu evakuieren. Die Opferzahl wird mit 150 000 angegeben. Schätzungen westlicher Wissenschaftler gehen von bis zu 1,5 Millionen Toten aus.

(Quelle: www.bpb.de/izpb/183872/voelkermord?p=1, geringfügig modifiziert und gekürzt)

Es ist auch beschämend, zu sehen, dass die Türkei den Völkermord an den Armeniern von Regierungsseite bis heute größtenteils leugnet. Als Deutscher mit türkischen Wurzeln sehe ich, dass da noch eine Menge Arbeit getan werden muss.

Für mich bedeutet die Schoah Verantwortung zur Auseinandersetzung mit der Geschichte, Sensibilität bezüglich dieser gesamten Thematik und Pflicht zur Aufklärung und Bildung. Nach diesem Freiwilligenjahr in Israel spüre ich dies noch deutlicher. Meine Seniorinnen und Senioren sind der Meinung, dass wir in der dritten und vierten Generation nicht mehr schuldig sind. Schuldgefühle in diesem Sinn habe ich auch nicht, aber da ich Deutscher bin und mich zu einem großen Teil mit Deutschland identifiziere, ist es auch mein kulturell historischer Background und ich muss mich mit der deutschen Geschichte auseinandersetzen.

Einer der Seniorinnen, die ich betreue, wurde letzte Woche vom deutschen Botschafter in Israel das Bundesverdienstkreuz für ihr Lebenswerk verliehen. Sie setzt sich für deutsch-israelische Beziehungen und Versöhnung ein. Unter anderem trifft sie deutsche Jugendliche und erzählt ihre Geschichte als Holocaustüberlebende. Das war ein sehr bewegender Moment für mich und ich habe es als große Ehre empfunden, dass ich als einer der wenigen geladenen Gäste teilnehmen durfte.

Der Botschafter sprach in seiner Rede auch über das 50-jährige Jubiläum der diplomatischen Beziehungen zwischen Deutschland und Israel, das 2015 begangen wird. Mir sind diese Beziehungen sehr wichtig, noch mehr als vor meinem Aufenthalt in Israel.

Auf diplomatischer Ebene empfinde ich die deutsch-israelischen Beziehungen als sehr gut. Beispielsweise betont die Bundesregierung immerzu uneingeschränkte Solidarität mit Israel.

Auf der gesellschaftlichen Ebene sehe ich noch viel Verbesserungspotenzial in der deutsch-israelischen Verständigung. Israel kennen die meisten Deutschen nur im Zusammenhang mit dem Nahostkonflikt und denken, alles zu wissen und Experte zu sein. Dabei kratzen sie immer nur an der Oberfläche, statt hierherzukommen und sich das Land mit eigenen Augen anzuschauen.

Ich hatte versucht, im Nahostkonflikt keine Position zu beziehen, sondern wollte mir vor Ort ein Bild machen. Vor meiner Abreise habe ich Dr. Münker von der Deutsch-Israelischen Gesellschaft kennengelernt, der mir seine Eindrücke von Israel schilderte und die israelische Gesellschaft beschrieb. Dabei merkte ich bereits, dass das in Deutschland verbreitete Israelbild unvollständig ist. Wir lernen in der Schule über den Nahostkonflikt, aber das Wesentliche wird ausgelassen. Aspekte, die mit dem Krieg nichts zu tun haben, werden in Deutschland nicht vermittelt und so kommen Urteile zustande, die nicht dialektisch hinterfragt werden. Die deutschen Schulen müssten im Unterricht mehr Hintergrundwissen über Israel lehren, denn Israel ist nicht der Nahostkonflikt. Das Land ist vielschichtiger und komplizierter, auch der Konflikt. Man kann nicht sagen, dass die Friedensverhandlungen zwischen Israelis und Palästinensern nur am Siedlungsbau, Jerusalem oder an Gaza scheitern. Dies sind wichtige Faktoren, aber nicht die einzigen. Hierzu muss in Deutschland mehr Aufklärung betrieben werden.

Meinen Freiwilligendienst sehe ich als einen persönlichen Beitrag zur deutsch-israelischen Verständigung. Wenn ich nach Deutschland zurückkehre, habe ich die Pflicht, das differenzierte Israelbild, das ich gewonnen habe, auch an andere zu vermitteln. Dies ist mir sehr wichtig.

Die türkisch-israelischen diplomatischen Beziehungen stecken in einer tiefen Krise. Der türkische Präsident Erdoğan zieht den Nahostkonflikt sehr populistisch auf und nutzt ihn für sich. Er sympathisiert mit der Hamas und sagt: »Unsere muslimischen Brüder werden in Gaza abgeschlachtet.« Er hetzt gegen Israel und auch gegen Juden. Das ist eine gefährliche Entwicklung in der Türkei. Zudem wird immer propagiert, dass die Hamas das Opfer ist und die Juden an allem schuld sind, was natürlich falsch ist.

Dass viele Türkischstämmige in Deutschland bei Demonstrationen gegen den Krieg in Gaza lauthals »Kindermörder Israel« geschrien haben, war für mich erschreckend. Sie sehen nur, dass ihre Glaubensbrüder in Gaza bombardiert werden. Natürlich ist es normal, Empathie zu empfinden, wenn Kinder sterben, aber der pauschalen antiisraelischen und der antisemitischen Stimmung muss man etwas entgegensetzen. Indem ich mit meinen türkischen Wurzeln nach Israel gekommen bin, kann ich eine Brücke bauen, kann eingreifen und sagen: »Stopp, so ist es in Israel nicht.«

Die israelische Gesellschaft ist wiederum kritisch gegenüber Deutschland. Viele Israelis haben das Gefühl, von vornherein als die Bösen abgestempelt zu werden und fühlen sich ungerecht behandelt. Dies hat nach dem letzten Krieg 2014 noch erheblich zugenommen, auch wenn die israelische Armee Zivilisten in Gaza nicht vorsätzlich tötet, ist dies das Bild, das in vielen Medien verbreitet wird. Israelis sind sich diesem Stimmungsbild in den internationalen Medien bewusst und bekommen auch den wachsenden Antisemitismus mit, die Terroranschläge in Paris oder brennende Asylbewerberheime in Deutschland. Dies ist das Bild, das sich Israelis von Europa machen. Sie sehen brennende Asylheime, aber nicht die Gegendemonstrationen besorgter Bürgerinnen und Bürger.

Arabische Israelis freuen sich über israelkritische Stimmen aus Europa und über antiisraelische Proteste im Ausland.

Ich kann es nachvollziehen, dass viele Israelis es hier einfach satthaben. Viele wundern sich, wenn ich ihnen erzähle, dass ich Politik studieren will. Meine israelischen Bekannten wollen sich nicht mehr mit Politik auseinandersetzen. Seit Jahrzehnten leiden sie unter dem Konflikt und jeder ist irgendwie davon betroffen, entweder, weil sie ein Familienmitglied verloren haben, oder durch den dreijährigen Militärdienst.

Hinzu kommen die enorm hohen Lebenshaltungskosten. Da ist es verständlich, wenn junge Israelis ins Ausland wollen. Eine Metropole wie Berlin, wo das Zusammenleben funktioniert und die sehr offen ist, übt natürlich eine gewisse Anziehungskraft aus. Das gilt für arabische und jüdische Israelis gleichermaßen. Von meinem Empfinden her verbinden nur wenige Israelis in meinem Alter Deutschland mit Nationalsozialismus oder Antisemitismus.

Meine Seniorinnen und Senioren sehen die Auswanderung junger Israelis kritisch. Sie sind überwiegend noch zur britischen Mandatszeit eingewandert, haben das Land unter schweren physischen und psychischen Strapazen aufgebaut und für die Unabhängigkeit Israels gekämpft. Dass die Jugend nun weg möchte, ausgerechnet nach Berlin, ist für sie unverständlich.

7. Heimat / Zuhause

Mein Zuhause ist in erster Linie in Augsburg, wo ich geboren und aufgewachsen bin und wo meine Familie ist. Es ist für mich ein Gefühl der Geborgenheit. Auch hier in Haifa fühle ich mich mittlerweile zu Hause.

Meine Heimat ist nicht nur Deutschland, sondern auch die Türkei. Das liegt daran, dass ich viele Familienangehörige in der Türkei habe, mit denen ich in engem Kontakt stehe. Dadurch bekomme ich politisch und kulturell einiges aus der Türkei mit. Ich merke das auch beim Zeitungslesen, weil ich mir speziell Artikel zur Türkei und auch zu Deutschland durchlese. Andere Länder lasse ich eher außen vor.

Bis zu meinem 16. Lebensjahr hatte ich die türkische Staatsbürgerschaft und habe mich dann für die deutsche entschieden, weil man damals keine doppelte Staatsangehörigkeit haben durfte. Inzwischen hat sich die Gesetzgebung geändert. Nach meiner Rückkehr nach Deutschland möchte ich zusätzlich wieder die türkische Staatsbürgerschaft beantragen.

Dieses Interview führte Michaela Bechtel.

Shai Ben Ami

»Bayern ist wie Israel«

Geburtsjahr:	1984
Geburtsort:	Jerusalem
aufgewachsen in:	Jerusalem
in Deutschland:	von September 2012 bis September 2014
lebt derzeit in:	Jerusalem
Studium:	Soziologie und Anthropologie (B. A.) American and European Studies (M. A.)
Beruf:	Leiter für Bildungsprojekte im Biblischen Zoo Jerusalem

1. Die Geschichte meiner Familie

Meine Großeltern väterlicher- und mütterlicherseits stammen aus Marokko. Die Familie meines Vaters kommt ursprünglich aus der Bergregion Marokkos. Sie immigrierten 1948 mit dem Schiff in Israel. Nach der Ankunft in Jerusalem wurden sie in das arabische Dorf Ein Kerem umgesiedelt, das nach 1948 leer stand. Mein Großvater kämpfte im israelischen Unabhängigkeitskrieg. Meine Großeltern hatten zehn Kinder. Da meine Oma 1969 starb, musste ihr Mann die Kinder allein großziehen.

Die Familie meiner Mutter stammt aus Casablanca. Nachdem die Franzosen ihr Protektorat in Marokko aufgegeben hatten und kurz davorstanden, das Land zu verlassen, flüchtete die Familie 1960 über Europa nach Israel. Mein Großvater flog in die Schweiz und meine Großmutter mit den drei Kindern nach Frankreich. Wie viele Juden zu dieser Zeit in Marokko hatten sie Angst vor der zukünftigen arabischen Regierung und befürchteten, nach einem Abzug der Franzosen Marokko nicht mehr verlassen zu können.

Meine Eltern wurden beide in Jerusalem geboren. Sie lernten sich 1983 kennen und heirateten. Sie stammen beide aus Familien der Arbeiterklasse, haben die Schule bis zum zwölften Schuljahr besucht, dann aber nicht studiert. Aufgrund ihres Familienhintergrundes war es für sie schwer, einen höheren Bildungsweg einzuschlagen. Mein Vater ist Gasinstallateur und arbeitete viele Jahre für eine große Gasfirma, bis er sich selbstständig machte. Meine Mutter arbeitet seit vielen Jahren mit benachteiligten Jugendlichen und leitet heute ein Wohnheim.

▶ UNO-Teilungsplan 1947 und Unabhängigkeitskrieg 1948/1949

Der UNO-Teilungsplan vom 29. November 1947 sah vor, das britische Mandatsgebiet Palästina in einen jüdischen (14 000 km^2) und einen palästinensisch-arabischen Staat (11 000 km^2) zu teilen. Jerusalem sollte einen internationalen Sonderstatus erhalten und von den Vereinten Nationen verwaltet werden. Während die Vertreter der jüdischen Nationalbewegung den Teilungsbeschluss anerkannten, lehnten die arabischen Staaten, seit 1945 in der Arabischen Liga zusammengefasst, ihn vehement ab. Bereits unmittelbar nach dem UN-Teilungsbeschluss kam es zu Gefechten zwischen jüdischen und arabischen Militäreinheiten. Nicht zuletzt vor dem Hintergrund der Drohung der arabischen Staaten, im Fall der Verwirklichung eines jüdischen Staates militärisch gegen diesen vorzugehen, versuchte die zionistische militärische Organisation Haganah ab April 1948, alle dem jüdischen Staat zugedachten Gebiete, jedoch auch jüdische Siedlungen jenseits der UN-Grenzziehungslinie sowie die Verbindungswege zwischen den jüdischen Siedlungsgebieten und den freien Zugang nach Jerusalem zu sichern. Am 14. Mai lief das britische Mandat über Palästina aus und David Ben-Gurion, der spätere erste Ministerpräsident, proklamierte den unabhängigen Staat Israel. In der Nacht vom 14. auf den 15. Mai griffen die Armeen Ägyptens, Transjordaniens, Syriens, Iraks und Libanons den jungen jüdischen Staat an. Der Krieg endete im Januar 1949 mit einem – überraschenden – Sieg Israels. In der Folgezeit vermittelten die Vereinten Nationen Waffenstillstandsverträge zwischen Israel und den arabischen Staaten. Israel hatte im Unabhängigkeitskrieg sein Staatsgebiet um 6 700 km^2 erweitert, Transjordanien, das sich fortan Jordanien nannte, hatte das im UN-Teilungsplan den Palästinensern zugesprochene Westjordanland (einschließlich Ostjerusalem) annektiert, der Gazastreifen kam unter ägyptische Kontrolle. Bis Oktober 1948 hatte das Hilfswerk der Vereinten Nationen für Palästina (UNRWA) mehr als 650 000 Flüchtlinge registriert. Galten zunächst diejenigen Personen, »deren normaler Wohnort das Palästina zwischen Juni 1946 und Mai 1948 war [und] die sowohl ihre Häuser als auch ihren Lebenserwerb als Folge des arabisch-israelischen Konflikts von 1948 verloren [haben]«, als Flüchtlinge, so hat die UNRWA bis heute zwei folgenschwere Erweiterungen der Flüchtlingsdefinition vorgenommen. Zum einen werden – entgegen der sonst üblichen Praxis – auch Menschen, die Staatsbürger arabischer Staaten wurden, als Flüchtlinge betrachtet. Zum anderen wurde 1965 der Flüchtlingsstatus auf die männlichen Nachkommen der zwischen 1946 und 1948 Geflohenen ausgeweitet, sodass der Flüchtlingsstatus immer wieder neu auf die nachfolgende Generation vererbt wird. So ist es zu erklären, dass heute allein fünf Millionen Menschen berechtigt sind, Hilfen der UNRWA in Anspruch zu nehmen.

2. Meine Biografie

Ich bin 1984 in Jerusalem geboren und dort aufgewachsen; ich habe zwei jüngere Geschwister. Mein Bruder ist 1987 geboren und meine Schwester 1992. Da ich von Kindesbeinen an schon sehr tierlieb gewesen bin, begann ich im Alter von 13 Jahren, im Jerusalemer Biblischen Zoo zu arbeiten.

> ▶ **Biblischer Zoo in Jerusalem**
>
> 1940 gründete Aharon Shulov, Professor der Zoologie an der Hebräischen Universität Jerusalem auf dem Skopusberg einen Zoo, der alle im Alten Testament erwähnten Tiere versammeln sollte. Nach mehreren Umzügen ist der Zoo heute im Malha-Tal, am Fuß der Stadt, beheimatet. Bereits 1940 waren zahlreiche der in der Bibel erwähnten Tiere ausgestorben. Deren Anzahl ist bis heute gestiegen, weitere sind vom Aussterben bedroht. Deshalb ist heute das oberste Ziel des Zoos der Artenschutz.
> Homepage: www.jerusalemzoo.org.il/len/apage/11017.php

Im Alter von 18 Jahren habe ich mich meinen Eltern gegenüber geoutet. Anfangs hatten sie ein Problem damit, meine Homosexualität zu akzeptieren, und baten mich, nicht zu vielen Leuten davon zu erzählen. Im Lauf der Jahre haben sie ihre Meinung geändert und inzwischen weiß die gesamte Großfamilie davon. Alle akzeptieren mich so, wie ich bin.

Nach dem Abitur absolvierte ich von 2003 bis 2006 meinen in Israel üblichen Militärdienst in einer Kampfeinheit. Die Tatsache, dass meine Familie über meine Homosexualität schon Bescheid wusste, stärkte mir den Rücken, dazu auch in der Armee zu stehen. Obwohl ich nie Kampfsoldat werden wollte, wurde ich aufgrund meiner physischen Eignung einer Kampfeinheit zugeteilt. Meine diesbezügliche Meinung habe ich inzwischen geändert, denn durch diesen Militärdienst habe ich viel über mich selbst gelernt. Diese Zeit hat meine Persönlichkeitsentwicklung stark geprägt. Den Militärdienst in einer Kampfeinheit sehe ich als wichtigen Teil meiner Biografie.

Nach der Armee wollte ich Zoologe werden und begann in Rehovot ein Studium der Tierwissenschaften. Mit dieser Wahl war ich nicht glücklich und so brach ich das Studium nach zwei Jahren wieder ab und zog nach Jerusalem zurück. Dort studierte ich an der Hebräischen Universität Soziologie und Anthropologie und war von 2010 bis 2012 der Leiter der Jugendabteilung der Universität. Parallel arbeitete ich als Führer und Wärter im Zoo.

2011 lernte ich meinen damaligen deutschen Freund kennen. Er absolvierte ein freiwilliges soziales Jahr in Israel. An der Universität belegte ich einen Kurs zu jüdischem Leben in Deutschland; dort informierte man uns auch über die Möglichkeit, in Deutschland zu studieren. Da die Studiengebühren dort viel billiger sind als in Israel, bewarb ich mich für ein Masterstudium. Obwohl die Beziehung zu meinem Freund damals in die Brüche ging, entschied ich mich für das Studium in Regensburg. In Deutschland habe ich meinen jetzigen Freund Fabian kennengelernt. 2014 ist er mit mir zusammen nach Israel gezogen. Seit Kurzem arbeite ich wieder im Biblischen Zoo in Jerusalem.

3. Gründe für den Umzug nach Deutschland und Reaktionen des Umfelds in Israel

2012 bin ich für mein Masterstudium in European and American Studies nach Regensburg gezogen. Als ich Israel verließ, wusste ich nicht, wie lange ich in Deutschland bleiben würde. Ich wollte erst sehen, wie das Leben dort ist, und dann überlegen, ob ich nach dem Masterabschluss ein Doktorat beginne und in Europa bleibe. Vor meinem Umzug dachten die meisten in meinem israelischen Freundeskreis, dass ich in Deutschland bleiben würde.

Ich vermisste meine Familie und das beruhte ganz auf Gegenseitigkeit. »Wir vermissen dich hier wirklich sehr«, sagten sie mir bei unseren häufigen Telefongesprächen. Dies kannte ich von ihnen gar nicht. Meine Großmutter vermisste mich besonders. In Israel besuche ich sie jede Woche.

Anfangs fiel es meinen Eltern, insbesondere meiner Mutter, schwer, meinen Umzug zu akzeptieren. Doch sie verstanden, dass ich mein Studium unbedingt fortsetzen wollte und dass ich dies in Deutschland leichter tun könnte. Meine Eltern wollten immer, dass ihre Kinder eine akademische Ausbildung, die ihnen selbst verwehrt geblieben war, erhalten. Sie befürchteten zwar, dass ich in Deutschland bleiben würde, doch waren sie gleichzeitig stolz, dass ich zu diesem internationalen Masterstudium angenommen worden war.

Meine Familie sowie einige aus meinem Freundeskreis kamen mehrmals nach Deutschland. Ich war überrascht, dass meine Eltern überhaupt kamen, denn ich war mir unsicher, ob mein Vater uns besuchen und mit mir und meinem Partner wohnen würde. Aber er kam und hing uns sogar eine Mesusa – eine Kapsel, die einen Pergamentstreifen mit einem Zitat aus dem 5. Buch Mose enthält – an die Schlafzimmertür, eine wichtige Geste für mich. Ich genoss die Zeit mit meiner Familie und sie waren froh, zu sehen, dass es mir in Regensburg gut geht.

Die Tatsache, dass ich mir Deutschland ausgesucht hatte und nicht ein anderes Land, beunruhigte meine Eltern nicht, nur meine Großmutter, die den Zweiten Weltkrieg in Marokko miterlebt hatte.

Die Sehnsucht nach Israel bewog mich, nach dem Masterabschluss wieder dorthin zurückzukehren.

Mein Freund und ich wollten in einer Großstadt leben, also zogen wir gemeinsam nach Tel Aviv. Jetzt leben wir in Jerusalem. Die nächsten Jahre wollen wir in Israel bleiben.

4. Leben und Alltag in Deutschland

In Deutschland musste ich mir erst ein neues Leben aufbauen.

Ich habe in einer eher traditionellen Gegend von Deutschland gewohnt. Bayern ist wie Israel. Die Familien sind größer, es ist religiöser. Manchmal sah ich mehr Parallelen zwischen den Bayern und mir als zu anderen Deutschen.

Am zweiten Tag meines Aufenthaltes in Deutschland habe ich meinen jetzigen Freund Fabian kennengelernt. Zunächst lebten wir in einem Studentenwohnheim, im zweiten Jahr sind wir in eine Wohnung in der Regensburger Altstadt gezogen.

Die Lebensqualität in Deutschland war anders. In Israel hatte ich einen Job, eine große Familie und viele Freude. Insbesondere zu Beginn meines Aufenthaltes hatte ich manchmal niemanden zum Ausgehen. Ich hatte keine Familie, die ich am Schabbat besuchen konnte. Weil ich es mir nicht öfter leisten konnte, besuchte ich Israel in diesen beiden Jahren nur fünfmal. Ich verpasste die Hochzeit meines Freundes und meines Cousins, weil es zu teuer war. In Deutschland hatte ich weniger Geld zur Verfügung als in Israel. In Jerusalem hatte ich meine eigene Wohnung, ein Auto und habe eigenes Geld verdient. In Regensburg lebte ich zunächst im Wohnheim, hatte kein Auto und habe kein Geld verdient. Ich hatte eine Arbeitsgenehmigung, aber es war schwierig, einen Job zu finden, bei dem man nicht Deutsch sprechen musste, aber der meinen Fähigkeiten entsprach. Es gab an der Universität englischsprachige Jobs, aber die wurden an Muttersprachler vergeben.

Das Leben in Deutschland war recht einfach. Ich hatte ein Stipendium von der Universität und erhielt 400–500 Euro pro Monat. Mein Partner arbeitete neben seinem Studium und von meinen Eltern bekam ich monatlich 200–300 Euro. Dadurch konnten wir uns ein schönes Leben im Regensburger Stadtzentrum leisten. Wir sind viel ausgegangen und sind auch gereist. Wir haben andere Teile Deutschlands besucht, waren in Österreich. Wir hatten ein schönes Leben.

Zu Freundinnen und Freunden sowie zur Familie in Israel habe ich über Facebook und Skype Kontakt gehalten. Manchmal fühlte es sich so an, als würde ich in zwei Welten leben. Ich hatte mein deutsches Umfeld in Regensburg und gleichzeitig meine Familie und Freunde in Israel, mit denen ich in engem Kontakt blieb. Durch das Internet hat man heute die Möglichkeit, viel mehr am Leben anderer teilzunehmen. Dennoch war es schwer für mich, weil ich nicht physisch bei meiner Familie sein konnte.

Meine Beziehung zu Fabians Familie ist hervorragend. Sie fühlen sich in meiner Gegenwart sehr wohl, insbesondere seine Mutter und Großmutter. Sein Onkel ist da vielleicht eine Ausnahme. Er ist Israel gegenüber sehr kritisch eingestellt und nach unseren Diskussionen habe ich manchmal das Gefühl, dass er mich ablehnt.

Dass ich meinen Masterabschluss in einem anderen Land geschafft habe, macht mich stolz und ich hoffe, dass es jetzt in Israel ein Vorteil bei der Arbeitssuche ist.

Allgemein erwarte ich, dass mein Auslandsaufenthalt in Deutschland ein Plus bei Bewerbungsgesprächen und auch im Arbeitsleben sein wird.

5. Grenzerfahrungen und Überwinden von Grenzen

Als Israeli stellen sich mir überall geografische Grenzen. Ich lebe in Jerusalem, wo es bestimmte Gegenden gibt, in die man als Jude nicht gehen sollte. Dies sind unsichtbare Grenzen, die ich nicht übertrete. Als ich aufwuchs, in den 1990er-Jahren, gab es einige Stadtteile, in denen man erstochen werden konnte. Das habe ich heute noch im Hinterkopf und meide diese Bereiche. Touristen, die nichts davon wissen, können sich frei und unbefangen bewegen.

Einheimische kennen die Grenzen innerhalb ihrer Stadt und wissen, welche Gegenden man meiden sollte. Sogar in Regensburg gab es Nachbarschaften, in die niemand von der Universität gehen würde. Es dauerte, bis ich das verstand. Diese unsichtbaren Grenzen nimmt man als Fremder nicht sofort wahr.

Die Grenzen zu unseren arabischen Nachbarstaaten Syrien und dem Libanon können wir nicht überqueren. Auch wenn es Grenzübergänge gibt wie nach Ägypten, weiß ich nicht, wie unbefangen Israelis dort reisen.

Im heutigen Deutschland kann man sich frei bewegen, sich ins Auto oder in den Zug setzen und ins Nachbarland fahren.

Bayern merken gleich, wenn jemand nicht aus der Region kommt, und sie denken stark in regionalen und nicht in nationalen Kategorien. Anstatt stolz auf ihr Land zu sein, sind sie stolz auf ihren Freistaat. Sie unterscheiden sehr stark zwischen Deutschland und Bayern; ich hatte auch den Eindruck, dass Bayern nicht mit der Schoah in Verbindung gebracht wird.

Für mich war es eine sehr interessante Erfahrung, zu sehen, dass Deutsche nicht stolz auf ihr Land sind. Das ist eine Grenze, die ich nicht habe. Ich bin stolz darauf, Israeli zu sein, aber die Leute, die ich in Deutschland getroffen habe, hatten diese Freiheit nicht. Stattdessen waren sie stolz auf das bayerische Kulturgut.

In Deutschland gibt es viele zwischenmenschliche Grenzen, selbst in der Familie. Mein Partner war erstaunt, als er sah, wie es in meiner Familie ist. Wir besuchen uns unangemeldet, wann immer wir möchten. Wir gehen zu meinem Onkel ohne Einladung, sogar ohne uns vorher anzukündigen. In Deutschland ist dies ganz anders. Auch zu Menschen, die ich gut kannte, spürte ich eine gewisse Distanz. Freundschaften zu Deutschen zu schließen, war nicht einfach. Meine besten Freundinnen in Regensburg waren eine Afroamerikanerin, eine Mazedonierin und eine Koreanerin. Ich hatte auch gute deutsche Freundinnen und Freunde, aber zwischen ihnen und mir fühlte ich immer eine Grenze.

Ich war nicht sonderlich gut integriert und blieb immer der Ausländer, auch wenn sich die deutsche Gesellschaft nach außen bemüht zeigt, Migrantinnen und Migranten zu integrieren. Vermutlich ist das auch in anderen Ländern und Kulturen nicht anders. Es ist mein Eindruck, dass Deutsche aufgrund der Geschichte große Angst davor haben, als ausländerfeindlich bezeichnet zu werden. Daher sind sie manchmal auch überfreundlich zu ausländischen Menschen.

In Regensburg war es offensichtlich, dass ich Ausländer bin. Sogar an meinem Verhalten und meinem Tonfall merkte man, dass ich kein Deutscher bin. Ich erinnere mich noch, dass mir mal jemand sagte, ich solle leiser sprechen, dabei sprach ich ganz normal, wie immer.

Ich fühlte mich als Ausländer und mir fehlte die Handlungssicherheit, die ich in Israel habe. Als Tourist fällt es einem leicht, sich in einem fremden Land zu bewegen, weil man dort nicht lebt und wieder in sein eigenes Land zurückkehren kann. Wenn man dort lebt, ist es anders. Sogar in der jüdischen Gemeinde Regensburg war ich ein Außenseiter, weil ich nicht Deutsch oder Russisch sprach.

Ich habe jeden Sonntag in der jüdischen Gemeinde München als Leiter einer Jugendgruppe gearbeitet. Aber auch dort fiel ich auf. Die meisten waren jüdische Einwanderer aus Russland. Sprache ist eine Hürde, besonders in diesem Bereich. Auch wenn ich Deutsch gesprochen hätte, wäre ich in Bayern immer noch ein Außenseiter gewesen, weil ich den regionalen Dialekt nicht beherrsche.

Insbesondere in bayerischen Kleinstädten ist es schwer, wenn man kein Einheimischer ist und zudem die Sprache nicht spricht – man ist von vornherein Außenseiter. Wahrscheinlich ist es in München, Köln oder Berlin besser, weil das Großstädte sind, in denen viele Menschen aus aller Welt wohnen. Regensburg hat zahlreiche ausländische Studierende, aber es ist keine internationale Stadt wie Berlin oder München.

Die kulturellen Codes sind selbst innerhalb Deutschlands unterschiedlich, doch kann man sich leichter zurechtfinden, wenn man Deutscher ist. Beispielsweise gab es an meiner Universität ein Einschreibeverfahren für Kurse, das alle deutschen Studierenden verstanden, auch wenn sie von anderen Universitäten kamen. Die einzigen Studierenden, die es nicht verstanden, waren meine afroamerikanische Freundin und ich.

In Israel empfinde ich politische Grenzen als viel klarer als in Deutschland. Linke und rechte Parteien lassen sich insbesondere durch ihre sicherheitspolitische Agenda unterscheiden. In Deutschland dominieren sozialpolitische Themen die Politik viel stärker und dort sind die Unterschiede innerhalb der Parteienlandschaft für mich nicht so deutlich wie in Israel.

Sich an einer deutschen Universität dem politisch rechten Spektrum zuzuordnen, ist eine Art Sünde. Bayern ist politisch rechts eingestellt, aber die große Mehrheit der Studierenden meiner Universität wählte SPD, die Grünen oder die Linke. Dort waren die politischen Grenzen deutlich.

Es war für mich interessant, die religiösen Grenzen in Deutschland zu beobachten, insbesondere zwischen Katholizismus und Protestantismus. Als Beobachter von außen denkt man sich: »Ihr seid alle Christen, wo liegt das Problem?« Aber wenn man dort lebt, dann fallen einem diese Unterscheidungen auf, die zwischen Christen gemacht werden.
Für Juden in Deutschland sind die Grenzen sehr spürbar. Wenn man freitags in die Synagoge geht, dann steht ein Polizeiauto davor. Selbst wenn man den Holocaust ausklammern möchte, so wird man zwangsweise daran erinnert. Weil ich Jude bin, muss ich mich auch 70 Jahre nach der Schoah in Deutschland noch unsicher fühlen. Heute sind weniger die Neonazis eine Bedrohung, sondern muslimische Einwanderer. Ich muss meine Kippa verstecken, weil ich auf der Straße nicht als Jude erkannt werden möchte. Ich empfand die Bewachung der Synagogen in Deutschland als massiver als in Israel.

Sprache erwies sich für mich als Barriere, meine beschränkten Deutschkenntnisse standen mir oft im Weg. Dies gilt sowohl für das Privatleben als auch für die Arbeitssuche. Die Familie meines Freundes spricht Bayerisch. Hochdeutsch verstehe ich noch einigermaßen, doch diesen Dialekt verstehe ich gar nicht. Ich hatte mich bei einigen politischen Stiftungen um ein Stipendium beworben, aber mein Deutsch war immer zu schlecht. Ich fand auch keinen Job, für den man keine Deutschkenntnisse benötigte. Die englischsprachigen Jobs an der Uni wurden alle an Muttersprachler vergeben.

Zwischen Deutschland und Israel gibt es kulturelle Unterschiede, die ich in meinem Alltag spürte. Beispielsweise kann man in Israel jeden nach einer Klausur nach der Note fragen. In Deutschland lernte ich, dass man dies nicht tut. Eigentlich dachte ich immer, da Israel Teil der westlichen Welt ist, würde es mir leichtfallen, mich in einer anderen westlichen Kultur zu bewegen – bis ich nach Deutschland kam. Zuerst fielen mir die offensichtlichen Unterschiede auf und mit der Zeit dann auch die versteckten Feinheiten. Die Art, wie man einen Lebenslauf schreibt oder Leute auf der Straße anspricht.

Ich hatte den Eindruck, dass viele deutsche Kommilitoninnen und Kommilitonen in mir den Juden und den Israeli sahen und sie das oft verunsicherte.

Der Nahostkonflikt wird in Deutschland sehr schwarz-weiß und nicht in seiner ganzen Komplexität gesehen. Oft konnte ich mich des Eindrucks nicht erwehren, dass meine Kommilitoninnen und Kommilitonen Meinungen äußern, ohne informiert zu sein. Als Israeli versteht man die Vielschichtigkeit des Konfliktes, auch weil er in viele Alltagsbereiche hineinwirkt. Sie wollen moralisch agieren, doch verstehen sie nicht, dass, auch wenn der Krieg vorbei ist, der Konflikt weitergeht.

Ich hatte den Eindruck, dass die Israelkritik ein automatischer Reflex ist, während die Handlungen der anderen Seite, zum Beispiel Raketenbeschuss auf die israelische Zivilbevölkerung und Bombenanschläge, nicht hinterfragt werden.

Doch möchte ich betonen, dass ich sowohl in Deutschland als auch in Israel die Erfahrung gemacht habe, dass Grenzen überwindbar sein können.

Im Jerusalemer Zoo habe ich mit Christen und Muslimen gearbeitet, das klappte reibungslos, vielleicht, weil im Zoo die Tiere und nicht menschliche Konflikte im Vordergrund stehen. Während meiner Armeezeit auf dem Golan und am Hermon hatte ich drusische Freunde, die ebenfalls in meiner Einheit waren. In Jerusalem hat man ständig Kontakt mit Arabern. Es ist eine gemischte Stadt. Der beste Freund meines Vaters lebt in einem arabischen Dorf, das an unseren Stadtteil grenzt.

> ▶ **Drusen**
>
> Die Drusen sind eine religiös-ethnische Gemeinschaft, die sich im frühen 11. Jahrhundert von den Ismailiten, einer Richtung des schiitischen Islam, abspaltete. Ein strenger Monotheismus und der Glaube an Seelenwanderung sind zentrale Bestandteile ihrer Lehre. Heute leben sie vor allem in Syrien, im Libanon und in Israel.

In Deutschland war mein soziales Umfeld multikulturell, denn mein Studiengang war international ausgerichtet. Insbesondere während meines Jahres im Studentenwohnheim habe ich viele Leute aus aller Welt kennengelernt.

In Israel sind die meisten aus meinem Freundeskreis Israelis, aber ich würde mein Umfeld auch als multikulturell bezeichnen. Ich mag es, mich mit Leuten aus anderen Kulturen zu umgeben. Ich war über CouchSurfing oft Gastgeber für ausländische Besucherinnen und Besucher, dadurch kenne ich Menschen auf der ganzen Welt.

6. Bezug zu deutsch-jüdischer Geschichte und Wahrnehmung deutsch-israelischer Verständigung

Ich interessiere mich für die deutsch-jüdische Geschichte. Regensburg beispielsweise hat eine reiche jüdische Geschichte und auch in anderen Regionen Deutschlands ist das jahrhundertealte jüdische Erbe sichtbar. Ich bin ein Teil des jüdischen Volkes und so fühle ich auch eine Verbindung zu diesen Orten jüdischen Lebens. Dies gilt auch für jüdische Stätten im Irak oder anderswo auf der Welt. Auch wenn ich noch nie dort gewesen bin, so bestürzt es mich als Jude und Teil des jüdischen Kollektivs, wenn sie zerstört werden.

Der Schoah wurde in meiner Familie nur am Gedenktag für die ermordeten Juden thematisiert. Wir sahen uns Filme an, haben aber nie ausführlich darüber gesprochen. Wahrscheinlich, weil wir keine persönliche Verbindung dazu haben. Mein Großvater kämpfte im Zweiten Weltkrieg in Italien und kehrte wieder nach Marokko zurück, weil er verletzt wurde. Meine Großmutter war ein Kind und übersetzte alte Zeitungen für ihre Großmutter, die kein Französisch sprach. Daher kennt sie noch alle Details und Daten. Sie erinnert sich auch noch an das Gefühl, verfolgt zu werden, und die Zählung der Juden in Marokko. Für mich war es immer sehr spannend, mir ihre Geschichten aus dieser Zeit anzuhören.

Mein Vater kämpfte 1982 im Libanonkrieg, bei dem viele seiner Kameraden gefallen sind. Durch diesen persönlichen Zugang war ihm der Gedenktag an die gefallenen Soldaten Israels immer wichtiger als der Holocaustgedenktag.

Als ich den Kurs über das jüdische Leben in Deutschland machte, war der Holocaust natürlich ein Thema und ich fragte mich unweigerlich: »Warum muss ich mir von allen Orten Deutschland aussuchen?« Ich dachte viel darüber nach und meine Antwort war: »Ja, von allen Orten werde ich dorthin gehen. Sie wollten uns auslöschen und jetzt lebe ich hier.« Während meines Aufenthaltes war die historische Konnotation Deutschlands bei mir sehr präsent. Auch meine israelischen Besucherinnen und Besucher fühlten es. Israelis, insbesondere wenn sie zum ersten Mal in Deutschland sind, haben den Holocaust im Hinterkopf. Auch wenn sie Spaß haben, auf Partys gehen und ihren Urlaub genießen, so können sie die Vergangenheit nicht außen vor lassen.

Als ich zum ersten Mal einen Zug in Deutschland nahm, war es ein beklemmendes Gefühl für mich. Ich musste lachen und machte Witze.

Meine deutschen Bekannten waren schockiert, aber sie verstanden, dass dies meine Art war, mit der beklemmenden Situation umzugehen.

Anfangs war die Präsenz des Holocaust besonders schwer für mich, aber auch nach zwei Jahren sah ich noch jeden der Stolpersteine, an denen die meisten Menschen achtlos vorbeigehen. Auf der Maximilianstraße, der Hauptstraße in Regensburg, sah ich jedes Mal unweigerlich das Bild der Juden zur Zeit der Schoah vor mir, die diesen Weg zu den Transporten in die Vernichtungslager nahmen.

Nach eineinhalb Jahren in Deutschland besuchte ich zum ersten Mal das Konzentrationslager Dachau. Die Bahnfahrt von München dorthin dauerte zehn Minuten. Ich war überrascht, wie nahe es an der Stadt lag. Die Umgebung ist grün und alles ist hübsch und ruhig und man sieht nicht, was sich dort ganz in der Nähe zugetragen hat. Es löste ein beklemmendes Gefühl in mir aus.

Meinem Empfinden nach möchte die jüngere Generation der Deutschen das Thema Holocaust vermeiden und sich davon distanzieren. Sie sagen: »Ich lerne darüber, aber ich war nicht persönlich beteiligt.« Als Israeli hatte ich eine größere kollektive Verantwortung erwartet, aber einige junge Deutsche spüren sie einfach nicht. Sie verspüren eine gewisse Scham und verurteilen den Holocaust, aber gleichzeitig versuchen sie, sich von der Nazivergangenheit Deutschlands zu distanzieren. Es ist eine interessante Mischung aus Scham und Distanz.

Die Schoah ist ein tieftraumatisches Ereignis in der Geschichte der Menschheit. Seit meinem Aufenthalt in Deutschland verstehe ich, warum und wie es passieren konnte. Die deutschen Denkweisen blieben unverändert. Die Gesellschaft befasst sich mit verschiedenen Themen, aber einige Denkweisen sind die gleichen seit den Geschichten der Brüder Grimm bis zum Holocaust. »Folge den Regeln« ist eine Vorgabe, die so tief im deutschen Habitus verankert ist, dass sogar die Kindergeschichten sich mit den Konsequenzen von Regelverstößen befassen.

Als ich in Deutschland lebte, sah ich diesen Zusammenhang zwischen den deutschen kulturellen Codes und dem Holocaust.

Deutsch-israelische Beziehungen sind mir sehr wichtig, nicht nur auf politischer Ebene, auch auf wirtschaftlicher und kultureller Ebene und in der Wissenschaft. Israel braucht starke Verbündete in Europa, denn wir haben nicht viele Freunde in der Welt. Die Verbindung zwischen Deutschland und Israel wird aufgrund der Geschichte immer etwas Besonderes sein.

In einigen Jahren werden keine Zeitzeugen der Schoah mehr leben, aber ich hoffe, dass die besondere Verbindung bestehen bleibt.
Deutsch-israelische Beziehungen sind mir auch auf persönlicher Ebene wichtig. Es gibt viele Gemeinsamkeiten zwischen jungen Menschen aus Deutschland und Israel. Beispielsweise mögen wir es, zu reisen. Viele Deutsche, die ich getroffen habe, berichteten mir, dass sie Israelis in Südamerika oder in Indien kennengelernt haben. Diese Liebe zum Reisen verbindet.

Als Student habe ich eine israelische Delegation nach Deutschland initiiert und geleitet. Dabei begriff ich, wie wichtig persönliche Begegnungen und Beziehungen sind. Für die Leute, die ich in Deutschland traf, war ich fast immer der erste Kontakt mit einem Israeli. Die meisten Deutschen haben sich noch nie mit einem Israeli bzw. einer Israelin unterhalten und denken dennoch, alles über Israel zu wissen, insbesondere, weil sie kritische Zeitungen lesen. Wenn sie dann einen Israeli treffen, der ihre Fragen beantwortet und ihnen zeigt, dass nicht alles schwarz und weiß ist, hinterfragen sie ihre eigenen Stereotype. Ich bin ein Schwuler aus Jerusalem mit marokkanischen Wurzeln, der in keine ihrer Schubladen passt.

Mein Freund ist Deutscher und ich bin der Grund, dass er jetzt in Israel lebt. Bald kommen seine Mutter und Großmutter für einen Urlaub her. Das ist auch ein kleiner Beitrag, den ich leisten kann.

Ich versuche, den Leuten andere Seiten und Dinge zu zeigen, die sie niemals in Israel erwarten würden. Persönlich habe ich viele deutsche Zoos besucht und habe den dortigen Angestellten von unserer Arbeit in Israel berichtet – was wir im Bereich Auswilderung und Natur tun und welche Rolle die Zoos in Israel als Treffpunkt spielen. Es ist nur ein kleiner Beitrag, aber er ist mir wichtig.

Für die meisten Israelis steht Deutschland synonym für Berlin. Auch heute fragen mich noch viele Bekannte: »Wie war Berlin?«, sogar meine Familie sagte noch lange »Berlin« statt »Regensburg«, selbst, nachdem sie mich dort besucht hatten. Als ob Deutschland automatisch Berlin ist.

7. Heimat / Zuhause

Meine Heimat und mein Zuhause sind in Israel, genauer gesagt in Jerusalem. Meine Heimat ist israelisch-jüdisch-hebräisch, eher national geprägt. Mein Zuhause ist für mich das Haus meiner Eltern, aber auch das Haus meiner Großeltern in Ein Kerem. Mit meinem Zuhause verbinde ich marokkanisch-jüdische Kultur und orientalisch-israelische Identität.

Fabian Meindl

»Nach Israel hört die Welt auf«

Geburtsjahr:	1988
Geburtsort:	Schwandorf
aufgewachsen in:	Schwandorf und Regensburg
in Israel seit:	September 2014
lebt derzeit in:	Jerusalem
Beruf:	Studium der Sozialen Arbeit in Regensburg; arbeitet in Jerusalem in einem Hotel als Rezeptionist, beginnt bald einen Kurs als Touristguide

1. Die Geschichte meiner Familie

Meine Ururgroßmutter arbeitete nach dem Ersten Weltkrieg als Hausmädchen bei einer jüdischen Familie. Sie hatte ein Verhältnis mit dem Sohn des Hausherrn und wurde schwanger. Ihre Tochter, meine Urgroßmutter, war also zur Hälfte Jüdin. Da ihr späterer Stiefvater sie adoptierte, wusste niemand von ihren jüdischen Wurzeln. So konnte sie den Zweiten Weltkrieg unbeschadet überstehen. Ihre Herkunft war in unserer Familie ein Tabu, vielleicht eine Art Schandfleck. Erst nach ihrem Tod haben wir ausführlich darüber geredet.

Väterlicherseits gab es in der Familie begeisterte Nazis, die ihre Überzeugungen auch nach dem Krieg nicht ablegten. Als ich ein Kind war, erzählte mir mein Großvater aus der Nazizeit, was meiner Mutter immer missfiel. Sie verbot, dass mein Opa mich indoktriniert, und daher durfte ich meine Großeltern auch eine Zeit lang nicht besuchen. Als ich neun Jahre alt war, sagte mein Opa zu mir: »Die Amerikaner legen sich die Hand aufs Herz, wenn sie die Hymne singen, und die Deutschen strecken gleich den Arm aus.« Er brachte mir dann den Hitlergruß bei und, als ich nach Hause kam, erzählte ich das meiner Mutter. Ich wusste natürlich nicht, was das bedeutet, und meine Mutter war schockiert. Wir fuhren dann in die städtische Bücherei, um dort ein Buch für Kinder zum Thema Holocaust auszuleihen, das wir zusammen lasen.

Meine Eltern haben beide nicht studiert; sie haben beide einen Hauptschulabschluss. Inzwischen ist meine Mutter Sekretärin bei einem Radiosender und mein Vater arbeitet in leitender Stellung bei einer Autofirma. Wir konnten immer zum Skifahren in den Urlaub fahren. Ich würde uns als klassische deutsche Mittelschichtsfamilie bezeichnen.

2. Meine Biografie

Ich bin 1988 in Schwandorf geboren und als Kind dort aufgewachsen. In meiner Erziehung hat Religion eine große Rolle gespielt. Ich habe einen katholischen Kindergarten besucht und auch in meiner Grundschulklasse war niemand evangelischen Glaubens, meine Mitschülerinnen und Mitschüler waren alle katholisch.

Als ich 13 Jahre alt war, ließen sich meine Eltern scheiden. Meine Mutter und ich zogen nach Regensburg. Zur selben Zeit habe ich auch bemerkt, dass bei mir etwas »anders« ist als bei anderen Jungs in meinem Alter und dass ich schwul bin.

Nach meinem Fachabitur habe ich ein freiwilliges soziales Jahr (FSJ) in einer Einrichtung für Behinderte in Niederbayern gemacht. Diese Erfahrung war für mich sehr bereichernd. Die meisten meiner heutigen deutschen Freundinnen und Freunde habe ich in der Zeit meines FSJ kennengelernt. Danach habe ich ein Studium der Sozialen Arbeit begonnen.

Meinen israelischen Freund Shai habe ich im Oktober 2012 kennengelernt, als er in Deutschland ein Auslandsstudium absolvierte. Wir hatten uns bereits ab Juli 2012 übers Internet täglich geschrieben und an seinem zweiten Tag in Regensburg dann persönlich getroffen. Meine Familie und mein Freundeskreis haben Shai sehr gut aufgenommen. Shai und ich haben etwa zwei Jahre zusammen in Deutschland gewohnt.

3. Gründe für den Umzug nach Israel und Reaktionen des Umfelds in Deutschland

Israel hat mich auch früher schon interessiert, doch bin ich wegen der Liebe zu meinem israelischen Freund hergekommen. Bevor wir umgezogen sind, haben wir das Land dreimal besucht. In unserer gemeinsamen Zeit in Deutschland hatten wir in unserem Umfeld mit Vorbehalten und verstecktem Antisemitismus zu kämpfen. Das war der Grund, warum wir Deutschland verlassen haben.

An ein bestimmtes Ereignis kann ich mich noch gut erinnern, das war, als wir eine gemeinsame Wohnung suchten. Wir waren bei einem Herrn, der wegen eines Nachmieters inseriert hatte. Er war sehr freundlich und wies uns darauf hin, dass seine Vermieterin keine ausländischen Menschen und keine Homosexuellen mag, daher sollte ich erst einmal allein einziehen und nicht sagen, dass mein ausländischer Freund mit einzieht. Dann fragte er Shai, wo er denn herkomme, und, als dieser »aus Israel« antwortete, meinte der Herr: »Oh, das mag die Vermieterin ganz bestimmt nicht.« Dieses Ereignis hat mich auf der einen Seite unglaublich wütend gemacht und auf der anderen Seite habe ich mich hilflos gefühlt.

Die meisten aus meinem Freundeskreis reagierten schockiert auf meine Entscheidung, nach Israel zu ziehen. In ihrer Vorstellung gibt es in Israel überall Grenzkontrollen, jeden Tag explodiert ein Bus und es ist ständig Krieg. Das entspricht nicht der Realität, doch dem Bild, das in den deutschen Medien vorwiegend vermittelt wird. Als Deutscher bzw. Deutsche weiß man nicht, dass beispielsweise der Käse in Israel viel besser schmeckt als in Deutschland. Woher soll man das auch wissen? Die Vorstellung der Deutschen von Israel wird von den Bildern in der Tagesschau oder den Artikeln in der Zeitung geprägt.

Teilweise habe ich das Gefühl, dass durch meinen Umzug Grenzen zwischen mir und einigen meiner Freundinnen und Freunde in Deutschland entstanden sind. Das könnte auch an meiner Positionierung in Bezug auf die israelische Politik und den Nahostkonflikt liegen, die nicht derjenigen entspricht, die in Deutschland populär ist.

Ich denke, dass der Staat Israel sich verteidigen darf und soll. Israelis haben aus dem Holocaust die Lehre gezogen: »Nie wieder Opfer sein.« Die Deutschen hingegen haben aus dem Zweiten Weltkrieg gelernt, antimilitaristisch zu sein. Damit möchten sie erreichen, dass es nie wieder zu einem Holocaust und Krieg kommen kann. Viele aus meinem deutschen Freundeskreis denken, dass Israel seine Nachbarn und die arabische Bevölkerung im eigenen Land unterdrückt. Das stimmt in meinen Augen nicht.

4. Leben und Alltag in Israel

Wir haben nach unserem Umzug nach Israel zuerst im Großraum Tel Aviv gewohnt und sind später nach Jerusalem gezogen, wo auch die Eltern meines Freundes leben. Sie sind religiöse Juden und wir begehen jeden Schabbat gemeinsam. Ich liebe diese Feier, singe die Lieder mit und trage auch eine Kippa, die Kopfbedeckung religiöser männlicher Juden.

Heute gehöre ich zur Familie von Shai. Als ich das erste Mal in Israel war, haben sie ein Grillfest organisiert, bei dem ich die gesamte Familie kennengelernt habe. »Kleines« Grillfest bedeutet 40 oder 50 Personen – das war nur der innerste Kreis der Familie, während mein äußerster Familienzirkel in Deutschland keine 50 Personen umfasst.

Die meisten Leute, die ich in Israel kenne, sind entweder Freundinnen und Freunde von Shai oder Bekannte aus meinem Hebräischkurs. Mein bester Freund in Israel ist ebenfalls Deutscher und stammt aus Köln. Wir haben uns im Hebräischkurs in Tel Aviv kennengelernt.

Anfangs lag der markanteste Unterschied zwischen meinem Leben in Deutschland und in Israel darin, dass ich hier nicht arbeiten durfte. Es dauerte einige Monate, bis mein Antrag auf ein Arbeitsvisum bewilligt wurde. Derzeit arbeite ich als Rezeptionist in einem Jerusalemer Hotel und werde bald einen Kurs als Touristguide beginnen. Der markanteste Unterschied wäre dann wohl heute, dass ich die Sprache eben noch nicht perfekt beherrsche und man gleich merkt, dass ich aus dem Ausland bin.

Das Leben in Israel finde ich schöner als in Regensburg. Israelis gehen das Leben entspannter an als Deutsche. Die Leute sind auch direkter und ehrlicher als in Deutschland, dadurch weiß man immer, woran man ist. Hier spüre ich mehr menschliche Nähe und menschliche Anteilnahme als in Deutschland, Nachbarschaftshilfe ist hierfür ein gutes Beispiel.

Der militärische Konflikt mit den Palästinensern gehört hier auch zum Alltag. Die israelische Regierungspolitik ist keineswegs immer richtig. Doch muss meiner Ansicht nach die internationale Gemeinschaft auch das Vorgehen der Palästinenser kritisieren.

Meiner Meinung nach hat die Hamas den letzten Krieg mit Israel im Sommer 2014 provoziert, indem sie den Süden Israels aus dem Gazastreifen immer wieder mit Raketen beschossen hat. Ich habe den Eindruck, dass in Deutschland die Zuspitzung des Konfliktes meist erst dann registriert wird, wenn Israel reagiert. Das wird dann oft verfälschend als Angriff dargestellt. Israel wird reflexartig verurteilt, weil es als das mächtigere, stärkere Land, als der Goliath, gilt. Aber was soll es denn tun? Die fortgesetzten Angriffe auf seine Bevölkerung einfach hinnehmen? Das würde ihm zudem als Schwäche ausgelegt und zu weiteren Angriffen quasi einladen.

5. Grenzerfahrungen und Überwindung von Grenzen

Geografische Grenzen haben in Europa und im Nahen Osten eine ganz unterschiedliche Bedeutung. In Deutschland beispielsweise sind sie kaum präsent. In Israel hingegen markieren geografische Grenzen auch unterschiedliche Wertesysteme. Meinem Empfinden nach hört nach Israel die Welt auf, die Europäer kennen. In Syrien zum Beispiel ist ein Regime an der Macht, das das eigene Volk ermordet, und Terrororganisationen richten Menschen hin. Das ist eine ganz klare Grenze zwischen zwei Welten.

Die israelische Gesellschaft ist pluralistisch. Auf den ersten Blick fällt die Grenze zwischen säkularen und orthodoxen Juden auf, weil sie durch die unterschiedliche Art, sich zu kleiden, visuell sofort erkennbar ist. Das Straßenbild in Jerusalem ist viel mehr von religiösen Menschen geprägt als in Tel Aviv. Obwohl wir nicht in einem Stadtteil wohnen, der von ultraorthodoxen Juden geprägt ist, sieht man deutlich mehr Männer mit Kippa. Darüber hinaus sind die meisten Menschen dort Misrachim, während in Tel Aviv die überwiegende Mehrheit Aschkenasim sind.

Doch es gibt auch andere Trennungslinien in der Gesellschaft. Beispielsweise kann man mit jemandem am Tisch sitzen, der sehr links ist, und mit jemandem, der sehr rechts ist. Dann streiten sie sich und schreien sich an, auch bei Diskussionen innerhalb der Familie. Doch danach ist alles wieder in Ordnung. In Israel wird über diese Grenzen hinweg diskutiert. Für einen Deutschen ist dies schwer vorstellbar, denn in Deutschland diskutiert man »kultivierter« – was wir als kultivierter ansehen. Ich empfinde es als weniger ehrlich.

In Jerusalem spürt man eine unsichtbare Grenze zwischen den arabischen und den jüdischen Stadtvierteln. Wenn ich mit der Straßenbahn von unserem jüdischen Viertel Pisgat Zeev aus durch das arabische Viertel Shuafat fahre, dann spürt man dort einen Unterschied. Dieser ist ganz schwer greifbar. Die Straßenbahn fährt eine 90-Grad-Kurve, wenn sie in das palästinensische Stadtviertel Shuafat abbiegt. Mit dieser Kurve betritt man auch eine andere Welt, als ob man durch eine unsichtbare Wand gehen würde. Ich spüre dort Spannung in der Luft, die nach meinem Empfinden sich jeden Moment entladen kann.

Bei neuen Bekanntschaften bekenne ich mich nicht spontan zu meiner Homosexualität. Ich versuche immer, den »richtigen Moment« abzuwarten. Das ist eine Grenze, die ich bei mir selbst spüre. Doch bin ich kein Einzelfall, das geht wahrscheinlich vielen Schwulen so. Manchmal ist es auch besser, einfach den Mund zu halten. Tel Aviv ist in dieser Hinsicht problemlos, da kommt es mir so vor, als wären wir Homosexuellen die Mehrheit.

Shai und ich gehen auf der Straße nicht Hand in Hand. Doch wir haben schwule Freunde, die auch in Jerusalem über den Zionsplatz Hand in Hand gehen, und ihnen ist noch nie etwas passiert. Es interessiert sich eigentlich niemand wirklich dafür.

Ein weiteres Beispiel ist meine Befangenheit gegenüber jüdisch-orthodoxen Frauen, die ich zu Beginn hatte. Da ich mich mit den religiösen Vorschriften nicht auskannte, befürchtete ich, respektlos zu sein. Zum Beispiel setzte ich mich im Bus nicht neben sie.

Auch meinen arabischen Mitschülerinnen und Mitschülern gegenüber spüre ich meine eigenen Barrieren. Die meisten von ihnen kommen aus Ostjerusalem. Sie sind damit keine israelischen Staatsbürgerinnen und Staatsbürger, sondern haben einen Sonderstatus. Ich vermeide es, mich mit ihnen über ihre Situation zu unterhalten, weil ich dies als respektlos empfinde. Ich habe meine Ansichten zur israelischen Politik und zum Nahostkonflikt und sie haben ihre, was ich auch verstehe. Diskussionen mit ihnen möchte ich aber lieber ausweichen. In meinem Kurs ist eine christliche Araberin, die mir einmal von ihrem Jugendaustausch erzählte. Sie sagte: »Es war ein Jugendaustausch zwischen Deutschland und Palästina.« Insgeheim dachte ich mir: »Palästina gibt es auf der Landkarte nicht, zeig mir mal, wo das ist.« Das würde ich ihr natürlich nicht ins Gesicht sagen, aber das denke ich mir dann.

6. Bezug zu deutsch-jüdischer Geschichte und Wahrnehmung deutsch-israelischer Verständigung

Ich komme aus Regensburg: Dort gibt es eine jüdische Gemeinde und ein Denkmal des jüdischen Bildhauers Dani Karavan. Dieses befindet sich am Ort des ehemaligen jüdischen Ghettos, heute ein riesiger Platz mit einer Kirche. Wo sich einst die Synagoge befand, hat Karavan ihren Grundriss in weißem Marmor nachgezeichnet. Das Denkmal ist heute ein Ort der Begegnung, ein Ort, an dem man sich trifft und zusammensitzen kann. In

Regensburg findet man auch Stolpersteine, die an Opfer des Nationalsozialismus erinnern.

Als ich 17 Jahre alt war, habe ich in einer Gruppe die jüdische Gemeinde besucht. Damals haben wir den Holocaustüberlebenden Otto Schwerdt getroffen, der mich sehr beeindruckte. Für mich war unvorstellbar, wie es ihm gelingen konnte, trotz der schrecklichen Gräueltaten, die ihm widerfahren sind, derart positiv und glücklich zu sein.

Mir sind deutsch-israelische Beziehungen wichtig, denn aufgrund der Geschichte und der Verbrechen, die Deutsche dem jüdischen Volk angetan haben, hat Deutschland eine Verantwortung Israel gegenüber. Es war korrekt, dass Angela Merkel vor dem israelischen Parlament gesagt hat, dass die Sicherheit Israels als Teil der deutschen Staatsräson nicht verhandelbar ist.

Auf offizieller Ebene nehme ich ein großes Verantwortungsbewusstsein deutscher Regierungen wahr. Auf zwischenmenschlicher Ebene muss man sich diese Beziehung über persönliche Kontakte erarbeiten, aber wann trifft man in Deutschland einen Israeli oder eine Israelin auf der Straße?

Ich würde gern als deutschsprachiger Reiseführer in Israel arbeiten und ich denke, dass ich damit einen Beitrag zur deutsch-israelischen Verständigung leisten könnte.

In Bezug auf die Zukunft der deutsch-israelischen Beziehungen bin ich pessimistischer. Denn ich höre, wie viele junge Deutsche den Holocaust als längst vergangen und für unsere Generation als nicht relevant abtun.

Es gab eine Zeit, in der die Deutschen unbedingt wollten, dass die Israelis ihnen vergeben und sie lieben. Jetzt, da israelische Menschen Deutschland mögen, lehnen die Deutschen Israel mehr und mehr ab. Sie vertreten Stereotype, die man sich nie in Bezug auf ein anderes Land erlauben würde.

Ich bin in Israel immer gut aufgenommen worden und wurde noch nie diskriminiert, weil ich Deutscher bin, eher das Gegenteil ist der Fall. Man denkt hier immer, dass ich aus Berlin komme, und Berlin hat ein unglaublich positives Image und ist attraktiv für viele junge Israelis. In meinen Augen sind viele Israelis, die nach Berlin gehen, aber blauäugig. Berlin ist nicht Deutschland und auch in Berlin gibt es Orte, wo man sich nicht als israelisch oder jüdisch zu erkennen geben sollte. Es gab ja in der Vergangenheit schon gewalttätige Übergriffe gegenüber israelischen Menschen. Auf deutscher Seite werden die jungen Israelis in Berlin als Argument benutzt, um zu sagen: »Hier gibt es keinen Antisemitismus, denn die Israelis kommen ja in Massen zu uns.«

7. Heimat / Zuhause

Der Umzug nach Israel ist für mich auf jeden Fall eine Entscheidung für die nächsten Jahre. Es könnte sein, dass wir irgendwann woanders hinziehen, aber mittelfristig ist Israel auf jeden Fall mein Lebensmittelpunkt.

Heimat ist für mich der Ort, an dem ich geboren wurde, und mein Zuhause ist für mich das Land, das ich gewählt habe. Meine Heimat ist also Bayern und mein Zuhause ist in Israel.

Heimat bedeutet für mich auch, dass ich in meinem bayerischen Dialekt sprechen kann und dennoch verstanden werde. Das ist für mich Heimat, weil es ein bestimmtes Gefühl beschreibt. In Israel fühle ich mich auch behaglich und zu Hause, aber manchmal tut es einfach gut, Deutsch bzw. Bayerisch sprechen zu können.

Wenn ich eine Weile in Deutschland bin, dann vermisse ich wiederum Israel.

Jakob Berger

»Zwischen Deutschland und Israel: (M)ein anderes Land«

Geburtsjahr:	1978
Geburtsort:	Heidelberg
aufgewachsen in:	einem Vorort von Heidelberg
Aufenthalte in Israel:	September 1998 bis März 2000 (Zivildienst) 2003–2005 als Student in Jerusalem Sommer/Herbst 2006 bis Sommer 2007 in Tel Aviv (zwischen Studium und Promotion in Amerika) Sommer 2010 bis Sommer 2012 in Jerusalem (während der Promotion) Sommer 2014
lebt derzeit in:	Berlin (seit Oktober 2014)
Studium:	Geschichte, Jüdische Studien und Politik
Beruf:	wissenschaftlicher Mitarbeiter

1. Die Geschichte meiner Familie

Meine Großeltern väterlicherseits haben am Starnberger See, den wir als Kinder immer im Sommer besuchten, gelebt. Mein Großvater war Arzt, zunächst in einer Kuranstalt. In den 1940er-Jahren arbeitete er in einem ernährungsmedizinischen Forschungsinstitut der Nationalsozialisten. Nach dem Krieg war er praktischer Arzt und arbeitete auch in einem Lager für Displaced Persons in Feldafing, das ist eine Gemeinde, die im oberbayerischen Landkreis Starnberg liegt. Meine Großmutter war eine der ersten Frauen, die an der Ludwig-Maximilians-Universität München Geschichte und Deutsch studierten.

Die Familie meiner Mutter stammt aus Nordrhein-Westfalen. Ihr Vater war evangelischer Pfarrer und ein frommer Mann. Er war sehr aktiv in der christlichen Mission. Er gehörte der Bekennenden Kirche an, bei der er auch seine Ordination als Pfarrer erhielt. Meine Großmutter war Hausfrau und hat darüber hinaus in der Kirche geholfen.

> ▶ **Displaced Persons (DPs)**
>
> So bezeichneten die Alliierten nach Kriegsende diejenigen Zivilpersonen, die sich kriegsbedingt nicht in ihren Herkunftsländern aufhielten und ohne Unterstützung weder dorthin zurückkehren noch sich in einem anderen Land niederlassen konnten. Das Gros der etwa zehn Millionen »Displaced Persons« waren überlebende Opfer der nationalsozialistischen Arbeits-, Konzentrations- und Vernichtungslager. Sie unterstanden der direkten Obhut der alliierten Besatzungsmächte und den von ihnen zugelassenen internationalen Hilfsorganisationen.

> ▶ **Bekennende Kirche**
>
> Die Bekennende Kirche konstituierte sich 1934 als innerkirchliche Opposition, sie trat der vom Nationalsozialismus bestimmten Haltung der Deutschen Evangelischen Kirche entgegen.
> **Einzelne** ihrer Mitglieder wandten sich 1935 im Zuge von »Kanzelverkündigungen« gegen die rassistisch-völkische Weltanschauung der Nationalsozialisten. In einer **geheimen Denkschrift** an Hitler verurteilte ein Teil ihrer Mitglieder, der sog. radikale Flügel, den »staatlich verordnete[n] Antisemitismus [...], ebenso die Existenz der Konzentrationslager, die Willkür der Gestapo und andere Erscheinungen des NS-Staates« (Wolfgang Benz, Geschichte des Dritten Reiches, München 2000, S. 122).

Meine Eltern verkörpern für mich den liberalen deutschen Protestantismus. Da sie beide Lehrer für Religion und Musik waren, prägten diese Bereiche meine Kindheit. Ich scherze oft, dass es meinen Eltern gelungen ist, ihre Kinder nach ihren Idealen zu erziehen: Mein Bruder ist professioneller Musiker, meine Schwester ist Lehrerin und ich habe mich jetzt der Religion gewidmet, wenn auch nicht so, wie sie es sich vielleicht vorgestellt haben.

2. Meine Biografie

Ich bin 1978 in der Heidelberger Gegend geboren und aufgewachsen. Meine Erziehung war von Toleranz und Offenheit geprägt. Meine Eltern ermutigten mich dazu, durch die Welt zu ziehen und mich für andere Religionen und Völker zu interessieren. So bin ich zu einem Schüleraustausch mit einem polnischen Gymnasium in Krakau gekommen, der mich nachhaltig beeindruckte. Ich war begeistert, wie herzlich meine polnischen Gasteltern und Austauschpartnerinnen bzw. Austauschpartner mich aufnahmen. Ich erinnere mich noch gut, wie meine Gastmutter zu mir sagte: »Jakob, wir haben eine kleine Wohnung, aber ein großes Herz für dich.« Auf der einen Seite fand ich das Land faszinierend, auf der anderen Seite spielte die Auseinandersetzung mit der Geschichte eine wichtige Rolle für mich. Aufgrund der gemeinsamen Vergangenheit hatte ich das Gefühl, als Deutscher gegenüber den Polen eine besondere Verantwortung zu tragen. Der Holocaust spielte während meiner Schulzeit zwar eine Rolle, doch nicht losgelöst vom Zweiten Weltkrieg. Ich habe keine besondere Verantwortung gegenüber den Juden empfunden, nicht mehr als anderen Völkern gegenüber, die unter den Nazis gelitten haben.

Nach dem Abitur habe ich 1998 meinen Zivildienst in einem israelischen Kibbuz mit Seniorinnen und Senioren absolviert. Um mein Studium zu beginnen, bin ich wieder nach Deutschland zurückgekehrt. Zunächst habe ich in Heidelberg und dann in Berlin im Hauptfach Geschichte und im Nebenfach Jüdische Studien und Politikwissenschaften studiert. Letztlich spezialisierte ich mich auf jüdische Geschichte.

Das zweite Mal besuchte ich Israel als Jugendbetreuer in einem israelisch-deutschen Sommerlager der Aktion Sühnezeichen Friedensdienste (ASF). Dort habe ich meine ehemalige Freundin kennengelernt, die eine der israelischen Leiterinnen war. Wir haben uns so gut verstanden, dass sie spontan mit mir nach Berlin gezogen ist. Zwei Jahre lebten wir zusammen in Deutschland und sind 2003 gemeinsam nach Jerusalem zurückgezogen. Dort habe ich mein Studium fortgesetzt. Um meinen Magister abzuschließen, bin ich 2005 noch einmal einige Monate nach Deutschland gegangen und anschließend ein halbes Jahr nach Polen, um an der Katholischen Universität in Lublin Polnisch zu lernen. 2006 bin ich nach Israel zurückgekehrt. Meine damalige Freundin und ich sind nach Tel Aviv gezogen und ich habe für die Friedrich-Ebert-Stiftung in Israel gearbeitet. Damals habe ich den Entschluss gefasst, zum Judentum überzutreten.

▶ **Aktion Sühnezeichen Friedensdienste (ASF)**

Die ASF ist eine ökumenisch orientierte christliche Institution, die schwerpunktmäßig Freiwilligendienste im In- und Ausland, besonders in Ländern, die direkt oder indirekt unter der nationalsozialistischen Herrschaft gelitten haben, organisiert. In Israel ist die ASF seit 1961 tätig.

Doch dann ging die Beziehung zu meiner Freundin in die Brüche. 2007 bin ich in die USA gezogen, um meine Promotion zu beginnen. Meine Forschung beschäftigte sich mit dem Zusammenspiel von modernem Nationalismus und Religion. Für meine Arbeit kehrte ich 2010 für zwei Jahre nach Israel zurück. Bei diesem Aufenthalt lernte ich meine heutige Frau Esther kennen. 2012 schloss ich meinen Konversionsprozess zum Judentum ab. Esther und ich haben im Juni 2014 in Israel geheiratet. Wenige Monate später sind wir gemeinsam nach Deutschland gezogen. Unser Haushalt ist modern-orthodox, das heißt, obwohl wir uns an die Speisegesetze und die Gebote des Schabbat halten, kapseln wir uns nicht ab und halten viele Kontakte mit der deutschen Umgebung.

3. Gründe für die Aufenthalte in Israel und Reaktionen des Umfelds in Deutschland

Meine Beziehung zu Israel entwickelte sich nach und nach. Als ich 20 Jahre alt war und gerade die Schule beendet hatte, wollte ich meinen Zivildienst mit der Aktion Sühnezeichen Friedensdienste in Polen machen, wurde aber nach Israel geschickt. Diese Zeit hat mich durch die ständige Auseinandersetzung mit deutsch-jüdischer und deutsch-israelischer Geschichte in meinem Bewusstsein als Deutscher geprägt. Darüber hinaus habe ich das erste Mal ohne meine Eltern allein gelebt. Es war also eine sehr formative Zeit für mich auf meinem Weg zum Erwachsenwerden. Ich habe mich auf mehreren Ebenen, insbesondere auf der emotionalen, stark mit Israel identifiziert. Viele Verhaltensweisen waren mir vertraut, zum Beispiel die Offenheit und der Zynismus vieler meiner israelischen Freundinnen und Freunde. Da ich einen Großteil meiner Zeit in den Zwanzigern in Israel verbracht habe, wurde Hebräisch immer mehr zu einer Sprache, in der ich mich wohlfühle und zu der ich eine starke emotionale Bindung verspüre. Ich fühlte mich dem Land, der Natur, den Themen und der Intensität des Lebens, die nicht immer leicht ist, aber doch ihre anziehenden Seiten hat, verbunden.

Meine Eltern haben erstaunlich gut auf meinen Übertritt zum Judentum reagiert. Als ich ihnen mitteilte, dass ich zum Judentum konvertieren möchte, antworteten sie: »Das stört uns nicht. Im Gegenteil, wir finden es positiv, weil du dich in diesem Prozess mit dem Thema Religion beschäftigst, und das ist uns wichtig.«

Ich bewundere meine Eltern für ihren offenen Umgang mit meinem Übertritt, auch wenn es nicht immer leicht für sie war. Mein Vater liebt theologische Diskussionen und versuchte manchmal, mir auf freundschaftliche Weise die Vorteile des Christentums aufzuzeigen. Doch ich hatte nie das Gefühl, dass er sich gegen meinen Übertritt zum Judentum stellte. Meine Mutter beschäftigten die praktischen Dinge des Alltags. Beispielsweise merkte sie, dass sie Probleme haben könnte, ihre Schwiegertochter zu verköstigen, da diese sich an die religiösen Speisegesetze hält.

Unter meinen unmittelbaren Freundinnen und Freunden in Deutschland bin ich in Bezug auf meinen Lebensweg nie auf Unverständnis oder Ablehnung gestoßen. Mittlerweile besteht mein Freundeskreis in Deutschland aus vielen Menschen, die selbst lange im Ausland gelebt haben.

4. Leben und Alltag in Israel

Meinen eineinhalbjährigen Zivildienst im Kibbuz Givat Brenner leistete ich für die ASF im Altersheim. Dieser Kibbuz wurde von aus Deutschland und Osteuropa stammenden Israelis gegründet, oftmals Holocaustüberlebende. Für die Seniorinnen und Senioren war ich eine Art Zusatzenkel mit deutschem Hintergrund. Es erstaunte mich, dass viele dieser alten Menschen von der Sauberkeit und dem angenehmen Leben in Deutschland schwärmten.

Als ich mich entschied, zum Judentum überzutreten, habe ich neun Monate lang in einer Jerusalemer Jeschiwa gelernt. Es war eine emotionale Achterbahnfahrt, weil mich viele religiöse Themen interessierten, auf der anderen Seite konnte ich mich mit den politischen Ansichten in dieser Jeschiwa nicht identifizieren, weil sie den Nationalismus zu stark in den Vordergrund stellten und in meinen Augen die liberale Seite der jüdischen Religion nicht vermittelten.

Nach der Trennung von meiner damaligen Freundin habe ich den Übertritt zunächst abgebrochen.

Ich bin nach New York gezogen, um meine Promotion zu beginnen.

In New York lebende Israelis, die der jüdisch-konservativen Strömung angehören, führten mich an die liberale Seite des Judentums heran. Diese Freundinnen und Freunde lebten nach den Gesetzen der jüdischen Religion, doch das hinderte sie nicht daran, gleichzeitig liberal zu sein. Männer und Frauen sind gleichberechtigt, ihr Gesellschaftsverständnis kommt meinem eigenen nahe. Politisch setzen sich diese Freundinnen und Freunde für einen Kompromiss mit der palästinensischen Bevölkerung ein. Durch ihre Einstellungen wurde mir bewusst, dass man keineswegs Nationalist sein muss, um Jude zu werden.

> ▶ **Jüdisch-konservative Strömung**
>
> Die konservative Strömung des Judentums vertritt eine Mittelposition zwischen Orthodoxie und Reformbewegung. Sie entstand im 19. Jahrhundert in Deutschland und wollte »die Erkenntnisse der Aufklärung und den Lebensstil der Moderne [...] mit den Bräuchen, Werten und Gesetzen der jüdischen Tradition« versöhnen. Heute ist diese Strömung in den USA am stärksten vertreten. Dort nennt sie sich »Conservative Movement«, außerhalb der Vereinigten Staaten »Masorti-Bewegung«. Für die konservative Strömung des Judentums ist die Halacha, das jüdische Religionsgesetz, bindend. »Es wird deshalb auch religionsgesetzlich begründet, warum es Rabbinerinnen geben darf und wann es erlaubt sein kann, am Schabbat mit dem Auto zur Synagoge zu fahren.« (Zitate aus: www.zentralratdjuden.de/de/article/4610.der-dritte-weg.html, Zugriff: 14. Oktober 2015)

Nach drei Jahren war ich bereit, einen zweiten Anlauf zum Übertritt zu nehmen. Ich verstand, dass ich durch meinen ersten Konversionsversuch meine Identität ohnehin schon gewandelt hatte. Dieser Prozess war zu weit fortgeschritten, um ihn rückgängig zu machen. Also trat ich die Flucht nach vorn an, um den Übertritt zum Judentum zu Ende führen. Leider führte mich gerade zu diesem Zeitpunkt meine Forschung zurück nach Israel, wo der Übertritt zum Judentum wesentlich schwieriger ist als in Amerika.

In Israel wollte ich nicht mehr in den offiziell anerkannten Weg der Konversion zurück und habe mich für einen ultraorthodoxen Übertritt entschieden. Diese Konversion hatte für mich den Vorteil, dass sie nicht an den Staat gekoppelt ist. Allerdings bedeutet dies auch, dass sie staatlich nicht anerkannt ist. Doch diese Entscheidung ermöglichte es mir, mich auf den Inhalt zu konzentrieren und mich nicht mit bürokratischen Fragestellungen aufhalten zu müssen. Darüber hinaus gefiel mir, dass die Ultraorthodoxen sich nicht für Tagespolitik interessieren. Bei ihnen habe ich Bibel und Texte jüdischer Gelehrter studiert und mich nicht damit beschäftigt, warum Israel niemals die Siedlungspolitik aufgeben darf.

Kurz nachdem ich den Konversionsprozess wieder aufnahm, lernte ich meine jetzige Frau kennen. Wir hatten beide das gleiche Stipendium für jüdische Geschichte und saßen oft gemeinsam in der Nationalbibliothek in Jerusalem. Sie promovierte damals und unterrichtete gleichzeitig in religiösen Institutionen. Während meines Übertritts war sie das »Kontrastprogramm« zu den Ultraorthodoxen, denn sie hat mir die Tür zu einer bis dahin unbekannten, neuen Welt geöffnet. In Jerusalem gibt es eine Gemeinschaft von jungen, aufgeschlossenen, politisch und gesellschaftlich progressiven und engagierten orthodoxen und konservativen Juden, die sehr stark von Amerika und vom amerikanischen Judentum beeinflusst sind. Dieses Umfeld faszinierte mich und in ideologischer Hinsicht fühlte ich mich dort wohl.

Zwischen 2012 und 2014 bin ich dann noch einmal in die USA zurück, um eine Promotion zu beenden. Dort war ich Mitglied einer orthodoxen Gemeinde und habe das amerikanische Judentum noch einmal aus einer anderen Perspektive kennengelernt.

Ich war noch bis Mai 2014 in den USA und dann haben Esther und ich im Juni 2014 in Israel geheiratet. Obwohl ich in Israel über die staatlichen Institutionen heiraten konnte, weiß ich bis heute nicht, ob mein Übertritt für den Zweck der Einwanderung anerkannt wird.

Die Familie von Esther nahm mich von Anfang an offen und freundlich auf, selbst ihre ultraorthodoxen Geschwister. Obwohl ein deutscher Protestant sicher nicht ihren Vorstellungen eines Schwiegersohnes entsprach, freuten sich Esthers Eltern über unsere Verlobung und haben auch gleich meine Familie beglückwünscht.

Ich konnte mir bis zum Gazakrieg im Sommer 2014 gut vorstellen, meine Zukunft in Israel zu verbringen. Der Krieg allerdings war für mich emotional ein sehr einschneidendes Erlebnis. Wir wohnten damals in Jerusalem. Obwohl es in Jerusalem selbst kaum Beschuss durch die Hamas gab, erschreckte mich die gesellschaftliche Stimmung in Israel. Sie stellte für mich einen Umschwung dar, denn mir fehlte die Kritik am Krieg. In früheren Konflikten des Landes, die ich miterlebt habe, gab es immer eine starke Gegenbewegung zur Regierungspolitik. Der durch den Konflikt aufgeheizte Rassismus und Hass haben mich schockiert. Die Atmosphäre war gerade in Jerusalem sehr bedrückend, weil arabische Bürgerinnen und Bürger der Stadt das Stadtzentrum mieden. Sie mussten befürchten, rassistisch-motivierten Übergriffen ausgesetzt zu sein. Diese Aggressivität galt auch der kritischen Linken in der israelischen Gesellschaft, denen man Illoyalität zur Gesellschaft vorwarf. Die sozialen Medien verschärften dieses Kriegserlebnis für mich dermaßen, dass ich Facebook mied.

Da mir ein Stipendium in Deutschland angeboten wurde, kehrten wir im Herbst 2014 nach Berlin zurück. Dieser Umzug kam mir recht, denn zu diesem Zeitpunkt wollte ich eigentlich nicht mehr in Israel sein.

Ich habe einige Kontakte zu anderen Deutschen in Israel, aber insgesamt ist mein Freundeskreis sehr vielfältig zusammengesetzt. Durch meine eigene Biografie habe ich im innerjüdischen Kontext Kontakt zu Leuten in Tel Aviv, die mit Religion überhaupt nichts anfangen können, homosexuell sind und Jerusalem ganz furchtbar finden. Auf der anderen Seite habe ich Freunde aus Jerusalem, die ultraorthodox oder modern orthodox sind. Mein enger Freundeskreis besteht aus Leuten, die mir politisch nahestehen, gerade die Jerusalemer Linke ist für mich ein wichtiger Bezugspunkt. Ich war nie ein politischer Aktivist, aber bin auf viele Demonstrationen gegangen, zum Beispiel gegen die Mauer oder Siedler in Ostjerusalem. In diesem Kontext habe ich auch immer wieder Araber kennengelernt, aber ich habe keine enge Freundin oder keinen engen Freund aus dem arabischen Kontext.

5. Grenzerfahrungen und Überwinden von Grenzen

Geografische Grenzen spielen in meinem Leben eine Rolle. Da ich in verschiedenen Ländern gelebt habe, wurde ich öfter mit geografischen Grenzen konfrontiert, zum Beispiel mit Visumanträgen und Einreiseproblemen. Doch in Deutschland haben geografische Grenzen kaum Relevanz für mich. Hier kann man sich von dieser Thematik abkoppeln, weil sie für das Land keine große Rolle mehr spielen. In Israel erlebe ich genau das Gegenteil. Die Grenzen sind undurchlässig und einschränkend, denn man kann nicht einfach ins Nachbarland fahren. Im Norden beispielsweise kann man nicht direkt über die Grenze nach Syrien fahren, sondern müsste über Jordanien einreisen. Die meisten Israelis fürchten sich auch, in den Sinai zu fahren, weil sie Angst vor Terroranschlägen haben. Grenzen sind in Israel einfach viel präsenter.

Ausgrenzung wegen meiner deutschen, nicht jüdischen Herkunft habe ich in Israel kaum erfahren. In diesem Zusammenhang ist für mich immer wieder bezeichnend, dass ich in zwei Wochen Englandaustausch während meiner Schulzeit mehr antideutsche Gefühle und Stimmungen erlebt habe als in meinen eineinhalb Jahren im Kibbuz in Israel.
Aber in Israel spüre ich, dass der eigene Hintergrund und die religiöse und ethnische Zugehörigkeit eine große Rolle spielen, und das ist teilweise begrenzend. Im Großen und Ganzen habe ich keine direkte Zurückweisung oder Ausgrenzung erfahren, abgesehen von der Familie meiner ehe-

maligen Freundin. Ihre Eltern sind orthodoxe Juden, aber meine ehemalige Freundin und ihre Schwester hatten sich von diesem religiösen Leben distanziert und damit in den Augen ihrer Eltern den »richtigen Weg« verlassen. Während unserer sechsjährigen Beziehung habe ich ihre Eltern nur einmal gesehen. Sie hatten ohnehin wenig Kontakt und meine damalige Freundin wusste, dass sie einen nicht jüdischen Freund nicht gutheißen würden. Nach drei Jahren Beziehung stellte sie mich vor die Wahl und sagte: »Jakob, entweder du trittst zum Judentum über oder für meine Eltern bin ich gestorben.« Bis dahin hatte ich nie ernsthaft über einen Übertritt nachgedacht und musste ein ganzes Jahr überlegen. In meiner Pubertät hatte ich mich von dem protestantisch-religiösen Hintergrund meiner Familie distanziert, aber ich war offen gegenüber religiösen Fragen. Ich sagte zu meiner ehemaligen Freundin: »Wenn ich zum Judentum konvertiere, dann nicht nur für deinen Vater, sondern ich werde das ernsthaft machen und der ganzen Sache gegenüber offen eingestellt sein.«

Das Überwinden von Grenzen habe ich sowohl bei meinen Eltern als auch bei meinen Schwiegereltern erfahren. Folgende Beispiele haben mich besonders beeindruckt: Meinen Konversionsprozess schloss ich im Januar 2012 ab und unmittelbar davor fragten mich meine Eltern, was ich mir zu Weihnachten wünsche. »Wenn ihr mir etwas schenken wollt, was für mich von Bedeutung ist, dann kauft mir die Tefillin«, lautete meine Antwort. Das haben sie getan und so ich bekam meine jüdischen Gebetsriemen zu Weihnachten geschenkt.

Ich weiß aus Esthers Erzählungen, dass es ihrer Mutter schwergefallen ist, ihre Tochter nach Deutschland gehen zu lassen. Allerdings waren meine Schwiegereltern vor zwei Wochen in Berlin, obwohl die Mutter noch bis zur letzten Woche meinte: »Ich weiß nicht, ob wir wirklich kommen sollen.« Als sie dann da waren, hat es ihr sehr gut gefallen und sie war von vielem beeindruckt.

Meine eigenen Grenzen stelle ich ebenfalls fest. Abgesehen davon, dass ich nicht so religiös bin wie meine Frau, könnte ich nicht immer nur koscher essen. Dieser Abgrenzungsmechanismus, den jüdische Speisevorschriften enthalten, geht zutiefst gegen meine eigenen Einstellungen und Werte, daher esse ich überall vegetarisch. Ich habe damit einen Kompromiss gefunden, mit dem ich gut leben kann und der es mir ermöglicht, die Toleranz, mit der ich aufgewachsen bin, und die Neugier auf andere Kulturen mit den jüdischen Gesetzen zu kombinieren.

6. Bezug zu deutsch-jüdischer Geschichte und Wahrnehmung deutsch-israelischer Verständigung

Ich bin Deutscher und zugleich Jude im religiös-praktischen Sinn, aber nicht »deutscher Jude«. Damit meine ich, dass ich in keiner Weise das deutsche Judentum repräsentieren könnte. Während meiner Konversion und Dissertation empfand ich eine Rückkehr zu meinen deutschen Wurzeln, als ich begann, die spezielle Form der deutsch-jüdischen Orthodoxie zu bewundern und mich dafür zu interessieren. Mich fasziniert an ihr die Auseinandersetzung mit dem modernen Nationalismus des späten 19. Jahrhunderts und frühen 20. Jahrhunderts und dieser spezifische deutsche Weg der Orthodoxie, indem man auf der einen Seite orthodox war und sich auf der anderen Seite der deutschen Kultur in vielen Dingen zugehörig sah, zugleich aber gewisse Vorbehalte gegen jeglichen modernen Nationalismus hegte.

Doch gerade in diesem Kontext bleibe ich Deutscher, ich habe keine jüdischen Großeltern, die im Zweiten Weltkrieg unter den Nazis gelitten haben.

In meiner Jugend stellte ich mir immer vor, mein Großvater mütterlicherseits sei in der Nazizeit ein Widerstandskämpfer gewesen, was sich später aber als falsch herausstellte. Er war im Krieg an der Nordsee stationiert und im Bereich der Flugabwehr tätig. Mein anderer Großvater war Mitglied in der NSDAP. Über seine Gesinnung kann ich relativ wenig sagen, denn ich habe ihn nur als Kind kennengelernt und meine Eltern, Onkel und Tanten haben sich nicht sonderlich für diese Fragen interessiert. Ich kann mir nur schwer vorstellen, dass mein Opa ein Nazi aus Überzeugung war, und der Beitritt zur Partei dürfte erst später stattgefunden haben. Ich leite dies aus der Erziehung ab, die mein Vater genoss, und auch aus den Ansichten, die meine Oma vertrat. Daher kann ich mir meinen Großvater nur schwer als überzeugten Nazi vorstellen.

Das soll nicht heißen, dass ich keine überzeugten Nazis in der Familie habe. Eine Cousine meines Vaters hat einen Mann geheiratet, der in der SS war und auch dementsprechende Meinungen vertrat. Als ich das erste Mal mit der ASF als Freiwilliger nach Israel gegangen bin, da meinte diese Cousine meines Vaters: »Aha, das ist ja interessant, aber vergiss nicht, die Russen waren auch furchtbar.«

Der Holocaust war für meine Eltern grundsätzlich ein wichtiges Erziehungsthema zu Hause wie auch in der Schule. Wenn wir an entsprechenden Orten waren, haben wir Monumente, ehemalige KZs und Gedenkorte besucht. Wir haben auch darüber gesprochen und als Religionslehrer haben meine Eltern selbst das Thema unterrichtet. Im Nachhinein finde ich, dass das Thema auf familiärer Ebene aber – wie in vielen deutschen Familien – nur wenig reflektiert wurde, auch wenn es oft präsent war, denn meine Tante hat den Neffen von Albert Speer, Hitlers Architekten und späteren Rüstungsminister, geheiratet. Nach meinem Zivildienst in Israel war ich für das Thema Holocaust sensibilisiert und habe versucht, mehr über die Geschichte meiner Familie im Zweiten Weltkrieg herauszufinden. Dabei fiel mir auf, dass meine Eltern nur ein oberflächliches Wissen über die Vergangenheit ihrer Eltern haben. Es war keine Grenze in dem Sinn, dass man nicht hätte darüber sprechen dürfen, aber sie selbst haben diese Fragen nur zu einem gewissen Grad beantworten können.

Ich sehe da kein Tabu und hatte bei Nachfragen nie das Gefühl, dass meine Eltern den Fragen auswichen, aber sie hatten wohl selbst nicht in dieser Tiefe nachgeforscht.

Auch wenn mein Lebensweg mich so geprägt hat, dass ich die Denkweise von Israelis gut verstehen kann und mich mit ihr oft auch identifiziere, bin und bleibe ich in anderen Hinsichten Deutscher. Das kann und will ich nicht ändern. Zum Beispiel ist mein emotionaler Bezug zur deutschen Geschichte anders, als das bei vielen meiner israelischen Freunde der Fall ist. Ich wuchs mit dem ständigen Gefühl auf, dass so etwas wie der Zweite Weltkrieg und der Holocaust nie wieder passieren dürfe, und bin sehr sensibel für Ereignisse, die in irgendeiner Art in diese Richtung deuten, wie beispielsweise »Pegida« in Deutschland. Israelis haben natürlich einen anderen emotionalen Zugang zur Geschichte des Holocaust. Deutsche ziehen das häufig sehr stark ins Universale. »So etwas darf nie wieder passieren« ist ein oft wiederholter Satz, der das widerspiegelt. Israelis aber sind die Nachfahren der historischen Opfer und sind vor allem von der Wehrlosigkeit ihrer Eltern und Großeltern traumatisiert. Darum liegt hier die Betonung auf der eigenen Erfahrung und man folgert, dass man selbst nie wieder wehrloses Opfer sein darf: Dies ist natürlich sehr überspitzt formuliert, aber es gibt da einen Unterschied in der Herangehensweise.

Meine Frau und ich haben als Juden in Deutschland nie Ausgrenzung erfahren, aber letztlich habe ich immer den Vorteil, dass man mir den Übertritt zum Judentum nicht ansieht. Auf der Straße sehen die Leute in mir den blonden Deutschen, der ich auch bin. Zum anderen würde ich antisemitische Übergriffe nicht als Angriff auf mich interpretieren, sondern als eine Gefahr für die Gesellschaft, der ich angehöre.

> ▶ **Pegida**
>
> Pegida (= Patriotische Europäer gegen die Islamisierung des Abendlandes) ist das Kurzwort für eine im Allgemeinen als rechtspopulistisch bezeichnete Organisation, die seit Oktober 2014 in Dresden Demonstrationen gegen die Asyl- und Einwanderungspolitik veranstaltet. Die Initiatoren von Pegida distanzieren sich zwar in der Regel von Neonazis und Hooligans, nichtsdestoweniger spiegeln die feindselige Einstellung gegenüber Flüchtlingen wie auch die rigorose Verdammung von Politik, politischer Elite und Presse rechtsextreme Einstellungen. Die Stimmung unter den und die Einstellung der Demonstrierenden sind von Aversionen, Ressentiment, Aggressionen und Hetze geprägt. Die Protestbewegung hat sich im Lauf des Jahres 2015 radikalisiert, so wurde beispielsweise auf einer Demonstration im Oktober 2015 ein Galgen für Bundeskanzlerin Angela Merkel und Vizekanzler Sigmar Gabriel mitgeführt.
> Pegida hat – teils unter ähnlichen Namen, teils unter Rückgriff auf den Namen »Pegida« – Nachahmung in anderen deutschen Städten gefunden, dort werden die Demonstrationen oft von Rechtsextremen angemeldet oder organisiert. Innerhalb eines Jahres haben die Behörden 940 Straftaten registriert, gegen mehrere Organisatoren sind Strafverfahren anhängig.
> (Siehe auch: www.bpb.de/politik/extremismus/rechtsextremismus/200901/ pegida-eine-protestbewegung-zwischen-aengsten-und-ressentiments, Zugriff: 14. Oktober 2015)

Deutsch-israelische Beziehungen sind mir wichtig, sie sind meine Zukunft. Ich glaube, dass ich durch meinen Lebensweg einen Beitrag zum gegenseitigen Verständnis leisten und vielleicht auch dabei helfen kann, Stereotype aufzubrechen oder zumindest die gegenseitige Wahrnehmung vielschichtiger zu gestalten. Ich könnte mir vorstellen, ein Buch für Deutsche über Religion und Staat in Israel zu schreiben, um dem oftmals verbreiteten Unwissen in dieser Hinsicht entgegenzutreten und zu zeigen, dass nicht alle Orthodoxen gleich sind, sondern es große Unterschiede gibt.

Ich finde es interessant, dass man weltweit nur wenige Menschen findet, die keine Meinung über Israel haben. Mein Umfeld hat ein großes Interesse am Land und ein überwiegend positives Bild von Israel. Wegen der israelischen Regierung stehen sie der politischen Situation immer kritischer gegenüber, auch wenn sie sich der Vergangenheit bewusst sind und sich mit dieser beschäftigen.

Ich empfinde die deutsch-israelischen Beziehungen als vielschichtig und gut entwickelt.

Israelis verspüren eine gewisse Faszination gegenüber Deutschland, aber auch emotionale Distanz. Als Deutscher habe ich in Israel nie Ablehnung erfahren, aber ich habe oft gehört, dass Leute aufgrund der Geschichte bewusst keine deutsche Erde betreten wollen. Dies sind nicht nur ältere Menschen, sondern teilweise auch Menschen meiner Generation.

Dass so viele Israelis in Berlin leben wollen, kann ich nachvollziehen. Berlin ist eine tolle Stadt und hat nicht nur auf Israelis eine sehr große Anziehungskraft, sondern bietet auch anderen viele Möglichkeiten. Dass die Auswanderung von Israelis nach Berlin in Israel ein aufgeladenes Thema ist, kann ich aufgrund der Geschichte gut nachvollziehen. Zugleich gibt es zwischen Deutschen und Israelis eine gewisse Anziehung, die schwer zu beschreiben ist, aber auf vielen Ebenen funktioniert. Es ist eine Faszination der Auseinandersetzung mit der eigenen Geschichte und der des anderen und auch mit dem Gegenüber selbst. Ich kann auch nachvollziehen, dass Israelis, die von vielen Entwicklungen in ihrem Land frustriert sind, ihren Protest durch den Umzug nach Berlin signalisieren. Diese Stadt ist auf symbolischer Ebene einer der subversivsten Orte, an die sie gehen können.

7. Heimat / Zuhause

Mein Zuhause ist das Haus und der Ort, in dem bzw. an dem ich aufgewachsen bin und wo meine Eltern heute noch wohnen. Heimat kann ich nur schwer definieren, denn ich fühle mich auf vielen Ebenen Deutschland und auch Israel verbunden. Eine eindeutige Heimat könnte ich nicht benennen.

Als wir im Oktober 2014 nach Deutschland zogen, hätte ich auf keinen Fall wieder nach Israel zurückgewollt, auch wenn ich mich nach zehn Jahren im Ausland in Deutschland wie ein Tourist fühlte. Ich begann einen Prozess der Wiederannäherung an Deutschland und distanzierte mich gleichzeitig aufgrund der politischen Stimmung von der israelischen Gesellschaft. Durch die physische Distanz zu Israel setzt mittlerweile wieder eine Art Annäherung ein. Ich fühle mich der israelischen Linken verbunden, bewundere sie und fühle mich ihr am meisten zugehörig. Für mich ist dies eine Frage nach Heimat oder Zugehörigkeitsgefühl. Natürlich ist meine Familie in Deutschland, was immer ein wichtiger Bezugspunkt ist, aber gesellschaftlich bin ich mehr an israelische Themen gebunden. Das

Geschehen in Israel interessiert und berührt mich viel mehr als Dinge, die in Deutschland gerade passieren oder sich im letzten Jahr getan haben, wie Pegida und andere erschreckende Erscheinungen auf der politisch rechten Seite, zu denen ich keine solch emotionale Bindung habe wie zu entsprechenden Entwicklungen in Israel. Insofern ist Deutschland immer noch ein Land, wo es sich aus verschiedenen Gründen besser leben lässt, aber meine Bindung an Israel ist auch heute in gewissen Punkten noch stärker.

Die israelische Staatsbürgerschaft habe ich noch nicht beantragt. Das werde ich aber tun, sobald wir für längere Zeit nach Israel zurückkehren.

Esther Teichner

»Ich kann mir nicht vorstellen, in Deutschland zu bleiben«

Geburtsjahr:	1978
Geburtsort:	Brooklyn (New York)
aufgewachsen in:	Brooklyn und Silver Spring, Maryland
Alija:	2000, nach Jerusalem
in Deutschland seit:	Oktober 2014 (zunächst in Berlin, seit Juni 2015 in München)
Beruf:	Wissenschaftlerin und Pädagogin

1. Die Geschichte meiner Familie

Mein Großvater väterlicherseits ist 1922 in den USA geboren, kurz nachdem seine Eltern aus der damaligen Tschechoslowakei eingewandert sind. Meine Großmutter väterlicherseits ist 1922 in der Ukraine geboren. Als sie etwa drei Jahre alt war, wanderte sie mit ihrer Familie in die USA ein. Der Vater meiner Großmutter war orthodoxer Rabbiner. Meine Oma und ihre Geschwister sind in diesem orthodox-jüdischen Umfeld aufgewachsen. Da es zu dieser Zeit noch keine religiösen Mädchenschulen gab, besuchte meine Großmutter öffentliche Schulen.

Beide Großeltern väterlicherseits sind trotz des Migrationshintergrundes der Familien als Amerikaner aufgewachsen, auch wenn sie zu Hause überwiegend Jiddisch sprachen. Sie haben beide eine Hochschule besucht. 1946 heirateten meine Großeltern. Mein Großvater schloss zu diesem Zeitpunkt eine Ausbildung als Rabbiner ab. Später arbeitete er auch als Rabbiner, aber den größten Teil seines Berufslebens war er in der Verwaltung jüdischer Institutionen tätig.

Die Eltern meiner Mutter sind Holocaustüberlebende. Mein Großvater ist etwa 1912 in Galizien geboren, wo er in einem orthodox-jüdischen Umfeld aufwuchs. In den frühen 1920er-Jahren wurde er als junger Teenager nach Frankfurt geschickt, um dort Religionsseminare zu besuchen. Er erhielt eine Ordination zum Rabbiner, entschied sich in den 1930er-

Jahren aber, seine Religionsstudien in Paris fortzusetzen. Später arbeitete er als Rabbiner bei der französischen Armee. Bereits zu Beginn des Krieges kam er in deutsche Kriegsgefangenschaft und verbrachte die Zeit des Krieges in einem deutschen Gefangenenlager nahe Frankfurt. Er konnte vor den Deutschen verheimlichen, dass er Jude war, und so überlebte er. Genaue Details sind mir nicht bekannt, denn bis zu seinem Tod im Jahr 1975 hat er mit seiner Familie nicht viel über die Zeit des Zweiten Weltkrieges gesprochen.

Meine Großmutter mütterlicherseits ist in Polen geboren und 1923 als junges Kind mit ihrer Familie nach Lille in Frankreich emigriert. Meine Großmutter und ihre sechs Geschwister wuchsen in einem religiösen Zuhause auf. Sie und zwei ihrer jüngeren Geschwister überlebten den Holocaust unter falscher Identität in einem katholischen Krankenhaus. Nach der Befreiung aus der deutschen Kriegsgefangenschaft half mein Großvater beim Wiederaufbau der jüdischen Gemeinde in Nordfrankreich.

Die Eltern meiner Mutter lernten sich nach dem Krieg in Lille kennen. Sie heirateten 1947 und wanderten 1948 in die USA aus.

Mein Vater wurde im Jahr 1953 in New York geboren und wuchs in einem jüdisch-orthodoxen, äußerst zionistischen Zuhause auf. Er und seine Geschwister besuchten jüdische Tagesschulen. Mein Vater engagierte sich in verschiedenen religiös-zionistischen Jugendorganisationen. Nach dem Abschluss seines Finanzstudiums arbeitete er als Finanzverwalter für jüdische Organisationen.

Meine Mutter wurde im Jahr 1956 geboren und wuchs in Maryland, in der Gegend von Washington, D. C., mit fünf älteren Geschwistern auf. Sie besuchte jüdische Schulen, studierte Soziale Arbeit und war einige Jahre als Sozialarbeiterin tätig.

Meine Großeltern väterlicherseits und einige Geschwister meines Vaters und meiner Mutter sind in den 1970er-Jahren in Israel eingewandert.

2. Meine Biografie

Ich bin 1978 in Brooklyn geboren und mit fünf jüngeren Geschwistern aufgewachsen. Ich besuchte jüdisch-orthodoxe Privatschulen in New York, wo wir die erste Hälfte des Schultages die üblichen Fächer wie beispielsweise Mathematik, Geografie und Sozialkunde hatten und in der zweiten Hälfte des Schultages in Hebräisch und religiösen Fächern unterrichtet wurden. In der Schule mussten wir uns an die jüdischen Religionsgesetze halten, beispielsweise hinsichtlich Kleidung und Essen. Wir beteten jeden Morgen und jeden Nachmittag und es wurde erwartet, dass wir auch zu Hause die jüdischen Traditionen befolgen.

Als ich 15 Jahre alt war, zogen wir nach Maryland um. Nachdem ich die Highschool abgeschlossen hatte, ging ich 1996 für ein Jahr nach Israel. Dort besuchte ich eine jüdische Religionsschule für Frauen. Im Wintersemester 1997 begann ich mein Bachelorstudium der Mittelalterlichen Geschichte in New York, das ich 2000 abschloss. Danach wollte ich nochmals ein Jahr in Israel verbringen, bevor ich in den USA meinen Masterstudiengang beginnen würde. Drei Wochen vor Beginn der zweiten Intifada kam ich in Jerusalem an. Es war ein intensives Jahr für mich. Bereits nach einigen Monaten beschloss ich, in Israel zu bleiben und nicht wie geplant für mein Studium in die USA zurückzukehren. 2001 erhielt ich die israelische Staatsbürgerschaft.

Meine gesamte Familie unterstützte meine Entscheidung. In den Jahren nach meiner Einwanderung folgten alle meine jüngeren Geschwister, die heute in Israel leben. In Jerusalem fand ich auch Kontakt zu jungen Einwanderinnen und Einwanderern aus den USA und anderen Ländern, die gleichfalls versuchten, sich dort ein Leben aufzubauen. Da die meisten von ihnen ebenfalls religiöse Juden waren, trafen wir uns am Schabbat und begangen die jüdischen Feiertage gemeinsam. Obwohl ich auch säkulare Freundinnen und Freunde hatte, bestand mein engstes Umfeld aus Religiösen. Bis heute finde ich es an Jerusalem reizvoll, dass die Stadt die wohl größte Auswahl an religiösen Lebensformen in Israel bietet. Viele Säkulare hingegen nehmen die Stadt wahrscheinlich als einen engstirnigen, sehr religiösen Ort wahr.

Ein Jahr nachdem ich nach Israel gezogen war, begann ich mein Masterstudium der Mittelalterlichen Jüdischen Geschichte an der Hebräischen Universität in Jerusalem. Nach Abschluss meines Masterstudiums 2006 arbeitete ich kurze Zeit an der Universität und begann 2008 mit meiner Doktorarbeit im gleichen Fachbereich. Parallel zum Studium lernte ich auch in religiösen Einrichtungen und begann selbst, in jüdischen Institutionen im In- und Ausland den Talmud, also die gesetzlichen Vorschriften und schriftlichen religiösen Überlieferungen des nachbiblischen Judentums, und jüdische Gesetze zu unterrichten.

2010 lernte ich meinen jetzigen Mann Jakob in Bonn kennen, wo wir beide ein Vorstellungsgespräch für ein Promotionsstipendium hatten. Bei unserem ersten Gespräch überraschte es mich, dass wir trotz unserer unterschiedlichen Biografien – ich eine orthodoxe Jüdin, er aus einer protestantischen deutschen Familie – so viel gemeinsam hatten. Er war damals

Doktorand an der Columbia University in New York, wo ich mein Bachelorstudium abgeschlossen hatte. Wir hatten viele gemeinsame Bekannte in New York. Seit unserer ersten Begegnung sprechen wir Hebräisch miteinander.

Wenige Monate nach dieser Begegnung zog Jakob nach Jerusalem, um in Israel für seine Doktorarbeit zu forschen. Wir verbrachten viel Zeit miteinander, zunächst nur in der Nationalbibliothek in Jerusalem. Erst viel später wandelte sich unsere Freundschaft in eine Liebesbeziehung.

Die Tatsache, dass er kein Jude war, stand im Konflikt mit meinem Lebensentwurf als religiöse Jüdin. Es störte mich nicht, dass Jakob Deutscher, sondern, dass er nicht jüdisch war. Deshalb wollte ich mir anfangs nicht eingestehen, dass sich mehr aus dieser harmlosen Studienfreundschaft entwickeln könnte.

Die Einhaltung der religiösen Gebote sehe ich als wesentlichen Teil meines Lebens. Die Bindung an das Judentum, an meine Religionsgemeinschaft und an meine religiöse Familie ist so stark, dass ich dies nicht in Worte fassen kann. Sie ist ein essenzieller Bestandteil meiner Persönlichkeit und ich hätte diesen Lebensentwurf unter keinen Umständen aufgegeben. Denn es war und ist mir wichtig, dass auch meine eigene Familie ein religiöses Leben führt. Hierfür ist es unerlässlich, dass auch mein Partner diesen Lebensstil mitträgt und selbst lebt. An Jakob schätzte ich damals sehr, dass er dies verstand, ohne dass ich mich erklären musste.

Im Dezember 2010 fasste Jakob den Entschluss, seinen Konversionsprozess zum Judentum, den er einige Jahre zuvor begonnen hatte, wieder aufzunehmen und infolgedessen religiös zu leben.

Damals dachte ich nicht, dass Jakob für mich zum Judentum übertritt – jedenfalls redete ich mir dies ein. Hätte er diese einschneidende Lebensentscheidung nur meinetwegen getroffen, wäre dies ein Problem für mich gewesen. Insofern war es für mich beruhigend, dass er – schon bevor wir uns kennengelernt hatten – einen ersten Konversionsprozess begonnen hatte. Ich wusste, dass er bereits seit langer Zeit den Übertritt zum Judentum erwog, auch noch, nachdem er den ersten Konversionsprozess abgebrochen hatte. Natürlich war mir insgeheim klar, dass unsere Beziehung bei dieser Entscheidung eine Rolle spielte.

Es freute mich, dass ich ihn als Religionslehrerin, orthodox lebende Jüdin und gute Freundin bei diesem Prozess begleiten und unterstützen konnte. Wenige Monate später wurden wir offiziell ein Paar. Die Tatsache, dass Jakob sich in der Phase des Übertritts zum Judentum befand, erleichterte es mir, ihn meiner Familie und meinem Freundeskreis als meinen Freund vorzustellen. Ich konnte hinter dieser Beziehung stehen, ohne das Gefühl zu haben, dass es meinem eigenen Lebensstil und der Ausübung meiner Religion widersprach. Ich war nicht überrascht, dass mein Vater diese Beziehung von Anfang an akzeptierte, doch meiner Mutter fiel es schwerer. Als Tochter von Holocaustüberlebenden belastete sie auch die Tatsache, dass Jakob Deutscher war. Doch nach kurzer Zeit unterstützte meine Familie uns, insbesondere, nachdem sie Jakob persönlich kennengelernt hatte.

Ich habe Jakobs Eltern kennengelernt, bevor er meine Familie traf. Sie waren mir gegenüber sehr offen und nahmen mich als Familienmitglied auf. Ihre Aufgeschlossenheit mir gegenüber berührte mich sehr.

Nachdem wir beide promoviert hatten, heirateten wir im Juni 2014 in Jerusalem.

Es bedeutete mir viel, dass achtzehn Verwandte von Jakob aus Deutschland zu unserer Hochzeit kamen. Ihre Anwesenheit vereinte die beiden unterschiedlichen Welten, die Teil unserer Beziehung sind. Daher erklärten wir ihnen im Vorfeld die Abläufe einer jüdischen Trauung. Die Zeremonie selbst war auf Hebräisch und Deutsch, damit Jakobs Familie alles verstehen und sich einbringen konnte. Wir sangen und unterzeichneten die Ketubba, den Heiratsvertrag. Es ist Tradition, dass die Eltern der Braut und des Bräutigams ihrem Kind einen Segen aussprechen. Auch für Jakobs Eltern war dies sehr wichtig und sie schrieben einen wundervollen Segen für ihn. Jakobs Eltern, die beide sehr gut musizieren, spielten für uns und unsere Gäste. Damit brachten sie sich auf eine Weise ein, die uns sehr viel bedeutete. Noch heute betonen meine Schwiegereltern, wie wichtig es für sie war, dass sie so stark in das jüdische Ritual einbezogen wurden.

3. Gründe für den Umzug nach Deutschland und Reaktionen des Umfeldes in Israel und den USA

Kurz nach unserer Verlobung erhielt Jakob eine einjährige Postdoktorandenstelle, für die er nach Deutschland zurückkehren musste. Ich stimmte dem Umzug zu. Damals dachte ich, dass es nur für ein Jahr sein würde. Von diesem Schritt erhoffte ich mir, dass er mehr Gleichgewicht in unsere Beziehung bringen würde. Bis dahin hatten wir vornehmlich in »meiner Welt« gelebt und ich wollte das Umfeld kennenlernen, aus dem mein Mann stammt. Ich fand auch eine Postdoktorandenstelle in Berlin, das erleichterte mir den Umzug zusätzlich. Es war auch für mich eine gute Gelegenheit, an meinen eigenen Forschungen weiterzuarbeiten und mein Deutsch zu verbessern.

Wir haben uns ganz bewusst für Berlin entschieden, weil es eine internationale, vielfältige und aufregende Stadt ist. Das mannigfaltige jüdische Leben in Berlin ermöglichte es uns auch, unseren religiösen Lebensstil fortzuführen. Ich kannte die Stadt aus früheren Aufenthalten und stand ihr offen gegenüber. Aber der Umzug nach Deutschland hat für mich nicht den gleichen Stellenwert wie meine Einwanderung nach Israel. Dorthin bin ich mit dem festen Vorhaben gezogen, das Land zu meinem neuen permanenten Lebensmittelpunkt zu machen. Den Aufenthalt in Deutschland sehe ich hingegen als eine vorübergehende Lebensentscheidung an.

Mehrere meiner Verwandten besuchten uns in Berlin, unter ihnen auch meine Eltern. Insbesondere meine Mutter zögerte anfangs, entschloss sich aber letztlich, zu kommen. Ich war dankbar für die Gelegenheit, sie durch die Stadt zu führen und sie somit auch an meiner eigenen Auseinandersetzung mit Berlin teilhaben zu lassen.

4. Leben und Alltag in Israel und Deutschland

Durch den engen Kontakt zum Freundeskreis und zu der Familie von Jakob lernte ich auch ihn besser kennen. Wir traten auch der Jüdischen Gemeinde zu Berlin bei, sodass einige unserer Freundinnen und Freunde in Berlin aus diesem Milieu kommen. Es sind nicht nur Israelis, sondern Juden allgemein.

Die Stadt Berlin war für mich als Schauplatz und Symbol einer bewegten Vergangenheit, deren Opfer meine Familie und mein Volk gewesen sind, sehr interessant. Neben den geografischen Räumen, die an den Holocaust erinnern, gibt es auch viele Schauplätze, die beispielsweise mit den Weltkriegen und dem Kalten Krieg verbunden sind. Für mich ist es sehr bemerkenswert und eindrucksvoll, wie die Stadt sich in der Gegenwart mit ihrer Vergangenheit auseinandersetzt. Die stark spürbare Präsenz von Geschichte in Form von Monumenten und Mahnmalen empfinde ich als etwas Besonderes an Berlin.

Als Jakob eine auf fünf Jahre ausgelegte Stelle an der Universität in München angeboten bekam, beschlossen wir gemeinsam, unseren Aufenthalt in Deutschland zu verlängern.

Trotz der anfänglichen Anpassungsschwierigkeiten war ich letztlich etwas traurig, Berlin wieder zu verlassen. München ist noch sehr neu für mich und ich kann über das Leben hier noch nichts sagen.

5. Grenzerfahrungen und Überwinden von Grenzen in Israel und Deutschland

Wenn ich in Bezug auf Deutschland an geografische Grenzen denke, ist meine erste Assoziation Ost und West. Ich habe im vergangenen Jahr Deutschland auch geografisch besser kennengelernt und eine viel bessere Vorstellung von der Größe des Landes gewonnen. Es überraschte mich, wie viele Regionen es in Deutschland gibt, die sich in Bezug auf Kultur, Bevölkerung und Dialekt unterscheiden.

Die Anpassung an das neue Umfeld war nicht so einfach, wie ich es mir im Vorfeld vorgestellt hatte. Veränderungen fallen mir grundsätzlich schwer. Darüber hinaus waren die sprachlichen Barrieren eine Herausforderung, auch bei alltäglichen Dingen. Für eine erwachsene, selbstständige Person ist es schwierig, plötzlich auf Hilfe angewiesen zu sein.

Ich habe hier eine Postdoktorandenstelle als Forscherin. Das ermöglicht mir, weitgehend unabhängig zu arbeiten. Doch gleichzeitig bringt dies eine gewisse Einsamkeit mit sich, die mich im vergangenen Jahr belastet hat. Dies hat nichts mit Deutschland per se zu tun. Aber es ist auch auf sprachliche Barrieren zurückführen, die mich daran hindern, ein Teil des akademischen Netzwerkes zu werden.

Oft sage ich mir, dass dies nicht meine erste Migrationserfahrung ist. Auch in Israel hatte ich nach meiner Einwanderung viele Erlebnisse, bei denen ich mich in Bezug auf Sprache, Kultur und Verhaltensweisen als Ausländerin fühlte. Ich musste mich anpassen, um Teil der Gesellschaft zu werden. Dennoch fiel mir die Integration dort leichter. Worauf sich das zurückführen lässt? Vielleicht auf mein Alter, damals war ich erst 22 und bei meinem Umzug nach Berlin 36 Jahre. Und auch auf die Sprache. Ich beherrschte bei meiner Einwanderung Hebräisch wesentlich besser, als ich heute Deutsch spreche.

Hinzu kommt, dass ich Israel als mein Zuhause angesehen habe. Die israelische Staatsbürgerschaft anzunehmen und in Israel zu studieren, bedeutete mir daher sehr viel. Ich wollte ein vollwertiges Mitglied der israelischen Gesellschaft werden.

So habe ich Freundinnen und Freunde in Israel, mit denen ich ausschließlich Hebräisch spreche. Ich beneidete auch Gleichaltrige, die ihren Militärdienst geleistet hatten, nicht, weil ich unbedingt zur Armee wollte, sondern, weil es eine Gemeinschaftserfahrung ist, die die Menschen in Israel zusammenschweißt.

In Deutschland empfinde ich dies ganz anders. Gleichwohl bin ich neugierig, ob sich dies mit der Zeit ändern wird, schließlich werden wir mehrere Jahre in München bleiben.

Das Leben in Deutschland ist für mich eine wertvolle Gelegenheit, Einblicke in eine andere Gesellschaft zu erhalten und Europa besser kennenzulernen. Momentan stört es mich nicht, dass die Menschen hier schnell erkennen, dass ich eine Ausländerin bin. Ich weiß nicht, ob ich die deutsche Staatsbürgerschaft erlangen möchte. Ich würde für sie keinesfalls die amerikanische oder israelische Staatsbürgerschaft aufgeben.

Als religiöse Jüdin gehörte ich bereits in den USA einer Minderheit an, für Deutschland gilt das umso mehr. Nicht alle Annehmlichkeiten des religiösen Lebens sind leicht zugänglich. Dies hat alle möglichen Auswirkungen auf mein religiöses Leben und beeinflusst auch die Art und Weise, wie ich mit meiner Identität als religiöse Person umgehe. Doch ich sehe dies durchaus auch als eine positive Erfahrung. Denn die Herausforderung führt bei mir zu einer stärkere Bindung an die Religion. Gleichzeitig wurde mir die Bedeutung von Gemeinschaft in Bezug auf das religiöse Leben, auf religiöse Rituale und religiöse Feste deutlich. Durch das Fehlen dieser Gemeinschaft verliert ein großer Teil davon an Sinn und Bedeutung.

Mein Umfeld in Deutschland respektiert meine Entscheidung für ein religiöses Leben und auch die unterschiedlichen Einschränkungen, die damit verbunden sind, beispielsweise im Hinblick auf koscheres Essen oder das Einhalten des Schabbats.

Allerdings denke ich nicht, dass sie meine Entscheidung nachvollziehen können oder schätzen. Meine Beweggründe für meinen Lebensentwurf sind ihnen fremd. So entstehen unsichtbare Trennungslinien zwischen ihnen und mir.

Zusätzlich habe ich das Gefühl, dass Deutsche nicht verstehen können, wie es ist, in Israel zu leben. Hier empfinde ich eine Grenze. Es sind Grenzen, die ich darauf zurückführe, dass wir verschiedene Hintergründe haben und nicht dieselben Erfahrungen gemacht haben. Natürlich bin ich mir bewusst, dass auch ich aus den gleichen Gründen ihre Lebenswege nicht voll und ganz nachvollziehen kann.

Da ich in New York aufgewachsen bin, genieße ich das Großstadtleben. Im Gegensatz zu Jerusalem habe ich das auch in Berlin und München. Dennoch würde ich nicht sagen, dass sich mein Lebensstandard drastisch verbessert hat. In dem Leben, das ich mir in Jerusalem aufgebaut hatte, war ich immer von Familie und dem Freundeskreis umgeben und ich spürte ein Gefühl von Zugehörigkeit. Solch eine Bindung habe ich in Deutschland noch nicht, das wirkt sich auch auf meine Lebensqualität aus.

Seitdem ich in Deutschland lebe, habe ich oft Einschränkungen erfahren, meistens auf sprachlicher Ebene, aber teilweise auch, weil ich Ausländerin bin. Von meiner Einwanderung in Israel weiß ich, dass man mit der Zeit immer mehr zu einem Teil der Gesellschaft wird und Barrieren fallen, wenn man die Sprache spricht und sich kulturell integrieren kann. Zugleich offenbaren sich weitere Einschränkungen und Grenzen, je besser man die Kultur kennt. Daher bin ich mir auch bewusst, dass das Überwinden der sprachlichen und kulturellen Verständnisschwierigkeiten dazu führen wird, dass sich weitere Grenzen oder Einschränkungen offenbaren, die mir im Moment noch nicht bewusst sind.

6. Bezug zu deutsch-jüdischer Geschichte und Wahrnehmung deutsch-israelischer Verständigung

Zu Beginn des Zweiten Weltkrieges war meine Großmutter mütterlicherseits das älteste Kind im Haus. Ihr Vater war eine Art Oberhaupt der jüdischen Gemeinde und gut vernetzt. Er hatte Kontakte, die ihn warnten, wenn in der Gegend Deportationen geplant waren. Dann blieb die Familie zu Hause. Als es zu gefährlich wurde, beschloss man, dass meine damals zwanzigjährige Großmutter zusammen mit einer etwas jüngeren Schwester und einem jüngeren Bruder untertauchen sollte. Mein Urgroßvater und meine Urgroßmutter wollten die Mitglieder der jüdischen Gemeinde nicht im Stich lassen. In der gleichen Nacht, in der meine Großmutter und die beiden Geschwister das Haus verließen, um sich bei der Familie eines nicht jüdischen Schulfreundes zu verstecken, wurden ihre Eltern und die beiden jüngsten Geschwister deportiert und bei ihrer Ankunft in Auschwitz ermordet.

Meine Großmutter versteckte sich eine Zeit lang mit den Geschwistern bei nicht jüdischen Familien und nach einigen Wochen wurden sie in einem Krankenhaus der katholischen Kirche für asthmatische Kinder aufgenommen. Dort erhielten sie falsche Namen und Ausweispapiere und konnten bis Ende des Krieges untertauchen, meine Großmutter und ihre Schwester als Krankenpflegerinnen und ihr jüngerer Bruder als einer der Asthmapatienten. Erst viele Jahre später fanden sie heraus, dass die Nonne, die dieses Krankenhaus leitete, noch mehrere Dutzend andere jüdische Kinder zur gleichen Zeit versteckt hatte, von denen meine Großmutter und ihre Geschwister nichts wussten.

Meine Großeltern haben sich niemals selbst als Holocaustüberlebende bezeichnet, denn in ihren Augen war diese Bezeichnung nur denjenigen vorbehalten, die in den Konzentrationslagern waren.

Nach dem Krieg hörte mein Großvater auf, Jiddisch zu sprechen, obwohl es sozusagen seine Muttersprache war. Er glaubte, dass sein Jiddisch nach der Zeit im deutschen Gefangenenlager zu eingedeutscht war. Meine Mutter und ihre Geschwister durften auch nie einen Hund als Haustier haben, weil die Tiere meinen Großvater an die Zeit im Lager erinnerten. Trotz allem hatte meine Großmutter immer eine positive Lebenseinstellung. Es waren vor allen Dingen zwei Sätze, die ich sie oft habe sagen hören: »Mir sind in meinem Leben viele Wunder widerfahren« und »Viele Menschen waren unglaublich gut zu mir«.

Einige meiner Freundinnen und Freunde in den USA und in Israel durften in ihrer Kindheit keine deutschen Produkte kaufen und Deutschland nicht besuchen. In meiner Familie war dies nicht der Fall, aber ich erinnere mich, dass ich im Alter von 25 Jahren beschloss, einen Deutschkurs in Wien zu machen und bewusst nicht in Deutschland. Ich wusste, dass ein längerer Aufenthalt in Österreich für meine Eltern erträglicher sein würde als ein Aufenthalt in Deutschland. Schon zu dieser Zeit war ich mir über die Ironie dieser Entscheidung bewusst, aber Wien ruft nicht die gleichen Assoziationen mit dem Holocaust und der Nazivergangenheit hervor wie Deutschland. Zuvor war ich bereits mehrere Male in Deutschland, aber jeweils nur für kurze Aufenthalte, und meine Eltern wussten auch, dass ich deutsche Kolleginnen und Kollegen hatte. Der Holocaust war in der Familie präsent, aber wurde von der heutigen deutschen Gesellschaft getrennt.

In Berlin lebten wir direkt im Herzen des Viertels, das vor dem Zweiten Weltkrieg stark jüdisch geprägt war. Dies war eine sehr eindrucksvolle Erfahrung für mich. Ich liebte es, durch diese Nachbarschaft zu streifen und neue Orte zu entdecken, die ich dann anderen Menschen zeigen konnte. Jakob fand es amüsant, dass ich zu einem Tourguide in Berlin geworden war. Einer meiner Lieblingsorte in unserer direkten Nachbarschaft war eine ehemalige jüdische Mädchenschule, die die Mutter meines Onkels in ihrer Kindheit in Berlin besucht hatte. Das Gefühl, heute an diesem Ort zu sein und über seine wechselvolle Geschichte und die heutigen Beziehungen von Deutschland zum jüdischen Volk nachzudenken, war sehr bewegend für mich.

Mein Leben in Deutschland ist wirklich eine Gelegenheit für mich, mich mit der Geschichte des letzten Jahrhunderts auseinanderzusetzen und an dem Prozess teilzuhaben, der heute stattfindet. Die deutsch-israelischen Beziehungen auf politischer, sozialer und persönlicher Ebene sind meiner Meinung nach nicht trotz, sondern wegen der Geschichte das, was sie heute sind. Somit sind sie in der Weltgeschichte einzigartig. Sie sind nicht perfekt, aber überwältigend positiv. Im Hinblick auf andere Konfliktherde auf der Welt ist dies ein hoffnungsvolles Beispiel für zwei Länder, die sich der Vergangenheit stellen und sich mit ihr auseinandersetzen. Je mehr ich in diese Geschichte einbegriffen bin – durch meine Heirat mit einem Deutschen und durch mein Leben hier –, desto mehr werde ich mir der Komplikationen bewusst, die Teil dieser Geschichte sind. Bis heute habe ich großen Respekt davor, wie Deutschland sich für die deutsch-israelischen Beziehungen eingesetzt hat. Diese sind ein Produkt der Vergangenheit, doch garantieren sie eine andere Gegenwart und Zukunft.

Viele Deutsche kommen als Urlauberinnen und Urlauber, als Freiwillige oder in einer anderen – zum Beispiel geschäftlichen – Funktion nach Israel. Sie lernen so das Land kennen und haben die Gelegenheit, ein differenziertes Bild zu entwickeln. Grundlage dafür sind die guten deutsch-israelischen Beziehungen, zugleich werden diese durch den Austausch gefestigt. Meinen persönlichen, inoffiziellen Beitrag zu dem langen Prozess des Verzeihens und zur Stärkung positiver, normaler Beziehungen zwischen beiden Ländern sehe ich in meiner Präsenz und Interaktion mit Deutschen in verschiedenen Kontexten. Ebenso, wie das Interesse von Deutschen an Israel und deren Unterstützung für den jüdischen Staat positive Effekte auf das Bild der Israelis von Deutschland haben, kann ich hier in die entgegengesetzte Richtung einen positiven Impuls setzen.

Als Israelin wurde ich in Deutschland positiv aufgenommen. Allerdings begegnete ich bisher überwiegend Menschen, die bereits in irgendeiner Weise Kontakt mit Israel hatten, sei es über Jakob oder sei es, dass sie selbst schon einmal dort waren. Sicherlich haben einige ihre eigenen Meinungen über die israelische Politik, aber ich persönlich habe fast ausschließlich positive Reaktionen auf meine Herkunft erhalten.

7. Heimat / Zuhause

Derzeit sehe ich Israel als meine Heimat an. Es ist der Ort, an dem ich den größten Teil meines Erwachsenenlebens verbracht habe, wo der Großteil meiner Familie lebt und wo ich mein eigenes Leben verankert sehe. Auch auf einer historisch-nationalen Ebene sehe ich Israel als Heimat. Auf die Frage nach meiner Nationalität antworte ich immer: »Ich bin beides, Amerikanerin und Israelin«, denn beide Länder und Kulturen hatten einen unumstrittenen und tief greifenden Einfluss auf die Entwicklung meiner Persönlichkeit und machten mich zu dem Menschen, der ich heute bin.

Gleichzeitig stelle ich fest, dass die Frage »Woher kommst du?« inzwischen auch durch die unterschiedlichen Orte, an denen ich lebte, für mich schwieriger zu beantworten ist. Nicht nur physisch, sondern auch in meiner eigenen Wahrnehmung nehme ich mich zu gleichen Teilen als Amerikanerin und Israelin wahr.

Deutschland spielt in diesem Kontext noch keine Rolle. Ich kann mir nicht vorstellen, hier für eine lange Zeit zu leben.

Die Tatsache, dass mein Ehemann Deutscher ist und Familie hier hat, ist mir sehr bewusst. Auch wenn ich mir momentan nicht vorstellen kann, für immer hier zu bleiben, so kann ich mir vorstellen, eine lebenslange persönliche Bindung zu Deutschland zu haben, denn durch meinen Mann habe auch ich hier Familie. Ob es jemals zu einer Art Heimat für mich werden kann, weiß ich zu diesem Zeitpunkt noch nicht.

Ich war sehr glücklich mit meinem Leben in Jerusalem und würde es sofort wieder aufnehmen.

Amnon Orbach

»Israel wird immer meine Heimat bleiben, doch in Deutschland habe ich eine konkrete Aufgabe«

Geburtsjahr:	1930
Geburtsort:	Jerusalem
aufgewachsen in:	Jerusalem
in Deutschland seit:	1983
lebt derzeit in:	Marburg
Studium:	Maschinenbau, Ingenieurwesen (Industrie)
Beruf:	Diplom-Ingenieur Mitbegründer und Vorsitzender der Jüdischen Gemeinde Marburg

1. Die Geschichte meiner Familie

Mein Vater, Moshe Orbach, stammt aus Lodz in Polen. Dort lernte er bereits Hebräisch in der Synagoge, die er oft zum Beten besuchte. Meine Mutter wurde in der Ukraine geboren. Beide kamen 1921 im Alter von 18 Jahren als Pioniere nach Palästina, um das Land aufzubauen. Anfangs arbeitete mein Vater als Polizist, damals noch unter der britischen Mandatsherrschaft. Später haben meine Eltern sich als Geschäftsleute selbstständig gemacht und waren auch im Import tätig. Sie gehörten der oberen Mittelschicht an, hatten einen hohen Lebensstandard und ein gutes Leben. Zugleich gab es damals auch Unruhen. Mein Vater war während der britischen Mandatszeit Kommandeur in der Haganah, der jüdischen Untergrundbewegung gegen die Briten. Meine Mutter unterstützte meinen Vater von Anfang an im Geschäft und war ebenfalls im Untergrund aktiv. Sie kümmerte sich um die Logistik, die Verpflegung der Truppen und schmuggelte sogar Waffen, die sie unter ihrer Kleidung versteckt hatte.

Mit der Gründung des Staates Israel 1948 wurde diese paramilitärische Untergrundorganisation in die israelischen Verteidigungsstreitkräfte überführt und mein Vater war ab da Oberst in der israelischen Armee. In Jerusalem hat man zu seinen Ehren einen Platz nach ihm benannt, den Moshe-Orbach-Platz. Er starb 1962 im Alter von 57 Jahren an Krebs, doch bis heute bleibt er mir unvergessen.

2. Meine Biografie

Meine Zwillingsschwester und ich wurden 1930 in Jerusalem geboren und sind dort aufgewachsen. Um unsere Erziehung kümmerte sich hauptsächlich meine Mutter.

Mein Vater nahm mich regelmäßig zu Übungen und Treffen der Untergrundbewegung mit. Ich sah zu, wie die Kämpfer den Umgang mit Waffen und Handgranaten erlernten. Im Alter von 16 Jahren wurde ich selbst im Untergrund aktiv. Damals war ich noch Schüler und besuchte das Gymnasium. Die Abiturprüfungen meines Jahrganges wurden 1948 einige Monate vorgezogen, weil wir Abiturienten als Soldaten an der Front gebraucht wurden.

Im November 1947 beschloss die UNO-Vollversammlung, Palästina in einen jüdischen und einen arabischen Staat aufzuteilen (→ S. 127 f.). Die Juden akzeptierten diese Entscheidung, die Araber nicht. Daraufhin begannen die Kämpfe zwischen Juden und Arabern. 1948, nach der Staatsgründung Israels, brach der Unabhängigkeitskrieg aus. Das war der erste Krieg, in dem ich selbst mitkämpfte. Wir gingen von der Schulbank direkt an die Front. Viele meiner Klassenkameraden sind damals umgekommen. Jerusalem war umzingelt und wir hatten kein Wasser, keine Waffen, keine Munition und keinen Strom. Wir kämpften um unser Überleben, bis es der israelischen Armee gelang, Jerusalem nach Westen hin zu öffnen.

Nach dem Krieg wollte ich Medizin studieren und Arzt werden, aber als 1949 die Universitäten wieder öffneten, betrug die Wartezeit für ein Medizinstudium mehrere Jahre. Meine Familie hatte nach dem Krieg nicht das Geld, mich zum Studium ins Ausland zu schicken. So begann ich 1949 ein Maschinenbaustudium am Technion in Haifa.

Im Alter von 23 Jahren heiratete ich. Nach Abschluss meines Diploms erhielt ich ein Angebot vom israelischen Verteidigungsministerium, das Ingenieure für die Waffenindustrie suchte. Ich arbeitete einige Jahre im Bereich der Entwicklung.

1956 gingen meine Frau und ich in die USA, wo auch meine Tochter geboren wurde. Ich beabsichtigte, ein zweites Diplom als Industrieingenieur zu absolvieren. Ich studierte an der Columbia University in New York und zur Sicherung unseres Lebensunterhalts arbeitete ich als Ingenieur in einer Firma, die Waagen entwickelte und produzierte.

Nach meiner Diplomprüfung kehrten wir 1961 nach Israel zurück, wo ich sogleich wieder Anstellung fand. 1962 wurde mein Sohn geboren. 1967 bat mich ein Professor eines renommierten israelischen Instituts, bei der Entwicklung von didaktischen Lehrmaterialen und Spielen für Schulen und Kindergärten mitzuwirken. Dieses neue Arbeitsfeld fand ich sehr reizvoll und so gründete ich bald meine eigene Firma mit dem Namen »Orda«. Ich war sehr erfolgreich. Einige meiner Entwicklungen werden noch heute in Israel verkauft und genutzt, zudem habe ich viel ins Ausland exportiert. Später verkaufte ich meine Firma und arbeitete für einen großen israelischen Konzern für Elektrogeräte.

1979 ließen meine damalige Frau und ich uns scheiden.

Der Wendepunkt in meinem Leben kam 1981, als ich meine jetzige Frau, eine Lehrerin aus Deutschland, kennenlernte. 1983 zog ich zu ihr nach Marburg, wo wir 1985 heirateten. Seit unserer Heirat leben wir den Großteil der Zeit in Marburg, verbringen aber auch viel Zeit in unserer Wohnung in Jerusalem. Meine Frau ist bis heute Atheistin.

Mein Sohn lebt mit seiner Frau und seinen drei Kindern in Israel. Er ist Chemiker, arbeitet aber im Verwaltungsbereich. Meine Tochter lebt mit ihren Zwillingen in London.

3. Gründe für die Migration nach Deutschland und Reaktionen des Umfeldes in Israel

Ich bin nicht nach Deutschland ausgewandert, weil ich Israel oder Jerusalem verlassen wollte, sondern weil die Liebe mich hierher geführt hat.

Natürlich hätte meine jetzige Frau auch zu mir nach Israel kommen können. Ein Umzug hätte ihre berufliche Karriere beendet und das wollte ich nicht. Nach langem Überlegen habe ich also entschieden, in Deutschland wieder neu anzufangen. Mein israelischer Arbeitgeber versetzte mich als Auslandsrepräsentant der Firma nach Deutschland und so hatte ich bereits eine Arbeitsstelle. Diese schwierige Entscheidung belastete mich sehr, doch dies war für mich der einzige Weg.

In den Augen meiner Familie und meines israelischen Freundeskreises habe ich mit meinem Umzug nach Deutschland eine Grenze überschritten. Zum Zeitpunkt meines Umzugs war mein Sohn in der israelischen Armee. Während er als Panzerkommandant im Libanonkrieg in Beirut kämpfte, verließ ich Israel und lebte in seinen Augen »wie ein König« in Deutschland. Meine Kinder haben meine Entscheidung anfangs kritisiert. Dies hat sich erst geändert, nachdem meine Frau und ich geheiratet hatten. Inzwischen haben sich die Beziehungen zu meinen Kindern normalisiert.

4. Leben und Alltag in Deutschland

Ich wurde in Deutschland sehr gut aufgenommen, persönlich und als Israeli. Die Beziehung zu meiner deutschen Wahlfamilie war anfangs aufgrund meiner mangelnden Deutschkenntnisse etwas schwierig, mit der Zeit hat sie sich aber verbessert.

Bei meiner Ankunft in Marburg war ich etwas Besonderes. Theologinnen und Theologen sowie Studierende unterhielten sich auf Hebräisch mit mir. Ich war für sie »ein neues Angebot« auf den Marburger Straßen. Mit der Zeit vergrößerte sich mein Bekanntenkreis, der im Wesentlichen aus Akademikerinnen und Akademikern besteht. Nachdem ich zunächst noch in der deutschen Niederlassung bei einer israelischen Firma beschäftigt war, gründete ich später eine eigene Import- und Exportfirma.

Grundsätzlich war ich mit meinem Leben in Marburg zufrieden, doch mir fehlte die jüdische Kultur. Es gab hier kein jüdisches Leben, keine Synagoge, keine jüdische Kultur.

Als ich mich besser auf Deutsch verständigen konnte, habe ich mich getraut, beim damaligen Marburger Oberbürgermeister (Dr. Hanno Drechsler) einen Termin zu vereinbaren. Ich sagte zu ihm: »Vor dem Zweiten Weltkrieg hatten Marburg und das medizinische Zentrum einen hervorragenden Ruf in Deutschland und der ganzen Welt. Von diesem Ruf profitiert Marburg heute noch, aber damals gab es hier mindestens zehn bis 15 Prozent Juden, jüdische Professoren, Doktoren, den besten Kinderärztebund, Hermann Cohen mit der Marburger Philosophie und Martin Buber.« Und ich habe den Oberbürgermeister geradeheraus gefragt: »Wie viele jüdische Ärzte gibt es hier heute? Wie viele Juden gibt es in der Theologischen Fakultät? Keine. Soll dies so weitergehen oder wollen wir etwas dagegen tun?« Der Oberbürgermeister hatte gleich verstanden, worauf ich hinauswollte.

Anfangs war es nicht mein Ziel, ein Gemeindezentrum aufzubauen, sondern ich ging von meinen persönlichen Bedürfnissen aus. Zum Beten musste ich nach Kassel oder Mannheim fahren, später dann nach Gießen. Zunächst wollte ich wenigstens einen Ort, wo wir wenigen Marburger Juden uns treffen konnten. So gründeten wir 1987 eine jüdische Gemeinde. Ende 1989 stellte Dr. Drechsler uns eine kleine Wohnung im Zentrum Marburgs zur Verfügung. Wir richteten einen Gebetsraum sowie einen Seminarraum ein und konnten nun Gottesdienste abhalten, unsere Feiertage begehen und Seminare für Studierende anbieten, in denen sie das Alte Testament lasen und hebräisch lernten. Die Nachfrage war groß und so haben wir das Angebot nach und nach erweitert.

Die Arbeit in der Jüdischen Gemeinde ist eine Herzensangelegenheit für mich. Ohne eine Synagoge hätte ich hier nur schwer leben können.

Nach dem Fall der Berliner Mauer und der Öffnung der Grenzen kam es etwa ab 1992 zu einem starken Zustrom von jüdischen Menschen aus den Ostblockstaaten. Unsere Räumlichkeiten wurden bald zu eng und Ende 2002 erhielten wir von der Stadt Marburg ein Gebäude, das sich als Synagoge und jüdisches Kulturzentrum gut eignete. Nach umfassender Renovierung konnten wir Ende 2005 unsere prächtige Synagoge einweihen.

Heute zählt unsere Gemeinde etwa 350 Mitglieder und unser Kulturzentrum bietet zahlreiche Aktivitäten an. Diese richten sich nicht nur an die jüdischen Bürgerinnen und Bürger, sondern an alle Menschen unserer Stadt. Der Leitsatz unseres Hauses lautet: »Unser Haus soll ein Bethaus sein für alle Völker ...«

In Anerkennung meiner Bemühungen, dem Judentum in Marburg nach dem Holocaust wieder zu einem Status zu verhelfen, wurde ich im Jahr 2000 mit dem Bundesverdienstkreuz am Bande geehrt. 2014 ernannte mich die Stadt Marburg zu ihrem Ehrenbürger.

Von Anfang an war ich bemüht, mit den anderen Religionen friedlich zusammenzuleben. So gibt es beste Kontakte zur Gesellschaft für christlich-jüdische Zusammenarbeit. Am »Runden Tisch der Religionen« treffen sich alle in Marburg existierenden Glaubensgemeinschaften zu einem monatlichen Gedankenaustausch, an dem ich regelmäßig beteiligt bin.

5. Grenzerfahrungen und Überwinden von Grenzen

Die Grenzen Israels haben für mich eine große Bedeutung. Das Land ist rundherum von arabischen Nachbarstaaten umgeben, daher braucht es Grenzen, an denen es sich verteidigen kann. Ich bin der Meinung, dass die Palästinenser ihren eigenen Staat brauchen und autonom sein sollen. Durch Investitionen und Kooperation lassen sich Arbeitsplätze und Einkommensmöglichkeiten für die dortige Bevölkerung schaffen. Daher muss die internationale Gemeinschaft und auch Israel einen neuen palästinensischen Staat unterstützen. Aber auch, wenn ich grundsätzlich für eine Zweistaatenlösung bin, denke ich, dass jetzt nicht die richtige Zeit ist. Wenn Israel heute ganz oder teilweise auf das Westjordanland verzichten würde, dann würde es morgen von den radikalen Islamisten erobert.

Meiner Meinung nach müssen die von Israel annektierten Gebiete der Golanhöhen in israelischer Hand bleiben, auch wenn sie ein Teil von Syrien waren, denn sie sind von großer strategischer Bedeutung für die Sicherheit Israels.

In Israel habe ich mehrere arabische Freunde, Palästinenser, Drusen und Beduinen. Alle diese Kontakte pflege ich heute noch.

6. Bezug zu deutsch-jüdischer Geschichte und Wahrnehmung deutsch-israelischer Verständigung

Bedauerlicherweise kamen mehrere Mitglieder meiner Familie in Polen in Ghettos und Konzentrationslager ums Leben. Einen Onkel habe ich persönlich gekannt: Der jüngste Bruder meines Vaters ist in Polen geblieben. Er war dort verheiratet und hatte ein kleines Kind. Ich habe ihn in Israel kennengelernt, als er ein halbes Jahr vor Beginn des Zweiten Weltkrieges zu Besuch war. Die Familie hatte damals schon geahnt, dass er in Polen nicht sicher sein würde, und wollte ihn überzeugen, in Palästina zu bleiben, doch er bestand darauf, zu seiner Familie zurückzukehren. 1943 hörten wir die Nachrichten aus dem Warschauer Ghetto und wussten, dass der Onkel und auch seine Familie von den Nazis getötet worden waren. Das war das einzige Mal in meinem Leben, dass ich meinen Vater in Tränen gesehen habe, was für mich merkwürdig war, denn in meinen Augen war er der mutige Kommandeur der Untergrundbewegung, ein Held.

Während des Zweiten Weltkrieges machte uns nicht nur die Judenvernichtung in Europa Sorgen. Wir befürchteten auch, dass die deutsche Wehrmacht über Nordafrika in Richtung Israel einmarschieren könnte. Israel hatte sich für den Ernstfall gerüstet und wir Kinder packten mit an. Ich erinnere mich noch gut, wie wir Sandsäcke füllten, um auf den Angriff der deutschen Wehrmacht vorbereitet zu sein. So vermischte sich emotional bei uns die Trauer um die ermordeten Juden in Europa mit der Angst, auch im eigenen Land zu Opfern der Deutschen zu werden.

Ich lebe seit 1983 in Deutschland und persönlich habe ich noch nie unter Antisemitismus gelitten. Ich weiß, dass es in Großstädten Übergriffe auf ultraorthodoxe Juden gibt, die aufgrund ihrer Kleidung als Juden erkennbar sind.

Die deutsch-israelischen Beziehungen sind grundsätzlich exzellent, beispielsweise hat Deutschland sehr viel getan in Sachen Wiedergutmachung, nicht nur in Form von Geld, sondern auch dadurch, dass es Technik und Know-how zur Verfügung gestellt hat. Die Unterstützung für die israelische Industrie vonseiten Deutschlands hat Israel damals gerettet. Man kann dies mit der Hilfe der Amerikaner für Deutschland nach dem Zweiten Weltkrieg vergleichen, als ganz Deutschland zerstört war und wiederaufgebaut werden musste.

Ich denke, dass auch Bundeskanzlerin Angela Merkel die deutsch-israelischen Beziehungen als gut wahrnimmt. In einer Rede vor dem israelischen Parlament verpflichtete sie sich dazu, Israel zur Seite zu stehen.

Die meisten Israelis nehmen Deutschland heute sehr positiv wahr, aber es gibt auch andere Stimmen, selbst in meiner Familie. So findet man in Israel viele Holocaustüberlebende, die Deutschland niemals besuchen möchten oder die aus Prinzip kein deutsches Auto kaufen. Hingegen übt Berlin in den letzten Jahren besonders für junge Israelis eine große Anziehungskraft aus. Heute leben dort bereits circa 20 000.

Viele Deutsche besuchen Israel leidenschaftlich gern, aber zugleich höre ich oft Kritik an der israelischen Politik, zum Beispiel am Umgang des Landes mit seiner arabischen Minderheit.

Ich persönlich bemühe mich, einen Beitrag zur Verbesserung der deutsch-israelischen Beziehungen zu leisten. Dabei bereitet mir die neue israelische Regierung Sorgen, denn ich fürchte, dass Länder Israel boykottieren oder Sanktionen verhängen könnten. Ich hoffe, dass Deutschland sich niemals solcher Maßnahmen bedient, sondern diplomatisch vorgeht und Meinungsverschiedenheiten im Rahmen von Diskussionen beigelegt werden können.

7. Heimat / Zuhause

Ich bin in Israel geboren und habe in mehreren Kriegen gekämpft. Deshalb wird Israel immer meine Heimat bleiben. Heimat verbinde ich auch mit Sprache und meine Muttersprache ist Hebräisch. In dieser Hinsicht ist Deutschland nicht wirklich meine Heimat. Ich kann mich auf Deutsch verständigen, diskutieren und erzählen, aber es ist nicht das Gleiche. Einen

Großteil meines Lebens verbringe ich zwar in Deutschland, dennoch bin ich in Gedanken sehr oft in Israel. Ich verfolge die israelische Politik mit großem Interesse.

Marburg ist sozusagen meine zweite Heimat, denn hier habe ich auch den größten Teil meines »Lebenswerkes« vollbracht.

Meinem Empfinden nach habe ich heute sowohl in Deutschland als auch in Israel ein Zuhause. Israel bin ich sehr verbunden, doch in Deutschland habe ich eine konkrete Aufgabe. Hier in Marburg kann ich etwas bewegen und verändern.

Wenn ich mich in Jerusalem aufhalte, beschäftigt mich die Jüdische Gemeinde in Marburg. In Marburg wiederum lese ich täglich übers Internet israelische Zeitungen, um auf dem aktuellen Stand der Ereignisse zu bleiben.

Meine Frau und ich genießen das Leben in den beiden so unterschiedlichen Welten.

Dieses Interview führte Anna Ntemiris.

Edna Brocke

»Grenzen bedeuten Respekt«

Geburtsjahr:	1943
Geburtsort:	Jerusalem
aufgewachsen in:	Jerusalem und später Tel Aviv
in Deutschland seit:	Dezember 1968, zunächst als vorübergehend gedacht, dort »hängen geblieben«, zuvor ab November 1967 vorübergehend in Wien gelebt
lebt derzeit in:	Krefeld
Studium:	1963 bis 1967 (bis zum Krieg) Studium der Politikwissenschaften und Anglistik als Hauptfächer und Judaistik als Nebenfach in Jerusalem (B. A.), danach in Regensburg Politikwissenschaften und Soziologie (M. A.)
Beruf:	ehem. Leiterin der »Alten Synagoge« in Essen

1. Die Geschichte meiner Familie

Mein Vater ist 1910 in Königsberg geboren worden. Die Stadt wurde nach dem Zweiten Weltkrieg von der Sowjetunion annektiert und heißt seither Kaliningrad. Er kam aus einem sehr assimilierten Elternhaus. Er war der einzige Jude in seiner Klasse und hat in seiner Schulzeit Feindschaft gegen Juden sehr deutlich erfahren. Als mein Vater 13 Jahre alt war, starb mein Großvater an einer Lungenentzündung.

Die Familie meiner Mutter stammt ursprünglich aus Posen, das damals zu Deutschland (Westpreußen) gehörte. Bei der Volkszählung von 1910 haben 55 Prozent der Bevölkerung Polnisch als Muttersprache angegeben und 45 Prozent Deutsch. Wie viele deutschsprachige Einwohner verließen meine Großeltern die Stadt und zogen nach Berlin.

Meine Mutter wurde 1911 in Berlin geboren und wuchs dort auf. Sie war assimiliert und hielt sich für gut integriert. Als Hitler 1933 gewählt wurde, waren meine Eltern beide Studenten. Sie haben jedoch sofort verstanden, dass es nach diesem Wahlausgang in Deutschland keinen Platz mehr für Juden gab und bereiteten ihre Auswanderung vor. Sie waren keine Zionisten und wären gern in die USA gegangen, hatten aber weder das nötige

Geld dafür noch Verwandte, die dort für sie hätten bürgen können. So sind sie ins damalige Palästina ausgewandert, wo sie am 5. Januar 1935 in Jaffa ankamen.

Mein Vater war zu der Zeit promovierter Jurist, konnte aber wegen der unterschiedlichen juristischen Systeme nicht in seinem Beruf arbeiten. Er war ein halbes Jahr in Jerusalem als Glaser tätig. Meine Mutter hatte ihr Physikum in Medizin noch in Deutschland absolviert. Sie konnte ihr Studium in Jerusalem nicht fortsetzen, weil sie weder das Geld noch die Zeit dafür hatte. Sie assistierte zunächst meinem Vater bei seiner Arbeit als Glaser. Später arbeitete sie als Putzfrau. Meine Eltern haben sich nach und nach hochgearbeitet, mein Vater bis zum Bankdirektor und meine Mutter mit Büroarbeit in einer Musikakademie. Erst als ich mein Studium in Jerusalem begann, verbesserte sich die finanzielle Situation der Familie durch eine sogenannte Wiedergutmachungszahlung aus Deutschland.

> ▶ **»Wiedergutmachungszahlungen«**
>
> Am 10. September 1952 unterzeichneten Bundeskanzler Konrad Adenauer und der israelische Außenminister Moshe Scharett das »Luxemburger Abkommen«, in Deutschland in der Regel »Wiedergutmachungsabkommen« genannt. Darin sagte Westdeutschland zu, an den Staat Israel innerhalb von zwölf bis 14 Jahren eine sog. Entschädigung von drei Milliarden DM zu zahlen oder in Waren zu liefern. Zudem erhielt die Jewish Claims Conference, eine Dachorganisation, die die individuellen Entschädigungsansprüche jüdischer Opfer gegenüber Deutschland vertritt, 450 Millionen DM. Das Abkommen war in beiden Staaten umstritten. Die Mehrheit der westdeutschen Bevölkerung hielt die vereinbarten Zahlungen für unnötig oder zu hoch, viele jüdische Israelis lehnten sie als »Blutgeld« ab.

Meine Großmutter väterlicherseits war vor Beginn des Zweiten Weltkriegs in Jerusalem zu Besuch. Die Familie versuchte, sie zum Bleiben zu überreden. Doch sie konnte die Hitze nicht ertragen, verstand die Sprache nicht und vermochte sich ein Leben im Land nicht vorzustellen. Sie wollte zunächst in ihrer gewohnten Umgebung in Königsberg bleiben. Die Familie konnte die Großmutter nicht überzeugen und somit auch nicht vor der Ermordung durch die Nationalsozialisten bewahren.

Den beiden Geschwistern meines Vaters und der Schwester meiner Mutter gelang es, meine Großeltern mütterlicherseits noch rechtzeitig vor Kriegsbeginn aus Deutschland herauszuholen. Damals hatten die Briten die jüdische Einwanderung nach Palästina scharf eingeschränkt. Man benötigte ein Einreisezertifikat. Die Familie versuchte über Kontakte, ein solches Zertifikat für die Eltern meiner Mutter und für die Mutter meines Vaters zu bekommen. Zunächst reichte für Ehepaare ein Zertifikat für die Einreise.

Als die Familie endlich zwei Zertifikate erhielt, hatten die Briten die Einreisebestimmungen verschärfend geändert. Neuerdings benötigte man ein Zertifikat pro Person und nicht – wie bisher – pro Ehepaar. So hatten die »Kinder« zwei Zertifikate für drei Personen. Sie standen somit vor der schwierigen Entscheidung, welche zwei der drei Personen mithilfe dieser Zertifikate einreisen sollten. Da die Mutter meines Vaters vermutlich nicht wirklich ausreisen wollte, sind die Eltern meiner Mutter – mit dem letzten Schiff vor Kriegsbeginn – von Triest nach Palästina aufgebrochen. Die Mutter meines Vaters ist nicht mehr aus Deutschland rausgekommen. Erst spät habe ich verstanden, welche schwere seelische Belastung diese Entscheidung für meine Eltern und deren Geschwister gewesen sein muss.

Als mein Onkel (der Bruder meines Vaters) in Tel Aviv gestorben ist und wir seine Wohnung auflösten, habe ich Berge an Briefen zwischen diesen drei Geschwistern und der Mutter in Königsberg und später aus dem Ghetto Litzmannstadt gefunden. Darunter auch den letzten Brief meiner Großmutter aus dem Ghetto. Nach dem Krieg haben mein Vater und seine Geschwister versucht, etwas über den Verbleib ihrer Mutter über das Rote Kreuz zu erfahren. Alle Büros des Roten Kreuzes, die sie anschrieben, waren ausdrücklich abweisend, zuweilen sogar feindselig.

Viele Jahre später habe ich meinen Vater gebeten, ihre Geschichte in der Holocaust-Gedenkstätte Yad Vashem zu dokumentieren, aber er wollte dies nicht. Nach seinem Tod haben meine Schwester, mein Onkel und ich, so gut wir es konnten, ihre Geschichte aufgeschrieben und in Yad Vashem eingereicht.

2. Meine Biografie

Ich bin 1943 in Jerusalem geboren und habe eine sechs Jahre ältere Schwester. Im Gegensatz zu ihrer eigenen Erziehung legten meine Eltern Wert darauf, dass wir einen Bezug zur jüdischen Tradition entwickelten. Beide Eltern waren bewusste Juden, hatten aber keinen Bezug zu dem religiösen Aspekt im Judentum. In Israel – vielleicht als Reaktion auf die Vernichtung der Juden in Europa, aber auch als eine Anpassung an das jüdische Umfeld – haben sich beide ein wenig für die Praxis geöffnet. Beispielsweise feierten wir zu Hause alle jüdischen Feste.

Ein »Jekkenkind« zu sein, war weder in der Grundschule noch im Gymnasium einfach. In meiner Schulzeit wurden wir von den russisch- und polnischstämmigen Kindern von oben herab behandelt. Das galt auch für die meisten Lehrer, die auch aus Polen oder Russland stammten. Zudem war Israel in dieser Zeit noch sehr sozialistisch geprägt, was kaum Raum für freies, eigenes Denken und Handeln ließ, eine Haltung, die wir »Jekkenkinder« schätzten und gewohnt waren.

Nach der Schule absolvierte ich von 1961 bis 1963 den in Israel auch für Mädchen üblichen Wehrdienst. Das war eine völlig andere Welt für mich, in der ich bestehen musste. Zu Hause war ich das verwöhnte Kind und in der Armee teilte ich mir ein Zimmer mit neun anderen Mädchen. In diesem Zimmer war ich die Einzige, die in Israel geboren war. Die anderen kamen aus allen Teilen der Welt. Nach der Grundausbildung war ich über sechs Monate in der Nachrichtendienstabteilung einer Panzereinheit tätig. Später habe ich einen dreimonatigen Offizierskurs absolviert, der mich zwar physisch an die Grenze meiner Kräfte brachte, den ich aber bis zum Schluss durchgehalten habe. Danach war ich für den Rest meiner Militärzeit in einem Bildungs- und Kulturdezernat einer Einheit tätig, die es nur in der israelischen Armee gibt.

1963 begann ich mein Studium an der Hebräischen Universität in Jerusalem. Ich studierte Politikwissenschaften und Anglistik als Hauptfächer sowie Judaistik im Nebenfach. In dieser Zeit lernte ich auch meinen späteren Ehemann Michael kennen. Er ist ein deutscher Nichtjude, der damals in Jerusalem studierte. Nach einiger Zeit teilte er mir mit, dass er für zwei Semester nach Wien gehen müsse, um am dortigen Lehrstuhl für Judaistik seine Promotion abzuschließen. Er wollte, dass wir heiraten und zusammen für diese zwei Semester nach Österreich gehen. Wir haben auf Zypern geheiratet. Ich konnte meinen Vater davon überzeugen, die Rückeinbürgerung in Deutschland zu beantragen, sodass ich (in der Folge) die deutsche Staatsbürgerschaft erhalten konnte. Auf diese Weise konnten wir beide mit einem deutschen Pass auf Zypern heiraten. Ende 1967 zogen mein Mann und ich für ein Jahr nach Wien und im Dezember 1968 nach Regensburg. Dort lebten wir acht Jahre. Da sich der Abschluss seiner Dissertation und die Abschlussprüfungen bis 1977 hinzogen, nahmen wir Arbeitsstellen an den Universitäten in Regensburg und später in Duisburg an und zogen 1978 nach Moers am Niederrhein. Wie in Regensburg habe ich auch im Rheinland sogenannten Religionsunterricht in verschiedenen jüdischen Gemeinden erteilt, hatte zudem verschiedene Lehraufträge an Universitäten (Duisburg, Bochum und Essen) und war freiberuflich tätig.

Ein Schwerpunkt in diesem Bereich wurde das Engagement im sog. christlich-jüdischem Dialog. Ab 1971 wurde ich in immer mehr Gruppen bzw. Gremien berufen und lernte sehr viel über christliche Theologie – katholische wie evangelische. Über 17 Jahre leitete ich – zusammen mit einem Pfarrer – die Arbeitsgemeinschaft »Christen und Juden« beim Deutschen Evangelischen Kirchentag. 1973 habe ich zusammen mit Pfarrer Gerhard Bauer die erste Dialogbibelarbeit auf einem Kirchentag gehalten.

Von 1988 bis 2011 habe ich die Begegnungsstätte »Alte Synagoge« in Essen geleitet und sie bewusst von einer Gedenkstätte zu einer Begegnungsstätte und einem Haus jüdischer Kultur umgestaltet. Seit dem Eintritt in den Ruhestand lebe ich einen Teil des Jahres in Deutschland (Krefeld) und den anderen Teil in Israel (Ramat HaSharon).

3. Wie mein Umfeld in Israel reagierte

Zu keiner Zeit habe ich eine Entscheidung getroffen, Israel zu verlassen. Als wir nach Wien flogen, war vereinbart, dass wir nach einem Jahr nach Israel zurückkehren würden. Erst als ich begriff, dass es Länder gibt, in denen es keine Studiengebühren gibt, in denen man zeitlich unbegrenzt studieren kann usw., wurde es nötig, Arbeitsstellen zu suchen und zu finden. Erst dann habe ich begriffen, dass ich de facto »exportiert« wurde.

Da mein Umfeld in Israel genauso wie ich davon ausging, dass ich sehr bald wieder zurückkehren würde, gab es keine besonderen Reaktionen auf meinen Flug nach Wien. Wir hatten auch unser Hab und Gut in Israel gelassen, weil eben kein Umzug, sondern nur ein vorübergehender Aufenthalt in Österreich beabsichtigt war. Meine Freunde und Verwandten fragten bei jedem Heimatbesuch: »Wann kommst du denn nun wieder?« Doch das lange Studium meines Mannes ermöglichte uns keine zeitnahe Rückkehr.

4. Leben und Alltag in Deutschland

Im Dezember 1968 sind wir nach Regensburg gezogen, wo ich später meinen M. A. in Politikwissenschaft und Soziologie abgeschlossen habe. Parallel begann ich, in der aus 220 Mitgliedern bestehenden jüdischen Gemeinde der Stadt sog. Religionsunterricht zu erteilen. Die Mitglieder waren größtenteils aus Polen stammende Überlebende der Schoah. Die

Arbeit mit ihren Kindern hat mir völlig neue Perspektiven eröffnet. In den meisten Fällen hatten die Eltern vor dem Krieg bereits eine Familie und verloren Partner bzw. Partnerin und Kinder im Lager oder im Ghetto. Beide Ehepartner haben im Nachkriegsdeutschland eine zweite Familie gegründet. Meine Schülerinnen und Schüler waren sozusagen die zweiten Kinder. Sohn oder Tochter von Eltern zu sein, die bereits andere Kinder vor ihnen hatten, war eine große Belastung für sie. Für mich als junge Israelin war diese Erfahrung eine besondere.

Mein pädagogisches Ziel war nicht, aus diesen Kindern orthodoxe Juden zu machen, vielmehr wollte ich ihnen ein jüdisches Selbstverständnis und Selbstbewusstsein vermitteln. Die Arbeit hat mir viel Freude gemacht. So fiel mir auch sehr oft die Aufgabe zu, zwischen den Kindern und ihren Eltern zu vermitteln bzw. darauf hinzuwirken, dass beide Seiten ein emotionales Verständnis für die jeweils andere Seite entwickelten. Viele dieser damaligen Regensburger Kinder leben inzwischen in Israel und mit einigen meiner damaligen Schülerinnen und Schüler habe ich bis heute Kontakt.

1971 bin ich in die Arbeitsgemeinschaft »Christen und Juden« beim Deutschen Evangelischen Kirchentag eingeladen worden. Später habe ich sie – zusammen mit einem evangelischen Pfarrer – 17 Jahre lang geleitet. Auf Initiative von Rabbiner Robert R. Geis wurde im Rahmen dieser Arbeitsgemeinschaft auf dem Kirchentag 1973 in Düsseldorf die erste christlich-jüdische Bibelarbeit abgehalten, bei der ein evangelischer Pfarrer und ich einen Psalm zusammen auslegten.

1988 wurde mir die Stelle als Leiterin der »Alten Synagoge« in Essen angeboten, die ich dann bis 2011 innehatte.

Diese »Alte Synagoge« befindet sich in den Räumen einer ehemaligen frei stehenden Synagoge im Zentrum der Stadt Essen. Sie überstand den Krieg – ausgebrannt im Inneren und fast unversehrt von außen. Es ist ein pompöser Bau, dessen Architektur das Empfinden der Juden (bei der Einweihung 1913), ihre Zugehörigkeit und Akkulturation wiedergibt. Nach umfassenden Umbauarbeiten in den 1960er-Jahren wurde das Haus zum Museum Industrieform, in dem neue Designerzeugnisse präsentiert wurden. Der ursprünglich auf Rundungen gegründete Innenraum wurde zu einem rechteckigen Raum umgestaltet. 1980 wurde das Haus zu einer Gedenkstätte umgewidmet, und zwar mit einer Ausstellung zum kommunistischen (und nur ganz am Rand zum sozialdemokratischen) Widerstand. Juden und ihre Geschichte kamen in der gesamten Ausstellung nicht vor.

Von Beginn meiner dortigen Tätigkeit an war es mein Ziel, darin einen Ort jüdischer Kultur sichtbar werden zu lassen. Dieses Anliegen konnte ich leider erst 2010 umsetzen; diese Weiterentwicklung spiegelt sich auch im Namen »Alte Synagoge Essen – Haus jüdischer Kultur« wider. Da es in der Bundesrepublik, auch in Nordrhein-Westfalen, unzählige Gedenkstätten gibt, stellte sich die grundsätzliche Frage, warum eine weitere sinnvoll wäre. Zumal in diesem Gebäude niemand gequält, verhört oder ermordet worden war. Auch diese Synagoge war ein Ort, wo Juden gebetet, aber vor allem gefeiert, gelernt und sich getroffen haben – ein Ort jüdischer Kultur und jüdischen Lebens. Ich wollte, dass dieses Haus den Besuchern die unterschiedlichen Facetten jüdischer Kultur aufzeigt und auch seine einzigartige Architektur ein wenig verdeutlicht. Die neue Dauerausstellung umfasst natürlich auch einen historischen Teil, aber der Akzent liegt nicht auf der Geschichte, sondern vielmehr darauf, Einblicke in ganz unterschiedliche jüdische Lebensperspektiven zu ermöglichen. Das ist das Alleinstellungsmerkmal dieser Einrichtung.

5. Grenzerfahrungen ermöglichen Dialoge

Meine Wahrnehmung geografischer Grenzen hat sich durch mein Leben in Deutschland etwas verändert. Das Schengener Abkommen ermöglicht das Reisen in einem Teil Europas ohne Grenzübergänge. In der Regel wird dies als »Errungenschaft« und ausschließlich als ein positiver Fortschritt vermittelt. Ich hingegen erlebe es weder als eine Errungenschaft noch bewerte ich es als eine besonders positive Erfahrung. Hier stimme ich dem evangelischen Theologen Paul Tillich vollkommen zu: Die Grenze ist ihm der »eigentlich fruchtbare Ort der Erkenntnis«, da dort die Verknüpfung verschiedenster Anliegen möglich wird. Gerade auf der Grenze treffen sich große Offenheit und Toleranz.

Für den Staat Israel wünsche ich mir klare Grenzen zu seinen arabischen Nachbarstaaten. Das Fehlen klarer Grenzen ist ja eines der existenziellen Fragen in Israel. Gerade meine Erfahrungen im sogenannten christlich-jüdischen Dialog haben mich gelehrt, dass es nicht sinnvoll ist, ständig Grenzen niederzureißen. Man sollte meines Erachtens vielmehr versuchen, die Unterschiede klar zu sehen und zu benennen, und dann – pragmatisch – nach Wegen suchen, die ein konfliktfreies Nebeneinander ermöglichen. Die deutschen Nachbarn der Juden in den 1930er-Jahren kannten sich ja – und dennoch haben die meisten von ihnen nichts für ihre jüdischen Bekannten oder Nachbarn getan. Auch innerhalb der israelischen Gesellschaft wünsche ich mir eine klarere Trennung zwischen den unterschiedlichen gesellschaftlichen Gruppierungen. So sollten beispielsweise meines Erachtens orthodoxe und profane Juden nicht in unmittelbarer Nachbarschaft zueinander wohnen, weil die Lebenswelten zu unterschiedlich sind. Das Gleiche gilt für jüdische und arabische Bürger Israels. Toleranz beginnt für mich dort, wo man die jeweiligen Grenzen zu respektieren lernt, ohne den (oft heimlichen) Wunsch zu haben, den jeweils anderen zu »missionieren«. Jede Missionierung ist ihrem Wesen nach eine überhebliche Position, die meistens Gewaltausbrüche nach sich zieht. Um einen überheblichen Hang zu überwinden, hilft eben die Grenze.

Ideologisch wird heute Grenzenlosigkeit weiterhin als Ziel propagiert, so beispielsweise auch im Internet, wo man alles schreiben kann, was man möchte – was auch hier nichts mit der Realität zu tun haben muss. Ich wünsche mir hingegen klare Begrenzungen und Grenzen im sozialen, politischen und religiösen Bereich, die ja letztlich meine Identität schützen und genauso die Identität des jeweils anderen. Ich möchte selbst entscheiden, was ich preisgebe und mit wem ich kommuniziere.

Grenzen stellen für mich einen Schutzschild dar und stehen vor allem auch für gegenseitigen Respekt. Es gilt daher, zwischen Ausgrenzen einerseits und Grenzen andererseits zu unterscheiden. Ich würdige mein Gegenüber, indem ich eine gewisse Distanz wahre. Ich überlasse es dem anderen, ob er mich diese Grenze übertreten lässt. Wenn alles offen ist, wo gibt es dann noch Intimität? Wo gibt es dann Respekt? Ein Teil der Grenzen, die ich erlebt habe, sind daher auch meine eigenen Grenzen.

Als ich 1968 nach Regensburg kam, war die 68er-Bewegung in vollem Gang. Dass diese Bewegung eine sehr spezielle war, die nur zufällig zeitlich mit jener in den USA und in Frankreich zusammenfiel, ändert nichts daran, dass sie inhaltlich und vor allem emotional in Deutschland eine komplett andere Funktion und Richtung hatte. Ich fand mich inmitten dieses Trubels wieder, der für mich schwer zu ertragen war. Ich dachte: »Wenn das unsere Probleme wären in Israel, …«. Permanent wurden Professoren erniedrigt, die Übernahme von Pflichten verweigert und elementare Regeln, die für das Funktionieren einer Gesellschaft unerlässlich sind, nicht eingehalten. Hingegen präsentierten sich die Wortführer der studentischen Bewegung als das neue Zentrum des politischen Geschehens (zuweilen sogar des politischen Denkens). Das war mir mehr als nur fremd. In den meisten Aktionen und Forderungen konnte ich keinerlei politische Rationalität erkennen, weil deren Emotionalität mit politischer Analyse (wie ich sie verstehe) nichts mehr zu tun hatte. Wer mit guten Gründen kein Mitläufer der 68er sein wollte, wurde sofort ausgegrenzt. Sachargumente für eine andere Position wurden – in der Regel – nicht einmal gehört. Die Folgen der 68er samt ihres missionarischen Eifers erlebe ich in Deutschland, seit ich hier lebe. Die Political Correctness ist ja nicht zufällig das vorherrschende Muster, was ja jeden Diskurs verunmöglicht und viele Menschen zum Verstummen bzw. zur Politikverdrossenheit drängt.

> ▶ **68er-Bewegung**
>
> Schlagwort für Protestbewegungen in den 1960er-Jahren, die politisch linksgerichtet waren und vor allem in den USA und einigen westeuropäischen Ländern gesellschaftliche Veränderungen in Gang setzten.
> Siehe auch Dossier der bpb:
> www.bpb.de/geschichte/deutsche-geschichte/68er-bewegung/

Mein langjähriges Engagement für den christlich-jüdischen Dialog war auch von Konflikten begleitet. Während des ersten Libanonkriegs von 1982 konnte ich mich mit meinen christlichen Kollegen noch teilweise verständigen. Sowohl Faktenwissen als auch rationale Argumentation waren damals zwar sehr begrenzt, aber immerhin teilweise noch vorhanden bzw. möglich. Doch während des zweiten Golfkrieges (1990/91), nachdem der erste Golfkrieg zwischen dem Irak und dem Iran über eine Million Menschen auf beiden Seiten gekostet hatte, konnte ich – trotz meiner langjährigen Mitgliedschaft – nicht länger in der Arbeitsgemeinschaft »Christen und Juden« beim Deutschen Evangelischen Kirchentag bleiben. Ich konnte ihre einseitigen und eindeutig antiisraelischen Demonstrationen nicht akzeptieren. »Kein Blut für Öl« lautete eine ihrer emotionalen Losungen. Unter den 70 Mitgliedern der damaligen Arbeitsgemeinschaft gab es drei bis vier christliche Mitglieder, die verstanden, dass dieser Slogan vielmehr ein Hinweis auf die Befindlichkeiten in Deutschland ist und wenig mit der Realität im Nahen Osten und schon kaum etwas mit ökonomischen Zusammenhängen zu tun hatte. Es war vielmehr der Hinweis auf die weitverbreiteten negativen Gefühle gegenüber den USA. Erst nachdem die ersten Scudraketen auf Israel niedergegangen waren, begannen einige, den Ernst der Lage zu erkennen. Dass es eben auch ganz anders für Israel hätte enden können, begannen also einige erst zu verstehen, als es – politisch-analytisch gesprochen – zu spät war.

> ▶ **Golfkriege**

Im deutschsprachigen Raum bezeichnet man den Krieg zwischen Irak und Iran 1980–88 meist als »ersten Golfkrieg«, zuweilen auch als Irak-Iran-Krieg.

»Zweiter Golfkrieg« (auch: erster Irakkrieg) ist im deutschsprachigen Raum die Bezeichnung für den Krieg zwischen Irak und alliierten Streitkräften unter Führung der USA im Januar/Februar 1991 (auf Basis der Resolution 678 des UN-Sicherheitsrates) infolge der irakischen Besetzung Kuwaits Anfang August 1990. Nachdem mehrere diplomatische Initiativen zur Verhinderung eines Kriegs gescheitert waren und der Irak dem Ultimatum des UN-Sicherheitsrats, seine Truppen bis zum 15. Januar 1991 aus Kuwait zurückzuziehen, nicht Folge geleistet hatte, begannen am 17. Januar die alliierten Streitkräfte mit militärischen Operationen und entschieden den Krieg bis Ende Februar zu ihren Gunsten. Irak wurde so zur bedingungslosen Annahme aller UN-Resolutionen gezwungen, die im April ausgehandelten Waffenstillstandsbedingungen legten u. a. die Inspektion und Vernichtung aller irakischen Massenvernichtungswaffen fest. Bereits einen Tag nach Beginn des Kriegs griff Irak das am Krieg nicht beteiligte Israel mit Scudraketen an, um ein Eingreifen Israels zu provozieren und die Anti-Irak-Front in der arabischen Welt aufzubrechen. Israel enthielt sich indes jeglicher Vergeltungsaktionen.

Als »dritter Golfkrieg« (auch: »zweiter Irakkrieg«) gilt im deutschsprachigen Raum der Krieg zwischen Irak und Streitkräften unter Führung der USA im Frühjahr 2003, in dessen Folge Saddam Hussain gestürzt und das Land zunächst besetzt wurde.

In Israel wird der Krieg zwischen Iran und Irak nicht als Golfkrieg tituliert, entsprechend bezeichnet man den Krieg 1990/91 als ersten und den Krieg 2003 als zweiten Golfkrieg.

6. Bezug zu deutsch-jüdischer Geschichte und Wahrnehmung deutsch-israelischer Verständigung

Einen Bezug zur deutsch-jüdischen Geschichte habe ich schon allein durch die Herkunft meiner Familie. Bei meiner Schwester und mir hat sich dieser Bezug erst relativ spät eingestellt, weil während unserer Kindheit und Jugendzeit die Atmosphäre in Israel deutlich »antijekkisch« war. Erst seit einigen Jahren hat man in Israel begriffen, welchen wichtigen Beitrag die Jekkes beim Aufbau staatlicher Strukturen hatten. Dieser Beitrag wird inzwischen positiv beurteilt.

Hannah Arendt, eine Cousine meines Vaters, hat mich stark geprägt. Ich war zwölf Jahre alt, als wir uns kennenlernten. Durch sie habe ich auch eine zusätzliche Perspektive auf deutsch-jüdische Geschichte erhalten, insbesondere durch den Eichmann-Prozess 1961 in Jerusalem (s. S. 197), zu dem ich sie mehrfach begleiten durfte. Ihr Buch »Eichmann in Jerusalem« – ihr Bericht über diesen Prozess – ist ja bis heute umstritten, weil sie den Mut hatte, auch in diesen sehr diffizilen emotionalen Zusammenhängen argumentativ vorzugehen: »Sowohl rational als auch juristisch konnten die hundert Zeugen nichts zum Prozess gegen den Menschen Adolf Eichmann beitragen« war eines ihrer Argumente, das natürlich den Mythos »Eichmann das Monster« deutlich entkräftete. Sie hatte den Mut, auch auf die deutsch-jüdische Geschichte in ihrer Ambivalenz zu schauen und zu fragen, wie weit Juden in Deutschland damals bereit waren, ihre Zugehörigkeit zum Judentum aufzugeben in der Hoffnung, dass die deutschen Nichtjuden sie akzeptieren würden. Ich weiß nicht, ob ich das ohne ihre Begleitung in dieser Deutlichkeit und Schärfe so früh in meinem Leben zu sehen gelernt hätte. Wir waren bis zu ihrem Tod 1975 in sehr engem Kontakt.

Deutsch-israelische Beziehungen waren mir früher wichtiger. Heute bin ich Rentnerin und nicht mehr so gut vernetzt, daher ist es erheblich schwieriger, mich im deutsch-israelischen Dialog einzubringen.

Als Leiterin der »Alten Synagoge« in Essen habe ich mich zum Beispiel im Rahmen der Städtepartnerschaft Essen-Tel Aviv intensiv für den Jugendaustausch zwischen zwei Schulen in Essen und Tel Aviv eingesetzt und bin oft mit Essener Schülerinnen und Schülern nach Israel gereist. Heute bin ich sehr viel vorsichtiger und weiß nicht, ob ein solcher Austausch zwischen beiden Ländern wirklich sinnvoll ist. Vielfach gehen Menschen aus Europa bereits infolge der einseitigen medialen Beschallung nicht mehr neugierig und wissend-suchend nach Israel, sondern mit festgefahrenen Positionen. Dass man dann auch nur das sieht, was einem zuvor insinuiert wurde, ist menschlich.

Bei den meisten dieser Begegnungen war ein offenes Aufeinanderzugehen zu beobachten, aber auf beiden Seiten gab es unterschiedliche Kommunikationsbarrieren aufgrund des unterschiedlichen Hintergrundes, nicht auf sprachlicher, sondern auf kultureller Ebene. Das hat sicherlich auch viel mit dem Klima zu tun. In Israel wird sehr viel im Freien unternommen, während in Deutschland sich viel mehr in geschlossenen Räumen abspielt. Dies hat meines Erachtens auch Folgen für den Umgang von Israelis untereinander und von Deutschen untereinander. Daraus entstehen bei Begegnungen auch Probleme, weil man eben anders miteinander kommuniziert. Israelis sind viel direkter und auch spontaner als Deutsche. In der Begegnung mit Israelis halten sich viele Deutsche lieber zurück, um ja nichts Falsches zu sagen. So findet man oft auf der israelischen Seite eine lebendige und kommunikative Jugendgruppe und auf der anderen Seite eine vorsichtigere Gruppe.

Sowohl in Israel als auch in Deutschland scheinen mir die unkritischen, eher ideologischen, linken Positionen die mediale Vorherrschaft zu haben. Somit besetzen sie auch die Terminologie im kulturellen und politischen Diskurs, die folglich auch das Denken bestimmt. Die politische Linke in Israel und die Linke in Deutschland verständigen sich auf einer Ebene, von der ich sagen würde, dass sie weder Israel noch Deutschland guttut.

Beides scheinen mir Folgen der Erfahrungen im 20. Jahrhundert zu sein. In beiden Ländern ist man – aus unterschiedlichen Gründen – in eine Deutungsfalle gegangen: Weil die Nationalsozialisten extrem rechts waren und extrem böse, ist alles danach, nur weil es links ist, auch automatisch »gut«. Diese Falle wirkt bis heute nach. Ein liberales Denken scheint aber im Westen insgesamt verschwunden zu sein, was vieles in polarisierte Positionen drängt und verschiebt.

Interessanterweise stellen sich Deutschland und Israel ähnliche Fragen, obwohl die beiden Länder in völlig unterschiedlichen Realitäten existieren. In Israel müssen sich die Bürger mit der Definition ihrer Identität und ihrer Beziehung zu den Palästinensern auseinandersetzen. Wie ist das Verhältnis der beiden Völker zueinander und was bedeutet das für die jüdisch-israelische Identität und die demokratische Identität Israels? Trotz der deutlichen Unterschiede sehe ich in Deutschland heute parallele Fragestellungen. Wofür steht die Bundesrepublik heute und welches Selbstverständnis hat man? Auch in Deutschland beobachte ich ein Auseinanderdriften von Gesellschaftsgruppen und eine extreme Atomisierung. Bildlich gesprochen: »Alle interessieren sich für ihr Selfie.« Die jüdischen Israelis verbindet ihr Jüdischsein. Was aber verbindet all die in Deutschland lebenden Bürgerinnen und Bürger mit einem deutschen Pass? Was ist der Klebstoff, der ihre Identität ausmacht? Was hält die in Deutschland lebenden Menschen zusammen?

7. Heimat / Zuhause

Mit dem Dichter Jehuda Halevi kann ich sagen: »Libi bamisrach wa-anochi bessof ma-araw.« (»Mein Herz ist im Osten und ich befinde mich im fernen

Westen.«) Zu Hause bin ich in Israel. In Deutschland habe ich gearbeitet, war und bin ich sehr gut vernetzt, bewege mich auch nach Beginn des Ruhestandes in den Bereichen, die ich im Lauf der aktiven Jahre aufgebaut habe. Natürlich konnte ich andererseits die israelischen Kontakte der 1960er- und 1970er-Jahre über so viele Jahre nicht aufrechterhalten. In Israel lebt meine Familie, die ich natürlich so oft wie möglich besuche. So bin ich zwar zu einer Pendlerin geworden, aber absolut keine »zwischen« zwei Welten, sondern eine, die in zwei Welten lebt!

Lizzie Doron

»Schnee erinnert mich an meine Mutter«

Geburtsjahr:	1953
Geburtsort:	Tel Aviv
aufgewachsen in:	Tel Aviv
in Deutschland:	seit 2005 immer wieder in Deutschland, seit 2012 lebt sie teilweise in Deutschland
lebt derzeit in:	Berlin und Tel Aviv
Studium:	Kognitionswissenschaft und theoretische Linguistik an der Universität Tel Aviv
Beruf:	Schriftstellerin

1. Die Geschichte meiner Familie

Meine Mutter stammte aus Österreich und wuchs in Polen auf. Über ihre Familie, Kindheit und ihre Zeit während des Zweiten Weltkrieges weiß ich wenig. Sie überlebte als Einzige in ihrer Familie das Vernichtungslager Auschwitz. 1948 wanderte sie nach Israel aus.

Mein Vater war der einzige Holocaustüberlebende einer großen Familie aus Warschau.

Meine Eltern lebten beide im gleichen Kibbuz, wo sie auch Hebräisch lernten. Sie begegneten sich, als mein Vater, der an Tuberkulose erkrankt war, auf der Krankenstation, auf der meine Mutter als Krankenschwester arbeitete, eingeliefert wurde. Weil die Krankheit ansteckend ist, waren sie gezwungen, den Kibbuz zu verlassen. Sie zogen in eine kleine Wohnung im sozial benachteiligten Tel Aviver Stadtteil Yad Eliyahu. In diesem Viertel wohnten ausschließlich Überlebende der Schoah. Es war wie ein Ghetto, aber die Bewohner waren zufrieden und fühlten sich sicher. Sie teilten die gleichen Geschichten, Sprachen und Mentalität.

Meine Mutter hat als Krankenschwester im Ärztehaus des Viertels den Lebensunterhalt für die Familie verdient. Sie behandelte überwiegend Panikattacken der dort lebenden Holocaustüberlebenden und ging mit Beruhigungsmitteln von Haus zu Haus. Mein Vater zog nach meiner Geburt in ein Sanatorium, weil meine Eltern mich vor einer Ansteckung bewahren wollten. Er starb, als ich acht Jahre alt war, und so habe ich ihn nie kennengelernt. Meine Mutter starb 1990.

2. Meine Biografie

1953 wurde ich als einziges Kind meiner Eltern geboren und wuchs bei meiner alleinerziehenden Mutter auf. Wir waren arm, aber meine Mutter legte großen Wert auf Bildung. Bücher waren ihr wichtiger als Essen, sie schickte mich zu Ballettstunden und zum Sprachunterricht.

Bis zur Grundschule verbrachte ich meine Zeit fast ausschließlich in unserem Viertel. Die dort lebenden Familien blieben unter sich und hatten Angst, uns Kinder aus den Augen zu lassen. Die meisten meiner Klassenkameradinnen und Klassenkameraden waren Töchter und Söhne von Holocaustüberlebenden wie ich. Meine Grundschullehrerin war die erste Person außerhalb dieses Viertels, die ich kennenlernte. Auch sie war eine Überlebende der Schoah.

In der Grundschule lernte ich Hebräisch, denn zu Hause sprachen wir eine Mischung aus all den osteuropäischen Sprachen, die im Viertel vertreten waren. Daher kann ich auch nicht sagen, was meine Muttersprache ist.

Als an den Schulen die Gedenkzeremonien für die Opfer des Holocaust eingeführt wurden, wählten die Lehrkräfte mich Jahr für Jahr als die Moderatorin aus, weil ich die meisten Opfer in der Familie zu beklagen hatte. Dabei kannte ich nicht einmal die Namen dieser toten Verwandten und interessierte mich nicht für die Vergangenheit. Viel lieber hätte ich die Hauptrolle bei der Zeremonie für die gefallenen Soldatinnen und Soldaten Israels übernommen.

1961, als der Eichmann-Prozess in Jerusalem stattfand, verstand ich zum ersten Mal, was während der Judenvernichtung in Europa geschehen war. Die älteren Leute versammelten sich vor dem Radio und wir Kinder spielten auf der Straße. Es war uns verboten, dem Prozess zu folgen. Das wirkte bedrohlich und löste Angst in uns aus. Zugleich war der Prozess das Hauptthema in Israel und wir haben viel darüber aus Zeitungen und dem Radio erfahren. Eichmann war der angsteinflößende Deutsche, die Verkörperung des Bösen.

Unsere Lehrkräfte brachten uns alles über den jungen Staat Israel bei. Wir waren fasziniert von den Beschreibungen des »neuen Hebräers«, der das Land aufbauen und den Charakter der Diasporajuden ändern sollte. Wir träumten davon, starke Israelis zu sein. Das war das erste Mal, dass ich den Wunsch verspürte, eine neue Identität anzunehmen.

> **Eichmann-Prozess**
>
> Adolf Eichmann, geb. 1906, leitete ab 1939 das Judenreferat im Reichssicherheitshauptamt und wurde 1941 zum SS-Obersturmbannführer befördert. Er war der zentrale Organisator der Deportation von mehreren Millionen jüdischer Menschen aus dem Deutschen Reich und den besetzten Gebieten in die Vernichtungslager. Nach dem Krieg floh er aus amerikanischer Internierungshaft, er lebte zunächst unter falschem Namen in Deutschland und entkam später nach Argentinien. Der israelische Geheimdienst Mossad entführte ihn im Mai 1960 nach Israel, wo er in Jerusalem wegen Verbrechen gegen das jüdische Volk und wegen Kriegsverbrechen im Dezember 1961 zum Tod verurteilt wurde. Das Urteil wurde am 1. Juni 1962 vollstreckt.

> **Sechstagekrieg**
>
> Als Antwort auf ägyptische Kriegsvorbereitungen führte die israelische Luftwaffe im Juni 1967 einen Präventivschlag gegen die ägyptische Armee. Jordanien und Syrien traten in den Krieg ein, in dessen Verlauf Israel die Sinaihalbinsel, den Gazastreifen, das Westjordanland, Ostjerusalem und den Golan eroberte. Im November verabschiedete der UN-Sicherheitsrat eine Resolution (Nr. 242), die einen Rückzug aus den in diesem Krieg besetzten Gebieten sowie das Recht eines jeden Staates in der Region, »innerhalb sicherer und anerkannter Grenzen frei von Androhungen oder Akten der Gewalt in Frieden zu leben«, forderte. Während Israel diese Resolution im Grundsatz akzeptierte, wenn es auch aus Sicherheitsgründen auf Grenzkorrekturen bestand, hatten die arabischen Staaten bereits auf ihrem Gipfeltreffen Ende August/Anfang September 1967 die Türen für einen Ausgleich zugeschlagen, indem sie ihre eindeutigen »drei Nein« beschlossen: kein Frieden mit Israel, keine Verhandlungen mit Israel, keine Anerkennung Israels.
> Weitere Informationen:
> www.bpb.de/internationales/asien/israel/45052/sechs-tage-krieg

Drei Jahre lang war ich bei den Pfadfindern aktiv. Ich schaute nur nach vorn und wollte mich nicht mit der Vergangenheit aufhalten.

1967 erlebte ich den Sechstagekrieg und dieser bestätigte mich in dem Glauben, den richtigen Weg eingeschlagen zu haben: als starke israelische Heldin. Deshalb wollten wir in einem Kibbuz leben und die Vergangenheit unserer Eltern abstreifen.

Im Alter von 18 Jahren verwirklichte ich diesen Traum und zog in einen Kibbuz. Der Kontakt zu meiner Mutter riss fast gänzlich ab. In gewisser Weise erschuf ich mir eine neue Biografie und wurde damit zur Israelin. Die Arbeit als Schäferin erfüllte mich. Mein erster Freund war nicht in Europa, sondern schon in Israel geboren.

In diesem Kibbuz war ich drei Jahre lang glücklich, bis zum Jom-Kippur-Krieg 1973. Nachdem ich die Nachricht erhalten hatte, dass sieben meiner besten Freunde aus dem alten Tel Aviver Viertel gefallen waren, kehrte ich zu meiner Mutter zurück. Das Zusammenleben mit ihr war konfliktreich und die Stimmung in meiner alten Nachbarschaft war depressiv und von der Trauer um die sieben Gefallenen geprägt.

Der Jom-Kippur-Krieg war für mich wie ein Weckruf, eine traumatische Erfahrung. Ich wandte mich von meinem bisherigen Lebensweg ab und begann mein Studium der Kognitionswissenschaft und theoretischen Linguistik an der Universität Tel Aviv.

> ▶ **Jom-Kippur-Krieg**
>
> An Jom Kippur, dem höchsten jüdischen Feiertag, im Oktober 1973 griffen Truppen Ägyptens und Syriens Israel an. Regierung und Armeeführung wurden von diesem Angriff überrascht, Israel erlitt zunächst schwere Verluste. Im Verlauf der Kämpfe gelang es den israelischen Streitkräften jedoch, zum Teil bis über den Suezkanal vorzudringen und weite Teile der Golanhöhen zu erobern. Dieser Krieg stellte einen Bruch in der israelischen Geschichte dar. Der militärische Erfolg war teuer erkauft – mehr als 2 500 israelische Soldaten fielen, mehrere Tausend wurden verletzt, 300 gerieten in Gefangenschaft. Das Vertrauen in die bis dahin unbesiegbar scheinende Armee und ihre Führung einerseits und die Regierung andererseits war erschüttert. Warum Israel vom Krieg überrascht wurde, konnte die Regierung nicht beantworten; im Juni 1974 traten Ministerpräsidentin Golda Meir und Verteidigungsminister Moshe Dayan, der bis zum Jom-Kippur Krieg hohes Ansehen genoss, von ihren Ämtern zurück.
> Vgl. auch: www.bpb.de/internationales/asien/israel/45062/jom-kippur-bis-libanon-krieg

Während meiner Studienzeit lernte ich meinen jetzigen Mann kennen. Wir heirateten 1979. Es war mir wichtig, einen Mann zu heiraten, der in Israel geboren und kein Kind der zweiten Generation war, so wie ich. 1981 wurde meine Tochter geboren und einige Jahre später mein Sohn. Bis zu diesem Zeitpunkt hatte ich mich nicht wirklich mit der Vergangenheit auseinandergesetzt und das Verhältnis zu meiner Mutter war bis zu ihrem Tod 1990 problematisch. Kurz nach ihrem Tod brauchte meine Tochter für ein Schulprojekt Informationen über unsere Familiengeschichte. Da wurde mir klar, dass ich nichts wusste, nicht einmal das Geburtsdatum meiner Mutter oder die Namen meiner Großeltern. Ich wusste nicht, wer mein Vater war und was mit ihm geschehen war. So begann ich, Nachforschungen anzustellen und all die Puzzleteile zusammenzufügen.

In meinem israelischen Milieu fühle ich mich oft als Außenseiterin. Aufgrund unterschiedlicher politischer Ansichten habe ich in Israel viele Freunde verloren. Es verärgert mich, wenn sie sich nicht aktiv für Frieden im Nahen Osten bemühen. Unsere Begegnungen enden meistens in politischen Debatten und über alltägliche Dinge können wir nicht mehr miteinander kommunizieren.

Mein Freundeskreis in Israel ist homogen. Die meisten meiner Freunde haben mindestens ein Familienmitglied, dessen Eltern Holocaustüberlebende sind. Sie teilen meine politischen Ansichten und befürworten eine Zweistaatenlösung, also einen eigenständigen palästinensischen Staat neben Israel. Sie alle sind gut situiert, in meinem Alter, verheiratet und haben Kinder. Neben Beruf und Familie engagieren sie sich in zivilgesellschaftlichen Projekten. So wie ich denken sie, dass unsere Familiengeschichte dazu verpflichtet, für mehr Gerechtigkeit in der eigenen Gesellschaft zu kämpfen. Ich habe auch Kontakt zu Arabern, doch sie gehören nicht der arabischen Minderheit in Israel an, sondern sind hauptsächlich Palästinenser aus Ost-Jerusalem und Ramallah.

3. Gründe für das Pendeln zwischen Deutschland und Israel und Reaktionen des Umfeldes in Israel

Jahrelang las ich unzählige Bücher über Deutschland und den Zweiten Weltkrieg, beschäftigte mich mit deutscher Literatur und Filmen. Ich versuchte, nicht nur zu verstehen, was mit mir geschah, sondern auch, was aus der geliebten Kultur und den Träumen meiner Mutter geworden war. Es war eine Art Hassliebe, aus der mein erstes Buch »Warum bist du nicht vor dem Krieg gekommen?« entstand. Als ich anlässlich der Veröffentlichung des Buches in Deutschland nach Frankfurt reisen musste, war dies ein Wendepunkt. Die Stadt fühlte sich wie eine zweite Heimat an. Ich war in Deutschland viel erfolgreicher als in Israel, hatte viele Lesungen und gab Interviews. Mein deutscher Freundeskreis vergrößerte sich mit der Zeit, unter ihnen auch Kinder ehemaliger Nazis. Ich stellte fest, dass wir etwas gemeinsam hatten: das Geheimnis, die Stille und den Verdrängungsmechanismus unserer Eltern. Auch sie verspürten irgendwann das Bedürfnis, die Vergangenheit aufzuarbeiten.

Seitdem fühle ich mich hin- und hergerissen. Zur Hälfte habe ich die Identität einer Deutschen und zur anderen Hälfte die einer Israelin. So kommt es, dass in den letzten Jahren mein Lebensmittelpunkt zwischen Deutschland und Israel aufgeteilt ist. Normalerweise verbringen mein Mann und ich jeden Monat eine Woche in Berlin. Seit dem Erfolg meines Buches »Who The Fuck is Kafka« bin ich fast die Hälfte meiner Zeit in Deutschland und die andere Hälfte in Israel. Mein Leben zwischen Israel und Deutschland basiert auf meinen Lesereisen als Autorin.

Deutschland wurde für mich zu einem Ort, an dem ich mich entspannen und auf das Schreiben konzentrieren kann. Meine innere Ruhe finde ich in Berlin. Berlin ist nicht Deutschland, sondern auf gewisse Weise exterritorial. Dies macht es für mich einfacher, mich mit Deutschland auseinanderzusetzen.

Wenn ich in einem deutschen Café sitze, dann ist es, als würde ich wieder als Kind in der Küche meiner Mutter sitzen. Ich erinnere mich noch gut, dass meine Mutter oft stundenlang am Fenster stand und hinausschaute, als würde sie etwas herbeisehnen. Es war mir peinlich, dass alle in der Nachbarschaft sie dort am Fenster stehen sahen. Letztes Jahr in Deutschland schneite es viel und ich stand am Fenster, als mein Mann mich fragte: »Was ist passiert? Warum stehst du stundenlang am Fenster?« Ich antwortete ihm: »Ich beobachte den Schnee.« Dieser Moment war für mich, als hätte ich ein fehlendes Puzzleteil zur Geschichte meiner Mutter gefunden.

Nachdem ich das Buch fertiggestellt hatte, fühlte ich mich, als wäre ich zu der Identität des »wandernden Juden« zurückgekehrt, der eher eine spirituelle Heimat als eine konkrete Heimat hat. Ich wollte mich sicherer fühlen und brauchte einen anderen Zufluchtsort, ein anderes Zuhause.

Deutschland ist momentan für mich der wichtigste Ort, um mich als Schriftstellerin mit meinen neuen Geschichten zu entfalten. Mein erstes Buch über einen Palästinenser wurde in Deutschland veröffentlicht und nicht in Israel. Mein zweites Buch zu diesem Thema habe ich zwar auf Hebräisch geschrieben, aber in meinem Kopf richtete es sich schon zu Beginn an ein deutsches Publikum. Meine Texte sind von Symbolen geprägt, die aus der israelischen Erfahrungswelt stammen. Diesmal suchte ich gezielt nach parallelen Metaphern, die der hiesigen Leserschaft vertraut sind.

Während des Schreibens recherchiere ich und mache mir Notizen hierzu. Als Schriftstellerin kombiniere ich diese beiden Welten in meiner Arbeit.

Meine Familie hat auf meinen Umzug nach Deutschland verständnisvoll reagiert. Sie können diesen Schritt nachvollziehen, denn sie verspüren selbst diese Sehnsucht nach einem anderen Ort außerhalb Israels. Mein Mann hat heute Geschäftspartner in Israel und in Deutschland. Mein Sohn ist Puppenspieler und tourt durch ganz Europa. Er ist mal hier und mal dort. Meine Tochter ist Ärztin und Filmproduzentin; auch sie hat den Wunsch, irgendwann an einem anderen Ort zu leben. In dieser Hinsicht sind wir uns alle sehr ähnlich und profitieren von der fortschreitenden Globalisierung. Unsere Zugehörigkeit orientiert sich an Menschen und nicht an Räumen.

Im Gegensatz zu meiner Familie kritisierten viele aus meinem Freundeskreis den Umzug nach Deutschland. Einige sehen ihn als eine Flucht. Hinter meinem Rücken bedauern manche unserer Bekannten meinen Mann, weil er mit mir pendeln muss und ich Israel so offen kritisiere.

Ich begegne vielen Israelis, die der politischen Linken angehören und die mir die guten Seiten Israels schmackhaft machen wollen. Beispielsweise weisen sie mich auf das vergleichsweise leistungsstarke Gesundheitssystem und die hohe Lebenserwartung hin. Dem stellen sie die Nachteile Europas gegenüber, zum Beispiel den wachsenden Antisemitismus.

Einige aus meinem Freundeskreis würden nie nach Berlin fahren. Manche Eltern meiner Bekannten, die Überlebende der Schoah sind, waren über meinen Umzug nach Deutschland verärgert, auch wenn sie wissen, dass ich einen guten Grund dafür habe. Ich bin eine Schriftstellerin und repräsentiere Israel in Deutschland.

4. Leben und Alltag in Deutschland

Ich bin sehr diszipliniert und so ist mein Tagesablauf in Deutschland und in Israel fast gleich. Das Schreiben ist für mich ein wesentlicher Bestandteil meines Alltags.

In Deutschland habe ich viele Lesereisen. Ich mag es, meine Texte mit den deutschen Leserinnen und Lesern zu teilen, und freue mich über ihr Feedback. Dies ist Teil meines Berufes. Als Schriftstellerin habe ich die Möglichkeit, mit ihnen zu kommunizieren. Wenn ich heute schreibe, trete ich mit ihnen gedanklich in einen Dialog.

In Berlin hat sich unser soziales Umfeld erweitert, denn ich bin neugierig, Deutsche kennenzulernen und mich mit ihnen auszutauschen. Ich habe Menschen getroffen, die die gleichen Wertvorstellungen teilen, und es entwickelten sich tiefe Freundschaften. Wahrscheinlich funktionierte die Integration in mein Umfeld in Berlin besser, weil ich ursprünglich nicht von dort stamme. Auf der einen Seite bin ich eine Fremde, aber auf der anderen Seite erkennen die Menschen in mir etwas, was uns verbindet.

Mein soziales Umfeld in Deutschland ist in Bezug auf Alter, Herkunft und Lebensstil sehr gemischt. Die meisten sind Deutsche, aber wir haben beispielsweise auch Bekannte aus dem Iran und Simbabwe. Besonders bewundere ich einen Freund aus der DDR. Er war zwei Jahre lang im Gefängnis, weil er ein Regimegegner war, und wurde nach dem Fall der Mauer entlassen. In unserem Freundeskreis in Berlin gibt es nur wenige Israelis oder gemischt israelisch-deutsche Paare.

5. Grenzerfahrungen und Überwinden von Grenzen

Meine Erfahrung ist, dass viele Deutsche großen Wert auf Grenzen legen. Vielleicht ist das eine Reaktion auf den Holocaust, der einen radikalen Zivilisationsbruch darstellt und damit jede erdenkliche Grenze weggerissen hat.

Ich erlebe in Deutschland viele Grenzen, aber das ist gut so und ich akzeptiere diese Grenzen. Es gibt zum Beispiel eine sprachliche Grenze und ich bin keine deutsche Staatsbürgerin. Aber Probleme mit Grenzen oder Ausgrenzung habe ich nie erfahren.

In Israel empfinde ich keine Grenzen, weder innere noch äußere. In der Diaspora waren Juden immer schon »globalisiert«. Die jeweiligen Mehrheitsgesellschaften beschränkten ihre Freiheit, schlossen sie oft aus und vertrieben sie auch. So zogen sie auf der Suche nach einem besseren Leben oder um einfach zu überleben von einem Ort und einem Land zum anderen. Diese Vorgeschichte prägt die jüdische Gesellschaft Israels auch heute noch. Für einen souveränen Staat stellt dieser Einfluss der Vergangenheit auf die Gegenwart ein Problem dar.

Die Berliner Mauer erinnert mich an die Situation in Israel. Wir leben in einer Zeit, in der Israel eine Trennmauer zu den Palästinensischen Autonomiegebieten braucht. Gleichzeitig hoffe ich, dass ich noch miterleben werde, dass diese Mauer wieder eingerissen wird, wie das in Berlin auch der Fall war.

Ich nehme Pässe als Grenze der eigenen Identität wahr. In Israel kenne ich viele Menschen, die zwei Pässe haben, um auf existenziell bedrohliche Gefahren vorbereitet zu sein. Ich selbst habe nur einen israelischen Pass.

»Schnee erinnert mich an meine Mutter«

Ich hatte auch das Glück, persönlich zu erleben, wie Grenzen überwunden werden können. Hierzu fallen mir folgende Beispiele ein:

In der Vergangenheit verspürte ich Deutschen gegenüber Rachegefühle. Auch heute noch, wenn ich einen älteren Deutschen auf der Straße sehe, stelle ich mir unweigerlich die Frage, was er im Zweiten Weltkrieg gemacht hat. Zu Beginn war ich unhöflich zu Deutschen. Ich erinnere mich, dass ich in deutschen Selbstbedienungsrestaurants nie das Tablett mit meinem schmutzigen Geschirr zurückgebracht habe. Es bereitete mir jedes Mal Freude, wenn ich das Restaurant verließ und das schmutzige Tablett am Tisch zurückließ. Ich wollte, dass die Deutschen mir dienen, und nicht umgekehrt. In meinen Augen standen sie in meiner Schuld für das, was sie meiner Familie angetan haben. Wahrscheinlich teilen viele Israelis diese Rachegelüste.

Vor einigen Jahren war ich auf der Leipziger Buchmesse und hatte ein Erlebnis im Hotel, das ich nie vergessen werde. Ich war im Aufzug auf dem Weg nach unten, als eine mir unbekannte ältere Dame einstieg. Sie war sehr elegant, trug einen Hosenanzug und hatte blondes Haar und blauen Augen. Plötzlich blieb der Aufzug stecken und sie sagte zu mir auf Deutsch: »Helfen sie mir, ich habe Asthma, tun sie etwas.« Ich bin normalerweise eine ängstliche Person, aber in diesem Moment habe ich sie nur angeschaut und dachte: »Sie war wahrscheinlich eine dieser brutalen Frauen, die meine Familie im Konzentrationslager nicht weit von Leipzig gequält hat.« Sie flehte mich nochmals an: »Bitte helfen sie mir. Drücken sie die Notklingel. Ich werde sterben.« Ich stand nur da und schaute sie an, während sie um ihr Leben bangte, und es war für mich, als könnte ich Rache nehmen. Sie betätigte zitternd selbst die Klingel. Nach 20 Minuten fuhr der Fahrstuhl wieder und wir wurden befreit. Ich atmete tief ein und aus und rief meiner israelischen Bekannten, die in der Lobby wartete zu: »Wow, du ahnst nicht, was mir im Aufzug passiert ist!« Die Frau sah mich erstaunt an und sagte: »Sprechen Sie Hebräisch? Wer sind sie? Sie sind so brutal.« Ich wurde rot und sie fügte hinzu: »Ich bin eine Holocaustüberlebende und komme aus Tel Aviv. Der Bürgermeister hat mich eingeladen, um mir einen Preis zu verleihen.« Ich war wie erstarrt, als jemand zu mir sagte: »Sie ist eine israelische Schriftstellerin, eine Holocaustüberlebende.« Es war ein Schlüsselerlebnis, denn es hat mir gezeigt, wie sehr Vorurteile und Stereotype uns in die Irre führen können.

Die Annäherung an Deutschland löste in mir das Bedürfnis aus, den Blick verstärkt auf unsere palästinensischen Nachbarn zu richten. 2009 intensivierte ich meine Bemühungen, mich mit deren Lebensrealitäten auseinanderzusetzen.

Ich habe Palästinenser getroffen, die unter der israelischen Besatzung leiden. Sie sind die Schwachen und das motiviert mich zum Handeln. So ist mein Buch »Who the Fuck is Kafka« über meine Begegnung mit dem palästinensischen Journalisten Nadim entstanden.

6. Bezug zu deutsch-jüdischer Geschichte und Wahrnehmung deutsch-israelischer Verständigung

Deutsch-jüdische Geschichte ist mir wichtig. Obwohl meine Mutter in Polen aufwuchs, liebte sie die deutsche Kultur. Manchmal versuchte sie, mit mir Deutsch zu sprechen. Ich durfte niemandem davon erzählen, denn es war nach dem Holocaust verboten, auf der Straße die Sprache der Täter zu sprechen. Die Leute hatten Angst, dass sogar die Sprache jemanden töten könne.

Wir hatten zu Hause unzählige Bücher, die in den Regalen in zwei Reihen einsortiert waren: In der vorderen Reihe standen hebräische, polnische und jiddische Bücher, dahinter verdeckt die deutschen Bücher. Nachts las meine Mutter laut deutsche Literatur und ich hörte ihr in der Dunkelheit zu.

Der antisemitische und von Hitler verehrte Richard Wagner war der Lieblingskomponist meiner Mutter. Seine Musik hörte sie heimlich. Als ich seine Stücke in Deutschland nach langen Jahren wieder hörte, kam in mir sofort die gute Erinnerung an diese schönen Stunden zurück. Dabei wird seine Musik bis heute in Israel nicht auf öffentlichen Konzerten gespielt.

Der Erfolg meiner Bücher zum Thema Holocaust ist in Deutschland mit meiner jüdisch-israelischen Identität verknüpft. Die deutschen Leserinnen und Leser sind neugierig und haben mich auf eine ganz besondere Art aufgenommen.

Als ich mit meinem ersten Buch in Deutschland auf Lesereise war, merkten die Zuhörerinnen und Zuhörer, dass es mir nicht darum ging, die Deutschen als Täter anzuklagen. Ich hatte das Bedürfnis, meine Geschichte mit ihnen zu teilen und ihnen ging es ähnlich. Sie erzählten mir über die Nazivergangenheit ihrer Eltern und Verwandten und ihren Umgang damit. Dass wir unsere Geschichten austauschten, brachte uns näher zusammen.

Schuldgefühle betrachte ich als einen Teil deutsch-israelischer Beziehungen, der immer noch relevant ist. Auf gewisse Art habe ich Schuldgefühle, weil ich in Deutschland bin und weil das politisch inkorrekt ist. Vielleicht würde meine Mutter mein Handeln und meine Einstellung auch nicht gutheißen. Die Geschichte steht nach wie vor zwischen beiden Ländern. Vielleicht liebe ich die Deutschen mehr, als ich sollte. Manche fragen sich auch, ob ich sie wirklich mag oder sie im Grunde hasse. Vielleicht sind sie nur nett zu mir, weil sie Schuldgefühle haben. Ich weiß es nicht, aber sicher spielen diese Gefühle eine Rolle.

Deutsch-israelische Beziehungen sind mir wichtig, denn sie sind ein Teil unserer Geschichte, Identität und unseres Heilungsprozesses. Es ist mir wichtig, einen Beitrag zur deutsch-israelischen Verständigung zu leisten. Ich empfehle vielen meiner israelischen Kolleginnen und Kollegen, ihre Bücher in Deutschland veröffentlichen zu lassen.

Bei der letzten Leipziger Buchmesse fragte man mich, ob ich eine israelische Schriftstellerin oder einen israelischen Schriftsteller vorschlagen möchte, den sie einladen sollten, und mein Vorschlag war ein arabisch-israelischer Autor. Ich denke, dass ich in meiner Position anderen Israelis eine Tür öffnen kann. Bei Fotoshootings trage ich bewusst Mode von israelischen Designern, denn ich fühle mich verpflichtet, israelische Marken zu unterstützen. In politischer Hinsicht bin ich nicht wirklich stolz auf Israel, aber wir haben hervorragende Kunstschaffende und eine lebendige Kreativwirtschaft, zum Beispiel im Bereich des Designs. Diese unterstütze ich gern.

Deutsche nehmen jeden Israeli zunächst herzlich auf, aber, wenn man sich näher kennenlernt, dann trauen sie sich, die israelische Besatzung zu kritisieren. Allerdings sind sie dabei sehr vorsichtig. Ich lasse diese Kritik zu und ermuntere sie sogar, weil ich sie teile.

7. Heimat/Zuhause

Meine Heimat ist in Israel und in Deutschland. In Israel habe ich meine konkrete Heimat mit meinem Pass und dem Haus in Tel Aviv. Darüber hinaus habe ich inzwischen in Deutschland eine geistige Heimat, mit der ich mich aktiv auseinandersetze. Vielleicht wird sie irgendwann Teil meiner Identität, vielleicht verwerfe ich diese Option auch wieder. Es ist, als hätte man zwei Liebhaber, und man konnte sich noch nicht für einen entscheiden. Ich habe nur einen Ehemann, aber zwei Heimaten.

Mein Zuhause ist in Deutschland und in Israel. Jemand sagte mir einmal: »Wenn du irgendwo einen Flughafen gut kennst, ist das auch wie ein Zuhause.« Wenn ich in Tel Aviv und Berlin lande, dann kenne ich die Wege, das bedeutet auch, zu Hause anzukommen.

Mit Israel verbinden mich die Sprache, Freundschaften, Tel Aviv und der Strand, das Wetter, die Erinnerungen und Träume. Aber auch in Deutschland spüre ich die Verbindung zur Kultur, zum Essen und zur Sprache wie zu einer Muttersprache. Das Wertesystem der deutschen Gesellschaft steht mir heute näher als das der israelischen. Beispielsweise bin ich säkular und fühle mich in Israel gerade in einer Zeit, in der Religion einen immer stärkeren Einfluss hat, als Außenseiterin. In Deutschland kann ich so säkular sein, wie ich möchte.

Ich spreche kein Deutsch, aber ich verstehe recht viel und lese auch auf Deutsch. Das liegt daran, dass ich den langen Prozess der Auseinandersetzung mit meiner endgültigen Identität noch nicht abgeschlossen habe. Ich stehe noch mit einem Bein in Tel Aviv und mit dem anderen in Berlin. So ganz kann ich mich noch nicht für einen Ort entscheiden. Ich brauche zwei Heimaten, um meine Geschichte besser zu verstehen.

Um ehrlich zu sein, wenn es den Zweiten Weltkrieg nicht gegeben hätte, dann könnte ich mir vorstellen, Deutsche zu sein – natürlich eine jüdische Deutsche, denn ich spüre eine tiefe Verbundenheit mit der Geschichte und Tradition des jüdischen Volkes. Ohne den Krieg wäre es einfacher für mich, denn die Schoah steht zwischen mir und Deutschland.

Weltbürger

»Ich bin aus Zufall nach Deutschland gekommen, aber es ist kein Zufall, dass ich hier geblieben bin«

Geburtsjahr:	1966
Geburtsort:	M'rar
aufgewachsen in:	Akko und Haifa
in Deutschland seit:	1991
lebt derzeit in:	Hamburg
Studium:	Betriebswirtschaft mit Schwerpunkt Wirtschaftsprüfung, Abschluss als israelischer Wirtschaftsprüfer
Beruf:	Wirtschaftsprüfer mit eigener Kanzlei in Hamburg

1. Die Geschichte meiner Familie

Ich stamme aus einer christlich-arabischen Familie. Mein Vater ist im Dorf M'rar bei Tiberias aufgewachsen. Seine Eltern starben, als er noch jung war, und so musste er sich früh Arbeit suchen, um die Familie zu unterstützen. Anfangs arbeitete er als Maurer für unterschiedliche Baufirmen, doch nach einem schweren Unfall 1967 konnte er diesen Beruf nicht mehr ausüben. Wir mussten umziehen, erst nach Tirat haCarmel – die Stadt liegt wenige Kilometer südlich von Haifa –, dann nach Akko und später nach Haifa. In Haifa hat er einen Kiosk eröffnet und war von da an selbstständig.

Meine Mutter besuchte die Schule bis zur elften Klasse und galt für damalige Verhältnisse als gebildet. Sie war zunächst als Grundschullehrerin tätig und arbeitete später gemeinsam mit meinem Vater im Kiosk der Familie.

Mein vier Jahre jüngerer Bruder lebt noch in Haifa. Er ist Rechtsanwalt und hat eine Kanzlei zusammen mit einem jüdisch-israelischen Kollegen. Mein anderer Bruder ist Projektleiter bei einer Baufirma in Jerusalem und mein dreizehn Jahre jüngerer Bruder arbeitet in einem Investmenthaus in Tel Aviv.

2. Meine Biografie

Ich bin im Jahr 1966 als Ältester von vier Brüdern zur Welt gekommen. Wir wuchsen in bescheidenen Lebensverhältnissen auf. Unsere Eltern haben uns christliche Werte vermittelt. In Israel wird man je nach Glaubensrichtung religiös aufgezogen. Im Gegensatz zu Deutschland spielt Religion in Israel eine große Rolle.

Bis zum Alter von acht Jahren lebte ich in Akko und später zogen wir nach Haifa. In unserem direkten Umfeld fühlten wir uns als Minderheit, denn in beiden Städten wohnten wir in überwiegend jüdisch geprägten Gegenden. Unsere unmittelbare Nachbarschaft bestand aus jüdischen Familien. Das Verhältnis zu ihnen war gut. Wir haben zusammen gegessen, uns zum Picknick getroffen und im Garten gespielt. Doch passierte es immer wieder, dass ich zum Beispiel beim Fußballspielen auf der Straße als »dreckiger Araber« beschimpft wurde. Damals verstand ich das nicht und habe meine Gefühle verdrängt. Erst als Erwachsener habe ich mich damit auseinandergesetzt. Trotz der freundschaftlichen Beziehungen zu unserer Nachbarschaft verletzten mich die Beschimpfungen durch andere Juden zutiefst und hinterließen einen bitteren Beigeschmack.

Als mein Vater in Haifa einen Kiosk eröffnete, war ich fünfzehn Jahre alt. Damals besuchte ich eine christliche Schule in Haifa. Mein Freundeskreis bestand überwiegend aus Klassenkameradinnen und Klassenkameraden.

Meine Eltern haben uns sehr geliebt und entsprechend auch sehr behütet. Sie wollten ihren Kindern ein Leben nach ihren Vorstellungen aufzwingen, aber das war nicht nach meinem Geschmack. Als Teenager wollte ich in die Disco gehen und Mädchen kennenlernen, doch das haben sie mir verboten. Damals habe ich mich an jüdischen Altersgenossinnen und Altersgenossen orientiert, denen aus meiner Perspektive alles erlaubt war. Bei uns stand die Familie im Mittelpunkt und als Individuum musste ich zurückstecken. Das hat mir schon als junger Mensch nicht gefallen.

In Israel habe ich sehr angepasst gelebt. In meiner Kindheit und Jugendzeit haben unsere Eltern uns bereits dazu erzogen, uns nicht politisch zu äußern. Wir Kinder durften nichts Negatives über den Staat sagen und uns auch nicht beschweren, wenn wir schlecht behandelt wurden. Beispielsweise habe ich eine Reihe von Kriegen in Israel miterlebt und erinnere mich noch gut an den Jom-Kippur-Krieg 1973. Damals ermahnten mich meine Eltern immer: »Ruhig bleiben und nichts erzählen. Das darf man so nicht sagen.« Ich bin also in dem Bewusstsein aufgewachsen, dass Politik ein verpöntes Thema ist, zu dem ich mich nicht zu äußern habe.

Nach dem Abitur habe ich ein Jahr lang gejobbt und dann von 1985 bis 1989 an der Universität Haifa Betriebswirtschaft mit Schwerpunkt Wirtschaftsprüfung studiert. Zu meiner Studienzeit hat das jüdisch-arabische Zusammenleben gut funktioniert, dennoch gab es an der Universität eine starke Cliquenbildung, die jüdischen Studierenden waren eine Gruppe und die arabischen Studierenden eine andere. Aus diesem Cliquenleben habe ich mich herausgehalten und war mehr in Kontakt mit jüdischen Studierenden, aber hatte natürlich auch einen arabischen Freundeskreis, Muslime, Christen und Drusen (→ S. 135) aus allen möglichen Gesellschaftsschichten. Ich habe nie darauf geachtet, woher jemand kommt, sondern, ob wir uns gut verstehen.

1987 lernte ich in Israel meine damalige Freundin kennen, die aus Hamburg stammte. Wir führten über einige Jahre eine Fernbeziehung und 1991 zog ich zu ihr nach Deutschland. 1996 erkrankte mein Vater an Krebs und über einen Zeitraum von drei Jahren bin ich sehr oft nach Israel gereist, um Zeit mit ihm zu verbringen. Sein Tod war eine Art Wendepunkt in meinem Leben, der mich dazu bewog, vieles aus meiner Vergangenheit aufzuarbeiten. Hinzu kam, dass ich mich nach fünf Jahren Zusammenleben in Hamburg von meiner damaligen Freundin trennte. Es war eine Zeit, in der ich sehr viel nachdachte und mich mit mir selbst beschäftigte. Nach drei Jahren lernte ich 1999 meine deutsche Frau kennen.

2004 haben wir geheiratet und im selben Jahr ist mein erster Sohn zur Welt gekommen. Heute haben wir zwei Söhne und eine Tochter

In Hamburg führe ich zusammen mit zwei Partnern eine erfolgreiche Wirtschaftsprüfungskanzlei.

3. Gründe für die Einwanderung nach Deutschland und Reaktionen des Umfelds in Israel

Schon im Alter von 17 Jahren wusste ich, dass ich Israel verlassen möchte. Dort fühlte ich mich eingeengt und unfrei – in der Familie und in der Gesellschaft. Dass ich heute in Deutschland lebe, ist mehr oder weniger ein Zufall. Wäre meine damalige Freundin aus Frankreich gewesen, so wäre ich wahrscheinlich in Frankreich gelandet. Als ich 1991 nach Deutschland kam, habe ich den festen Entschluss gefasst, nie wieder nach Israel zurückzuziehen. In der Zwischenzeit habe ich zwei oder drei Mal mit dem Gedanken gespielt, zurückzukehren, aber ich habe eine unsichtbare Mauer gespürt, die mich davon abhielt. Heute habe ich meine Familie und meine

Kanzlei in Hamburg und kann mir eine Rückkehr nach Israel nicht mehr vorstellen. Es ist also keineswegs ein Zufall, dass ich in Deutschland geblieben bin. Das Leben und die Mentalität der Menschen gefällt mir, ich fühle mich hier wohl.

Als ich nach meinem Studium nach Deutschland zog, hat meine Familie sehr negativ auf diesem Schritt reagiert, denn er widersprach ihren Werten des familiären Zusammenhalts. Daher war meine Migration für meine Eltern, insbesondere für meine Mutter, eine Katastrophe. Lange Jahre konnte sich meine Familie nicht mit meiner Entscheidung abfinden, Israel zu verlassen.

Das hat sich geändert, heute verbindet meine Familie Deutschland mit einem positiven Image. Zwei meiner Brüder wollten sich ebenfalls in Deutschland ein Leben aufbauen, konnten jedoch weder beruflich noch gesellschaftlich Fuß fassen; sie sind wieder nach Israel zurückgekehrt.

Meine israelischen Freundinnen und Freunde waren von meinem Wegzug nicht begeistert, aber sie akzeptierten meine Entscheidung.

Es ist mir wichtig, den Kontakt zur Familie oder zu engen Freundinnen und Freunden in Israel aufrechtzuerhalten. Ich bin oft zu Besuch dort und nehme beispielsweise auch an Klassentreffen teil.

4. Leben und Alltag in Deutschland

Als ich nach Deutschland zog, war ich 24 Jahre alt und hatte gerade mein Studium beendet. Ich kam mit einem Koffer und meinen sämtlichen Ersparnissen, nämlich 5000 DM, in Hamburg an. Das war alles, was ich damals besaß. In Deutschland habe ich mit meiner Freundin zusammengewohnt und im ersten Jahr an der Volkshochschule und der Universität diverse Deutschkurse besucht, um möglichst rasch die Sprache zu erlernen.

Ich habe schnell eine Stelle als Wirtschaftsprüfer bei einer mittelgroßen Wirtschaftsprüfungskanzlei in Hamburg gefunden und bin wie jeder andere Uniabsolvent in den Beruf eingestiegen.

In meiner Anfangszeit in Deutschland habe ich mich viel im Freundeskreis meiner damaligen Freundin bewegt. Ihre Freundinnen und Freunde haben mich sehr herzlich aufgenommen und versucht, mich einzubeziehen. Ich habe auch Freundschaften über meine Arbeitsstelle oder die diversen Deutschkurse geschlossen. Gesellschaftlich habe ich mich schnell und gut integriert. Anfangs habe ich versucht, mich sehr stark mit Deutschen zu umgeben, heute ist mein Umfeld multikulturell. Mein engster Bekannten-

und Freundeskreis kommt aus dem Arbeitsumfeld. Ich bin auch mit einigen jüdischen Israelis befreundet, die in Deutschland leben, einige in Berlin und ein guter Freund in Heidelberg.

Zu der Familie meiner Frau habe ich ein gutes Verhältnis. Mein Schwiegervater ist leider vor ein paar Jahren verstorben, aber mit meiner Schwiegermutter verstehe ich mich gut.

Das Leben in Deutschland ist ruhiger als in Israel, was ich persönlich auch mit einer höheren Lebensqualität verbinde. Es gibt keine Kriege und man sieht nicht immer Soldatinnen und Soldaten, wenn man in den Bus oder die Bahn steigt. All dies sind Dinge, die mich in Israel stark gestört haben.

Ich mag es auch, dass man hier zusammensitzen und sich unterhalten kann, ohne ständig unterbrochen zu werden. Man lässt sein Gegenüber ausreden, die Unterhaltungen laufen hier ganz anders. Der Umgang miteinander ist in Deutschland wesentlich entspannter und diese Lebensart liegt mir mehr. In Israel ist es immer laut, wenn man sich trifft. Der Fernseher läuft nebenbei und man hört ständig Nachrichten irgendwo im Hintergrund. Das wirkt sich negativ auf die Stimmung auf. Wenn ich heute eine Woche in Israel bin, dann komme ich zurück nach Deutschland und freue mich, all die schlechten Nachrichten nicht mehr ständig hören zu müssen.

In Deutschland ist generell ein höherer Lebensstandard möglich als in Israel. Doch wäre ich wahrscheinlich auch in Israel in eine vergleichbare Position aufgestiegen. Vor meinem Wegzug hatte ich bereits begonnen, dort in einer Wirtschaftsprüfungsgesellschaft zu arbeiten. Finanziell ging es mir auch damals schon gut.

5. Grenzerfahrungen und Überwinden von Grenzen

Gerade, weil ich in Israel aufgewachsen bin, ist mir die Unwichtigkeit von Grenzen in Deutschland positiv aufgefallen. Ich kann mich einfach ins Auto setzen und nach Dänemark, Frankreich, in die Schweiz oder ein anderes Nachbarland fahren. Von Hamburg aus bin ich auch schon mit dem Fahrrad nach Amsterdam gefahren, ohne an der Grenze kontrolliert zu werden. Wenn ich eine Ländergrenze passiere, dann tue ich dies in dem vollen Bewusstsein, dass offene Grenzübergänge nicht selbstverständlich sind. Ich genieße es, dass mich niemand kontrolliert und fragt: »Warum willst du hier rein? Was hast du in deinem Gepäck? Hast du Bomben im Koffer?« Stattdessen fahren wir einfach über Staatsgrenzen hinweg. So ist das in Europa und das finde ich wunderbar.

In Israel nahm ich Grenzen ganz anders wahr. Sie engten mich ein. Schon als Jugendlicher habe ich immer nach Europa oder Amerika geschaut, wovon es hieß: »Man lebt da grenzenlos.« In Israel waren Grenzen immer präsent. Man fährt von Haifa 40 km in den Norden und kommt an eine Grenze. Dann fährt man 50 km nach Osten und steht vor einer Grenze. Im Westen ist das Mittelmeer und im Süden kommt hinter der Stadt Eilat die Grenze zu Ägypten. Dies war das Bild, das meine Jugendjahre sehr stark prägte und mich irritierte. Dieses Gefühl der Eingrenzung hat mich irritiert.

Dass ich in Deutschland derart gut aufgenommen wurde, lag vermutlich auch daran, dass ich mich nicht abgegrenzt habe. Ich habe versucht, möglichst schnell die Sprache zu beherrschen, und bewegte mich in einem deutschen Umfeld.

Es wäre aber zu blauäugig, wenn ich behaupten würde, dass ich nie ausgegrenzt wurde. Beispielsweise spiele ich sehr gern Fußball und habe auf dem Platz schon das eine oder andere Mal mitbekommen, dass man als Ausländer nicht die besten Karten hat.

Die Gesellschaft, aus der ich stamme, ist von einem chaotischen System geprägt. Hingegen ist in Deutschland, so nehme ich es wahr, auch im Alltag sehr vieles sehr genau geregelt. Das lässt mich manchmal an Grenzen stoßen und führt dazu, dass ich meine eigenen Grenzen regelmäßig überwinden muss, um hier zurechtzukommen. Beispielsweise, wenn ich bei Rot schnell über die Ampel gehen möchte, weil kein Auto kommt, dann ermahnt meine Frau mich: »Das kannst du so nicht machen.« Dies ist eine Situation, in der ich regelmäßig mit mir selbst kämpfen und meine Gewohnheiten überwinden muss.

Geschäftlich habe ich viel mit Israelis zu tun und sie fragen mich oft: »Wie kannst du bloß in Deutschland leben? Das Wetter ist so kalt und die Menschen sind so emotionslos.« Zum Wetter antworte ich, dass es mir in Israel zu heiß ist, aber, was die emotionale Kälte betrifft, so muss ich ihnen leider zustimmen. Mit meinem besten deutschen Freund kann ich nicht so offen kommunizieren wie mit einem Freund aus Israel. Da spüre ich ganz andere Schwingungen in der Beziehung und eine größere Distanz. Ich habe in vielen Situationen das Gefühl, dass Deutsche eine unsichtbare Mauer um sich herum errichten und die anderen nicht an sich heranlassen.

Ich bin ein authentischer Mensch, der seine Emotionen ausdrückt, auch meinen Kindern gegenüber. Sie sollen sehen, wie ich wirklich bin. Ich umarme und küsse sie viel und mache Quatsch mit ihnen. Es ist mir wichtig, dass sie diese emotionale Lebensweise, die ich an den Tag lege, mitbekommen.

6. Bezug zu deutsch-jüdischer Geschichte und Wahrnehmung deutsch-israelischer Verständigung

Der Holocaust berührt mich emotional, aber er ist nicht mein Thema, da er weder mich noch meine Familie betrifft. Persönlich finde ich es aber großartig, dass Israel und Deutschland über ihren Schatten gesprungen sind und eine Annäherung geschafft haben. Deutsche und Israelis bzw. Juden versuchen hier regelmäßig, durch Dialog Grenzen zu überwinden. Ich bin oft sehr überrascht, dass Juden in der Lage sind, ein gutes Verhältnis mit Deutschland zu pflegen. Da ich sehr oft in Berlin bin, sehe ich, wie viele Juden und Israelis dort leben, und das beeindruckt mich.

Ich kann mich erinnern, dass zu meiner Studienzeit ein sehr guter Freund von mir, ein jüdischer Israeli, mir einmal sagte, dass er nicht einmal in ein Flugzeug steigen würde, das über Deutschland fliegt. Es schockierte mich, dass Menschen sich solch eine Grenze setzen. Etwa zehn Jahre später besuchte er mich in Deutschland. Ich war überrascht, aber fragte ihn damals leider nicht, weshalb er seine Meinung über Deutschland geändert hatte. Später arbeitete er parallel an einem Projekt in Dänemark und in Holland und pendelte viel zwischen diesen Ländern. Er fuhr in der Regel über Hamburg und bei dieser Gelegenheit besuchte er mich, was mich sehr freute.

Mein Eindruck ist, dass die meisten Deutschen ein schlechtes Gewissen haben, wenn es um Israel geht. Bei der jüngeren Generation sehe ich dies weniger, aber ältere Deutsche sind sehr, sehr vorsichtig und zurückhaltend, sobald sie hören, dass jemand aus Israel kommt.

Es überrascht mich auch, dass ich in Deutschland nicht sofort gefragt werde, woher ich komme. In Israel ist immer die zweite Frage: »Was ist deine Herkunft?« Aber in Deutschland, wo ich der Ausländer bin, fragt man mich nicht. Ich schreibe dies teilweise der deutschen Zurückhaltung zu oder mein Gegenüber weiß bereits vor unserer Begegnung, dass ich aus Israel komme, und möchte vielleicht nicht zu viel fragen. Sie wissen nicht, dass ich kein Jude bin. Wenn ich sage, dass ich aus Israel komme, dann werde ich oft automatisch für einen Juden gehalten. Manchmal kläre ich mein Gegenüber auf und manchmal nicht. Es stört mich, dass Deutsche Israel automatisch nur mit Juden assoziieren.

7. Heimat / Zuhause

Ich bin in gewisser Weise ein heimatloser Mensch. Einerseits sind Israel und auch Deutschland meine Heimat, aber gleichzeitig wieder nicht. Deutschland ist ganz klar mein jetziges Zuhause und ich kann mich mit dem Land identifizieren. Doch ist es nicht meine Heimat, da ich hier nicht geboren bin. Ich habe weder zu Deutschland noch zu Israel ein negatives Verhältnis, aber ich bin kein Deutscher und kann mir vorstellen, dass ein Deutscher, der hier geboren und aufgewachsen ist, sich dem Land mehr verbunden fühlen kann als ich. In Israel spüre ich eine starke Diskriminierung der arabischen Minderheit gegenüber. Dementsprechend kann ich nicht sagen: »Hier ist meine Heimat.«

Die Heimat meiner Kinder ist Deutschland, aber auch zu Israel haben sie einen Bezug. Sie sind schon oft mit mir dort gewesen und ich versuche auch, mit ihnen Arabisch zu sprechen, was mir nicht immer gelingt. Wenn sie arabische Verwandte treffen, dann verstehen sie zwar, was gesprochen wird, aber sie sprechen selbst nicht gut Arabisch.

Die deutsche Staatsbürgerschaft habe ich nicht angenommen, weil ich hierfür meine israelische Staatsbürgerschaft hätte aufgeben müssen und weil mir der bürokratische Aufwand zu groß war. Ab und an frage ich mich, warum ich dies nicht in Angriff genommen habe, aber Tatsache ist, dass es mich in meinem Alltag nicht beeinträchtigt, dass ich keinen deutschen Pass habe. Meine Kinder haben alle die deutsche Staatsbürgerschaft.

Avri Levitan

»Ich würde lieber etwas über die Musik von Brahms sagen als über meine jüdische Identität«

Geburtsjahr:	1973
Geburtsort:	Tel Aviv
aufgewachsen in:	Tel Aviv, Kibbuz Dafna und Kirjat Schmona
in Deutschland seit:	2000
lebt derzeit in:	Berlin
Studium:	Musik
Beruf:	Musiker und Gründer der gemeinnützigen Initiative Musethica

1. Die Geschichte meiner Familie

Die Familie meines Vaters immigrierte aus Russland und der Ukraine in Estland. Mein Urgroßvater Leib Levitan war eine einflussreiche religiöse Persönlichkeit in Tartu. Er war ein Intellektueller und ein Humanist, der viele Bücher in modernem Hebräisch schrieb. Daher wissen wir heute relativ viel über die Geschichte unserer Familie. In Tartu gründete er das hebräische Gymnasium. Er war auf eine gewisse Art und Weise ein Zionist, auch wenn er niemals in Israel leben wollte.

Sein Sohn, mein Großvater, wanderte in den 1930er-Jahren von Tallinn in Palästina ein. Er schloss sich den Revisionisten der Irgun an. Diese kämpften gegen die britische Mandatsregierung. Ihr Ziel war die Errichtung eines souveränen jüdischen Staates in Palästina. Er verkehrte in den Kreisen von Menachem Begin und Itzhak Schamir, die die Befehlshaber dieser Organisation waren. Sie versteckten sich anfangs in dem Haus in Tel Aviv, in dem ich viele Jahre später geboren wurde.

Meine Großmutter väterlicherseits stammte aus einer relativ wohlhabenden Familie in Białystok. Ihr Vater war ein Händler. Meine Oma war sehr kultiviert und gebildet. Sie beherrschte sieben Sprachen fließend. Meine Großeltern lernten sich in Israel kennen und lebten in Tel Aviv.

Avri Levitan

▶ Zionismus

Als Zionismus bezeichnet man die jüdische Nationalbewegung, die im 19. Jahrhundert als Reaktion auf den zunehmenden Antisemitismus in Europa, zunächst insbesondere in Russland und Osteuropa, entstand und einen eigenen jüdischen Nationalstaat in Palästina anstrebte. Den Begriff prägte 1890 der Wiener Journalist Nathan Birnbaum. Er greift die jahrhundertealte Sehnsucht der auf der ganzen Welt verstreuten Juden nach Zion – einem Synonym für Jerusalem und die biblische Heimat – auf.
Wirkmächtig wurde der Zionismus vor allem durch Theodor Herzl, der 1860 in Budapest als Sohn einer assimilierten jüdischen Kaufmannsfamilie zur Welt kam. Nach seinem Jurastudium in Wien war er als Journalist und Schriftsteller tätig. Ab 1891 berichtete er als Korrespondent der liberalen »Neuen Freien Presse« aus Paris, wo er den Prozess gegen den jüdischen Hauptmann Alfred Dreyfus verfolgte, der 1894 zu Unrecht wegen angeblichen Landesverrats verurteilt wurde. Unter dem Eindruck der Dreyfus-Affäre, die das ganze Ausmaß des Antisemitismus deutlich werden ließ, schrieb Herzl seine programmatische Schrift »Der Judenstaat. Versuch einer modernen Lösung der Judenfrage«. In dem 1896 veröffentlichten Buch kam er zu dem Schluss, dass der Antisemitismus trotz der Bereitschaft der Juden, sich zu assimilieren, nie verschwinden werde. Daher sei der einzige Ausweg die Gründung eines eigenen Staates für die Juden. Das Manifest, das bei vielen Juden in Westeuropa zunächst auf Ablehnung stieß, wurde zum Programm des politischen Zionismus.
1897 berief Herzl in Basel den Ersten Zionistenkongress ein und initiierte die Gründung der Zionistischen Weltorganisation (ZWO). Das in Basel verabschiedete Programm verkündete als Ziel die »Schaffung einer öffentlich-rechtlich gesicherten Heimstätte in Palästina«.
Als Herzl 1904 starb, schien dieses Ziel in weiter Ferne zu liegen. Doch das änderte sich, als Großbritannien 1917 in der sogenannten Balfour-Erklärung das Ziel einer »jüdischen Heimstätte« in Palästina, das später unter britischer Militärverwaltung stand, anerkannte. Mit dem Teilungsbeschluss der Vereinten Nationen Ende November 1947 und der Gründung des Staates Israel im Mai 1948 wurde Herzls Vision Wirklichkeit, der Zionismus hatte sein Ziel erreicht.
Die zionistische Bewegung des späten 19. und frühen 20. Jahrhunderts unterteilt man in verschiedene Strömungen. Es gab sozialistische, revisionistische (= antisozialistische, nationalistische), allgemeine (= wirtschaftsliberale, gemäßigte politische Ansichten) und religiöse Zionisten.
Im Wesentlichen nach: Nicole Alexander, Theodor Herzl und der Zionismus – eine Vision wird Wirklichkeit, in: Gisela Dachs, Israel kurzgefasst, überarbeitete Auflage Juli 2013, S. 14 f.

»Ich würde lieber etwas über die Musik von Brahms sagen ...«

Die Familie mütterlicherseits ist 1880 aus Litauen in Palästina eingewandert, meine Großmutter wurde in Israel geboren. Mein Großvater stammt ebenfalls aus Litauen. Im Zweiten Weltkrieg kämpfte er für die britische Armee. Das Dorf, aus dem seine Familie kam, wurde von den Nazis komplett zerstört. Die Bewohnerinnen und Bewohner wurden ermordet, aber meinem Großvater gelang es, seine Schwester und sich zu retten. Sie waren die einzigen Überlebenden der Familie und wanderten beide in Israel ein. Mein Großvater arbeitete für die Stadtverwaltung in Tel Aviv. Er starb 1983, als ich zehn Jahre alt war.

Meine Eltern wurden beide in Tel Aviv geboren und wuchsen im Großraum Tel Aviv auf. Mein Elternhaus war säkular, mein Vater ist bis heute sehr weltlich. Er studierte Literatur und Philosophie an der Hebräischen Universität in Jerusalem, wurde dann aber Steuerberater. Meine Mutter übernahm die Kindererziehung und arbeitete nebenbei als Sekretärin für einen Arzt in Tel Aviv. Als meine Eltern in einen Kibbuz in Nordisrael zogen, kümmerte sie sich vornehmlich um die Kinder und arbeitete im Kinderhaus des Kibbuz. Damals war es in einigen Kibbuzim noch üblich, dass die Kindererziehung zentralisiert war und nicht innerhalb der traditionellen Familienstrukturen stattfand. Die Kinder lebten in einem Kinderhaus und nicht bei ihren Eltern. Meiner Mutter fiel das Leben im Kibbuz schwer. Sie war das Stadtleben in Tel Aviv gewohnt und konnte mit der Kibbuzideologie wenig anfangen. Wenn sie beispielsweise ein Kind lobte, weil es ein schönes Bild gemalt hatte, dann sagten die Eltern zu ihr, dass sie alle Kinder für ihre schönen Bilder loben müsse. Dies mochte sie nicht. Meine Mutter starb früh, im Alter von 49 Jahren. Damals lebten meine Eltern bereits in der nordisraelischen Stadt Kirjat Schmona. Nach ihrem Tod zog mein Vater wieder nach Tel Aviv und heiratete erneut. Er arbeitet auch heute noch als Steuerberater.

Ich habe noch zwei jüngere Schwestern.

2. Meine Biografie

Ich bin im Jahr 1973 in Tel Aviv geboren und lebte die ersten Jahre im Zentrum der Stadt. Die Wohnung meiner Eltern war nur zwei Gehminuten vom Strand entfernt und so verbrachte ich viel Zeit am Meer. Als ich sieben Jahre alt war, zogen wir in einen Kibbuz. Die Umstellung auf das Kibbuzleben war anfangs schwierig für mich, aber ich passte mich an und das Leben dort gefiel mir. Ich ging zum Schwimmen und spielte Violine. Bis ich neun Jahre alt war, lebte ich im Kinderhaus des Kibbuz. Ich schlief mit Gleichaltrigen im selben Raum, wir aßen zusammen, lernten zusammen und spielten zusammen. Die Wochenenden verbrachten wir bei unseren Eltern. Das Leben in der Gruppe mochte ich, denn es war schön, immer von Gleichaltrigen umgeben zu sein. Während des ersten Libanonkrieges 1982 war ich neun Jahre alt. Bei Raketenalarm mussten wir immer in die Schutzräume laufen und schliefen auch dort. Es war eine aufregende Zeit aus der Perspektive eines Neunjährigen.

> ▶ **Libanonkrieg 1982**
>
> Ab Ende der 1970er-Jahre koordinierte die PLO von Beirut aus Angriffe palästinensischer Kämpfer auf Orte in Nordisrael. Daraufhin startete die israelische Armee am 6. Juni 1982 die Operation »Frieden für Galiläa«. Israelische Kampfflugzeuge bombardierten Beirut, wo die PLO ihre Büros hatte, sowie Ziele im Südlibanon. Wochenlanges Artilleriefeuer ging einher mit dem Vormarsch der israelischen Soldaten. Die Armee bekämpfte die PLO-Aktivisten und syrische Einheiten, die an der Seite der PLO kämpften. Die israelische Armee zwang die PLO zur Flucht in die tunesische Hauptstadt Tunis.
>
> Der Krieg wurde wegen der hohen Anzahl der zivilen Opfer und der massiven Zerstörungen international und in Israel selbst vehement kritisiert. Besonders im Fokus stand das Verhalten der israelischen Armee, als libanesische christliche Milizen, die Falangisten, in den Flüchtlingslagern Sabra und Schatila im September 1982 ein Massaker anrichteten. Eine noch im gleichen Monat eingesetzte israelische Untersuchungskommission konstatierte eine Mitverantwortung des damaligen Verteidigungsministers Ariel Scharon, woraufhin dieser von seinem Amt zurücktrat.

Als ich zwölf Jahre alt war, zogen wir nach Kirjat Schmona. Die Musik und das Violinespielen wurden immer wichtiger für mich. Dreimal jährlich nahm ich an unterschiedlichen Musikcamps mit anderen jungen Musikern teil. Bei einem solchen Camp hörte die Direktorin der angesehenen Kunstschule in Tel Aviv mich spielen und bot mir spontan an, an ihre Schule zu kommen. Meine Eltern erlaubten mir, diese Gelegenheit wahrzunehmen, also zog ich im Alter von 14 Jahren allein aus dem Norden Israels zu meiner Großmutter nach Tel Aviv. Es war ein großer Schritt für mich, aber die Trennung von meinen Eltern fiel mir nicht sonderlich schwer, denn ich war ohnehin ein rebellischer Teenager. Meine Wochenenden verbrachte ich im Norden bei der Familie oder meine Eltern kamen

»Ich würde lieber etwas über die Musik von Brahms sagen ...«

nach Tel Aviv. Das Zusammenleben mit meiner Großmutter war nicht reibungslos, denn ich war nicht folgsam. Ich rauchte, brachte Mädchen nach Hause und tat alles, was ich nicht sollte. Aber rückblickend waren es auch vier schöne Jahre, die wir zusammenwohnten.

Im Alter von 18 Jahren, als der in Israel übliche Militärdienst anstand, spielte ich für das israelische Militärorchester vor. Es war der schwierigste Wettbewerb meines Lebens, denn nur acht Musiker aus dem ganzen Land für alle Instrumente wurden angenommen. Ich war mir unsicher, ob ich gut genug gespielt hatte, und darüber hinaus war ich bereits für ein Studium in New York aufgenommen. So ging ich zu einem Psychiater, um mich von der Armee freistellen zu lassen. Ich wollte ihn nicht anlügen und keine Ausreden erfinden, so sagte ich ihm einfach: »Ich bin Musiker und will nicht zur Armee.« Er wusste dies zu schätzen und ließ mich gehen. Als ich doch für das Streichquartett der israelischen Armee angenommen wurde, entschied ich mich aus Schuldgefühlen, meinen Militärdienst anzutreten. Ich sah meinen Vater, der als Reservist im Libanonkrieg diente, und dachte: »Alles, was ich tun muss, ist, ein Instrument zu spielen. Vielleicht ist es gar nicht so schlecht, ein Musiker in der Armee zu sein.« Noch heute bin ich mit einigen meiner damaligen Kameradinnen und Kameraden gut befreundet. Einer von ihnen war der Konzertmeister der Berliner Philharmonie. Wir hatten viel Spaß gemeinsam in der Armee, aber davon abgesehen war es Zeitverschwendung. Junge Leute in diesem Alter sollten meiner Meinung nach etwas Sinnvolleres tun.

Danach hätte ich auf die Manhattan School of Music in New York gehen können, doch meine Mutter war schwer erkrankt. Wir hatten immer ein sehr enges Verhältnis und so entschied ich mich, bei ihr in Israel zu bleiben. Auch heute bin ich noch froh, diese Entscheidung getroffen zu haben. Als meine Mutter starb, war ich 23 Jahre alt. Nach ihrem Tod zog ich für zwei Jahre nach Paris, um dort zu studieren. Parallel flog ich oft nach New York, wo ich ebenfalls einen Lehrer hatte.

Bei einem Heimaturlaub lernte ich meine erste Frau kennen und zog zu ihr zurück nach Israel. Nach unserer Hochzeit zogen wir gemeinsam nach Berlin.

Wir trennten uns 2002 und ich heiratete wieder. Meine zweite Frau ist Polin, ich lernte sie bei einem Konzert in Warschau kennen. Sie zog zu mir nach Deutschland. Wir waren acht Jahre zusammen und lebten gemeinsam in Spanien und Deutschland. Unser Sohn ist heute sechs Jahre alt. Seit unserer Scheidung lebt er abwechselnd eine Woche bei mir und eine Woche bei seiner Mutter.

3. Gründe für die Einwanderung nach Deutschland und Reaktionen des Umfelds in Israel

Meine erste Frau ist eine Sängerin und war auf der Suche nach einem Studienplatz. Sie bewarb sich an mehreren Hochschulen und erhielt die erste Zusage aus Berlin. Ich war glücklich darüber, denn ich mochte die Stadt und spielte damals in einem Streichtrio, dessen andere Mitglieder in Berlin lebten.

Meine Großeltern und meine Mutter waren zum Zeitpunkt meines Umzuges bereits verstorben, aber mein Vater sagte zu mir: »Wenn dein Großvater wüsste, dass du in Deutschland lebst, würde er sich im Grab umdrehen.« Mein Umzug stellte weder für meinen Vater noch für meine Schwestern ein Problem dar. Meine jüngste Schwester lebte ebenfalls einige Zeit in Berlin, kehrte aber wieder nach Israel zurück.

4. Leben und Alltag in Deutschland

Als ich im Jahr 2000 nach Deutschland zog, sah Berlin noch ganz anders aus. Es war eine arme Stadt und die wenigen Touristinnen und Touristen auf den Straßen waren Deutsche. Meine Frau und ich zogen in den Stadtteil Moabit, der damals von türkischen und arabischen Einwanderinnen und Einwanderern geprägt war. Dort lebten auch einige Künstlerinnen und Künstler. Nach zwei gemeinsamen Jahren in Berlin trennten meine Frau und ich uns und ich zog an den Rosenthaler Platz in Berlin-Mitte. Damals gab es dort nur ein Café und ein kleines Restaurant. Es war alles andere als eine trendige Location, im Gegensatz zu heute. Diesen Wandel der Stadt zum heutigen Berlin habe ich miterlebt und ich fand ihn äußerst interessant. Ich erinnere mich, dass ich kurz nach meinem Umzug nach Berlin ein Schild neben den Mülltonnen entdeckte, auf dem stand: »Bitte zwischen 13 und 15 Uhr keinen Müll einwerfen.« Mein erster Gedanke war: »Oh mein Gott, ich bin zu Hause.« Ich liebe diese Mittagsruhe zwischen 13 und 15 Uhr. Hätte im Kibbuz jemand meine Mutter um 14 Uhr angerufen, wäre sie stocksauer gewesen. Während der Mittagsruhe war es uns Kindern im Kibbuz auch nicht erlaubt, draußen Krach zu machen. In Tel Aviv störte dies niemanden. Das alte Berlin von damals erinnerte mich ein wenig an den Kibbuz. Das heutige Berlin gleicht vielmehr Tel Aviv.

2005 spielte ich auf einer Feier zum vierzigjährigen Jubiläum der israelisch-deutschen Freundschaft im Haus des deutschen Botschafters in Polen.

Unweigerlich musste ich an meinen Großvater denken. Wenn jemand ihm vor vierzig Jahren gesagt hätte: »Dein Enkel wird ein Konzert im Haus des deutschen Botschafters in Warschau geben, um vierzig Jahre israelisch-deutsche Freundschaft zu feiern«, hätte er es nicht geglaubt.

Polen war in meinen Augen ein wunderschönes Land mit netten Menschen und großartigen Musikern. Alles widersprach dem Bild, das meine Großmutter mir all die Jahre von ihrem Heimatland vermittelt hatte.

In Berlin habe ich unterschiedliche Freundeskreise. Dazu zählen Menschen aus der internationalen Musik- und Kunstszene, die in Berlin leben, einige Deutsche und auch ein paar Israelis. Unter meinen Bekannten sind aber auch Menschen, die mit Kunst und Musik nichts zu tun haben, beispielsweise habe ich gute Kontakte zur Nachbarschaft. Ein weiteres Netzwerk besteht aus Eltern, deren Kinder mit meinem Sohn befreundet sind. Aber die meisten Kontakte sind durch mein Projekt Musethica (s. S. 224) entstanden. Da mein Leben recht unkonventionell ist, fällt es mir momentan schwer, enge Freundschaften zu pflegen.

Unser Leben in Berlin gefällt mir sehr gut. In Israel habe ich immer schon diese gewisse Distanz vermisst, die ich in Europa und auch in Deutschland als wohltuend empfinde. Man könnte sagen, dass in Israel sozialisierte Menschen direkter oder weniger höflich sind. Ich weiß nicht, was die Zukunft bringen wird, aber ich lebe nun bereits fünfzehn Jahre in Berlin und würde gern hier bleiben. Ich könnte einen deutschen Pass beantragen und habe mir dies auch vorgenommen. Bisher scheiterte es lediglich an meiner Faulheit.

5. Grenzerfahrungen und Überwinden von Grenzen

In Berlin habe ich niemals Grenzen erfahren. Mein Eindruck ist eher, dass die Menschen besonders nett zu mir sind, weil sie wissen, dass ich Jude oder Israeli bin. Dies ist ein merkwürdiges Gefühl. Es passiert mir, dass Leute ungefragt zu mir kommen und mir sagen: »Israel sollte den Palästinensern gegenüber Stärke zeigen. Wir verstehen das.«

Obwohl ich mich heute noch als Israeli fühle, stört mich das Image bzw. die Identität, die mir als Israeli aufgezwungen wird. Die Identität als Israeli habe ich nie verstanden. Mein israelischer Ausweis ist ein Stück Papier, das man wahrscheinlich irgendwo kaufen könnte. Sprache ist etwas, was man erlernen kann. Allerdings muss ich zugeben, dass Hebräisch nach wie vor die

Sprache ist, in der ich mich emotional am besten und auch am präzisesten ausdrücken kann. Deshalb spreche ich mit meinem Sohn Hebräisch. Aber ich vermittle ihm, dass es nicht wichtiger ist als andere Sprachen. Die israelische Kultur verstehe ich zumindest, aber macht mich dies zu einem Israeli? Ich weiß nicht genau, was es bedeutet, Israeli zu sein. Das Land ist recht jung, genau wie seine Kultur und auch israelische Literatur, die ich liebe. Meine besten Freundinnen und Freunde sind Schriftstellerinnen bzw. Schriftsteller. Auch sie können nicht sagen, was es bedeutet, jüdisch zu sein, ganz zu schweigen davon, was es heißt, israelisch zu sein.

Ich kann auch nicht nachvollziehen, was mich zum Juden macht. Wäre ich ein orthodoxer Jude, würde ich dies sicher anders sehen, aber ich lebe säkular. Mit sieben Tagen wurde ich gemäß den Geboten der jüdischen Religion beschnitten und meine Mutter war Jüdin. Es stimmt auch, dass ihre Familie ermordet wurde, weil sie jüdisch war. Aber dies sind alles Dinge, auf die ich keinen Einfluss hatte, also können sie wirklich meine Identität bestimmen?

Ich selbst würde mich nicht als Juden bezeichnen, aber auch nicht als etwas anderes. Ich mag es auch nicht, wenn ich bei Interviews nach meiner jüdischen oder israelischen Herkunft gefragt werde. Zwischen meiner Musik und meiner Herkunft sehe ich keinen Zusammenhang, dennoch wird sie in jedem Artikel über mich aufgegriffen. Oft fragt man mich, wie es ist, als Israeli in Berlin zu leben. De facto lebe ich in Berlin als jemand, den andere Menschen als Israeli wahrnehmen. Wie andere Berliner auch stehe ich morgens auf, putze mir die Zähne, trinke Kaffee, esse mein Croissant und beginne zu arbeiten.

Es sind die anderen, die mich immerzu in Kategorien einordnen. In Israel lebt man beispielsweise in einem Kibbuz oder in Tel Aviv, kommt aus einer aschkenasischen oder orientalischen Familie. Ich denke, dass diese Kategorien künstlich geschaffen wurden. Sicherlich bezeichnen mich meine Nachbarn als den »israelischen Musiker« und sogar meinen Sohn, der in Berlin geboren und Deutscher ist, nennen sie wahrscheinlich den »Sohn des israelischen Musikers«. Die Frage ist, wie definiere ich mich selbst?

Ich spiele oft für eine jüdische Gemeinde oder die israelische Botschaft. Dann muss ich Stücke eines jüdischen Komponisten aussuchen, der von den Nazis ermordet wurde, oder einen deutsch-jüdischen Komponisten im Allgemeinen. Doch als Künstler macht mich dies wütend. Einmal hatte ich einen Auftritt mit einem schwedischen Musiker zusammen und in einem Interview wurde er gefragt, was er über die Sonate von Brahms und das Arrangement hält, während man mich fragte: »Wie ist es für dich, als Jude hier zu spielen?« Das empfinde ich als unfair, denn ich würde ebenfalls lieber etwas zu Brahms sagen wollen.

Ich habe die Organisation Musethica gegründet, die tolle Projekte initiiert und einen guten Ruf genießt. Dies möchten israelische Diplomaten gern mit Israel in Verbindung bringen. Doch ich habe Musethica nicht gegründet, weil ich Israeli bin, auch wenn viele meiner Ideen zu sozialem Verhalten auf meine Zeit im Kibbuz zurückgehen.

An meinen Projekten mit Musethica liebe ich, dass ich als Mensch und Musiker gesehen werde. Viele unserer Konzerte spielen wir für Menschen mit körperlicher oder geistiger Behinderung oder auch für Krebskranke. Die Reaktion auf unsere Musik ist bei diesen Menschen genau dieselbe, völlig unabhängig davon, in welchem Land sie leben. Ich empfinde Musik als eine Brücke über kulturelle oder geografische Grenzen hinweg. Es zeigt mir auch, dass Grenzen künstlich erschaffene Konstrukte sind.

▶ **Musethica**

Musethica ist ein Ausbildungsprogramm für junge, exzellente Musiker und Musikerinnen. Es ist ein neues Modell, Konzertpraxis in die Musikerausbildung zu integrieren und klassische Konzerte auf höchstem Niveau aus den Konzertsälen in die Gesellschaft zu bringen – ein weltweit einzigartiges Ausbildungskonzept. Musethica bietet jungen Künstlern die Möglichkeit, regelmäßig Konzerte als Teil ihrer Ausbildung zu geben. Eine wichtige Bereicherung, denn die Kunst, Konzerte zu spielen, kann nicht im Unterricht, sondern nur vor Publikum erlernt werden. Gemeinsam mit renommierten Musikern und Professoren erarbeiten die Musikstudenten anspruchsvolle Konzertprogramme in Meisterkursen. Anschließend spielen sie die Konzerte für Menschen, die nicht automatisch Zugänge zu klassischer Musik haben oder ausgegrenzt oder von Ausgrenzung bedroht sind. Sie spielen in Einrichtungen für Kinder und Erwachsene mit Behinderungen, in psychiatrischen Kliniken, Kitas, Schulen, Frauenhäusern, in Flüchtlingsunterkünften, Obdachlosenheimen, Gefängnissen und vielen weiteren sozialen und humanitären Einrichtungen. Einige der Musethica-Konzerte finden auch an traditionellen Konzertorten für die Öffentlichkeit statt.
Auszug aus:
»Was ist Musethica«, http://musethica.org/de/about/was-ist-musethica/

In Berlin fühle ich mich sehr wohl, denn die Stadt bietet mir viele Möglichkeiten. Die Herkunft spielt dort keine Rolle, jedenfalls nicht, wenn man aus Israel kommt, über andere Herkunftsländer kann ich natürlich nichts sagen.

Als Israeli denke ich, dass wir viel vom deutschen System und von der Gesellschaft lernen können – doch sehen in Israel viele dies anders, denn Deutschland symbolisiert nach wie vor den Holocaust.

Ich empfinde es als Bereicherung, in Deutschland zu sein, denn ich lerne viel, auch über mich selbst und über das Akzeptieren und Überwinden von Grenzen in Bezug auf die Schoah. Wenn ich mitten in der Nacht unter dem Brandenburger Tor hindurchspaziere und die Berliner Nächte genieße, dann überkommt mich ein sehr starkes und positives Gefühl.

6. Bezug zu deutsch-jüdischer Geschichte und Wahrnehmung deutsch-israelischer Verständigung

Meine Großväter boykottierten deutsche Produkte und weigerten sich, Deutsch zu sprechen. Meine Großmutter hingegen liebte die Sprache. Sie war stolz auf ihren Wiener Akzent, den sie sich während ihres Studiums dort zugelegt hatte. Polnisch sprach sie nach ihrer Einwanderung nach Israel nicht mehr.

Mein Großvater mütterlicherseits, der bis auf die eine Schwester seine komplette Familie an einem Tag verlor, sprach nie über den Holocaust und wir respektierten dies.

Als ich als Teenager meine ersten Konzerte in Deutschland gab, hatte ich Bekannte, deren Großväter teilweise hochrangige Nazis waren. Es war für mich ein unbeschreiblich positives Gefühl, mit jemandem meines Alters befreundet zu sein und in seinem Haus zu übernachten, wohlwissend, dass sein Großvater in Hitlers Luftwaffe diente. Aber meine Generation hat mit dem Holocaust nichts zu tun, auch nicht mein Freund, dessen Großvater ein hochrangiger Nazi war.

Ich habe noch eine Großtante, die in New York lebt. Sie hasst Deutschland und hat kein Verständnis dafür, dass ich in Berlin lebe. Sie schickt mir nicht einmal E-Mails, wenn ich hier bin, weil sie nicht möchte, dass etwas aus ihrem Computer in New York nach Deutschland verschickt wird. Bevor sie mir schreibt, fragt sie mich daher immer, wo ich bin. Ich finde dies amüsant.

Ich respektiere die Generation der Holocaustüberlebenden, aber nicht wegen, sondern unabhängig von dem, was sie durchgemacht haben. Zugleich führt blinder Respekt meiner Meinung nach zu Problemen und dem Fortbestand von Dingen, die nicht weitergeführt werden sollten. Das ist ein Gefühl, von dem ich glaube, dass zumindest meine Generation es verspürt. Unsere Beziehung zur Schoah finde ich verwirrend. Oft treffe ich israelische Teenager, deren Großeltern aus dem Jemen oder Marokko stammen und die mir sagen: »Ich kann es nicht ertragen, die deutsche Sprache zu hören.« Dabei wissen sie selbst nicht, weshalb. Die deutsche Sprache wurde nicht erst im »Dritten Reich« erfunden, sie existierte lange davor. Heute sind wir gegenüber dieser Propaganda blind. Auch den Überlebenden der Schoah gegenüber ist es nicht respektvoll, den Holocaust als Rechtfertigung für politische Entscheidungen anzuführen.

Mein Leben ist sehr ausgefüllt und ich schaue nicht zurück, was ich gut finde. Ich lebe in der Gegenwart und versuche, nicht über die Zukunft nachzudenken. Der Blick in die Vergangenheit oder die Zukunft geht oft mit viel Schmerz und Elend einher. Es wird oft gesagt: »Man muss aus der Vergangenheit lernen«, aber hierzu muss man die Geschichte verstehen. Wir Israelis schauen auf ein Ereignis in der Vergangenheit, bei dem wir nur die Spielfiguren waren. Es wurde geschaffen von Menschen, die eine andere Moral hatten bzw. deren moralische Grundsätze antisemitisch waren. Aber wir stellen uns als aktiven Teil dar, was bedeutet, dass wir viele Ideen aufgrund der Schoah fortführen, beispielsweise diejenige, dass der Staat Israel einen Schutz für das jüdische Volk darstellt. Es ist eine Reaktion auf das Naziregime und seine antisemitische Ideologie. Wir selbst schaffen eine Art von Ideologie für diese Menschen, die etwas gegen Juden oder Israelis haben. Mein Bezug zur Schoah ist in erster Linie emotional.

Die deutsch-israelischen Beziehungen sind mir wichtig, weil wir in Israel eine Lektion in Sachen Mitgefühl lernen können, denn dies ist etwas, was in der israelischen Gesellschaft Stück für Stück verloren geht. Eine ernst gemeinte Beziehung mit einem Land aufzubauen, das zu einem gewissen Zeitpunkt in der Geschichte eines der größten Verbrechen am jüdischen Volk begangen hat, wäre ein gesunder Schritt für die israelische Gesellschaft. Aber es müsste eine Beziehung sein, die auf Verständnis und nicht auf Schuldgefühlen beruht.

Dies ist nicht leicht, denn es gilt, die Emotionen zu überwinden. Da ich nachvollziehen kann, wie schwer dies ist, verurteile ich niemanden, dem das nicht gelingt.

Für uns Israelis wäre es ein wichtiger Schritt, auf ein Land wie Deutschland zu schauen und anzuerkennen, welche gesellschaftlichen Veränderungen es in den letzten siebzig Jahren durchgemacht hat.

Es betrübt mich, dass es beim Thema deutsch-israelische Beziehungen, jedenfalls im Bereich der Bildung, hauptsächlich um die Schoah geht und nicht um Ereignisse, die davor oder danach stattfanden.

Ich denke, als Israel gegründet wurde, schauten alle Länder gespannt auf den neuen Staat. Israel sollte ein Vorzeigebild in Sachen Moral und Sozialismus sein – das sehe ich heute nicht.

Die deutsch-israelischen Beziehungen sind für beide Seiten wichtig, um aufzuzeigen, was Geschichte wirklich bedeutet, nämlich, dass nach einer dunklen Epoche wieder hellere Zeiten kommen. Damals hätte es niemand für möglich gehalten, dass es zu einer Annäherung zwischen den beiden Ländern kommen könnte. Seit dem brutalen Mord an Millionen von Juden sind erst siebzig Jahre vergangen – eine kurze Zeitspanne. Doch das Leben geht weiter und ändert sich.

7. Heimat / Zuhause

Mein Zuhause ist ganz klar in Berlin. Meine Heimat ist Israel, denn es ist der Ort, an dem ich geboren bin, und ich spüre immer noch eine emotionale Bindung an das Land. Ich bin nach wie vor Israeli und dazu stehe ich. Wenn ich in Tel Aviv bin und das Meer rieche, dann werden Kindheitserinnerungen wach.

Orit Levi

»Ich wollte mein Leben für mich leben und nicht nur für mein Land«

Geburtsjahr:	1985
Geburtsort:	in einem Kibbuz
aufgewachsen in:	einem Kibbuz
in Deutschland seit:	Dezember 2013
lebt derzeit in:	Berlin
Studium:	Fotografie und visuelle Kommunikation in Jerusalem
Beruf:	Security bei El Al

1. Die Geschichte meiner Familie

Meine Großeltern mütterlicherseits sind beide als Kinder jüdischer Familien im Irak geboren. Sie sind als Kinder in Israel eingewandert. Meine Mutter ist in Tel Aviv geboren und bis zum Alter von zehn Jahren bei ihren Eltern aufgewachsen. Sie hat noch eine Schwester. Als ihre Eltern sich scheiden ließen, zog sie allein in einen Kibbuz.

Meine Großeltern väterlicherseits stammen aus der Türkei, wo auch mein Vater geboren ist. Als er drei Jahre alt war, ist die Familie in Israel eingewandert. Im Alter von 18 Jahren zog mein Vater auch in den Kibbuz, wo er meine Mutter kennenlernte. Sie leben noch heute dort.

Mein Vater arbeitete zunächst als Lehrer für Geschichte, Literatur und Hebräisch. Später war er zunächst als Sekretär des Kibbuz tätig und dann als Leiter verschiedener Kibbuzfabriken. Meine Mutter hatte viele unterschiedliche Arbeitsstellen, unter anderem als Schwimmlehrerin. Heute arbeitet sie in der Buchhaltung.

2. Meine Biografie

Ich bin 1985 in einem Kibbuz geboren, in dem die Kindererziehung außerhalb der traditionellen Familienstrukturen stattfand. Daher lebte ich die ersten Jahre in einem Kinderhaus, in dem die Kinder von pädagogischen Fachkräften erzogen wurden und mit Gleichaltrigen aufwuchsen. Erst 1991 zog ich zu meinen Eltern. Doch mit dreizehn Jahren verließ ich mein Elternhaus wieder und zog ins Kibbuzinternat, das auch meine Brüder schon besucht hatten. So kam es, dass ich immer mit Gleichaltrigen zusammen gewesen bin. Wir lernten zusammen, verbrachten unsere Freizeit zusammen und wohnten zusammen. Tagsüber gingen wir zur Schule und abends wurden verschiedene kreative Aktivitäten für uns Kinder und Jugendliche angeboten. Es gab immer etwas zu tun und für Langeweile war keine Zeit. Wie in jedem Kibbuz war die Gemeinschaft ein großer Teil unseres Lebens. Dort kennt jeder jeden. Die meiste Zeit genoss ich diese Gemeinschaft sehr. Ich empfand das Leben dort als offen und frei, auch wenn wir viele Regeln befolgen mussten.

Dann absolvierte ich den in Israel für junge Frauen üblichen Militärdienst als Sekretärin. Diese zwei Jahre empfand ich als Zeitverschwendung, denn ich hatte nicht das Gefühl, dass die Armee mich wirklich brauchte. Bis heute denke ich noch, dass ich etwas Sinnvolleres hätte tun können. Doch lernte ich in dieser Zeit viele interessante Menschen kennen.

Nachdem ich mit 20 Jahren meinen Militärdienst beendet hatte, arbeitete ich ein Jahr lang wieder in meinem Kibbuz. Danach führte ich ein Nomadenleben: Zunächst zog ich in den Süden Israels, dann lebte ich einige Monate auf den Golanhöhen. Ich wanderte von einem Ort zum anderen, durch ganz Israel. Dann zog es mich in die Ferne und ich reiste mit einer Freundin ein Jahr lang durch Südostasien, Neuseeland und Australien. Nach dieser einjährigen Work-and-Travel-Erfahrung kehrte ich in meinen Kibbuz zurück. Wenige Monate danach begann ich ein Studium in den Fächern Fotografie und visuelle Kommunikation in Jerusalem. In vielen meiner Arbeiten befasste ich mich mit Kibbuzim und den Ursprüngen der Kibbuzbewegung, ein Thema, das mich faszinierte.

Doch mit der Zeit fühlte ich mich in Jerusalem fremd. Ich hatte die meiste Zeit meines Lebens im Kibbuz verbracht, alle meine Freundinnen und Freunde kamen aus verschiedenen Kibbuzim und wir sprachen im wahrsten Sinn des Wortes dieselbe Sprache. Es gibt viele Ausdrücke, die nur Kibbuzniks verstehen. Meine Mitstudierenden verstanden weder meinen Slang noch konnten sie meine Erziehung in einem Kinderhaus nachvollziehen.

Immer, wenn ich mit meinen Freundinnen und Freunden in Jerusalem über meine Kindheit sprach, hatte ich das Gefühl, als würden sie mein Leben aus der Außenperspektive kritisch betrachten. Für mich fühlte es sich an, als wäre ich eine Fremde, die versucht, ihr Leben zu beschreiben.

Nach meinem Hochschulabschluss zog ich bald nach Berlin. Da ich ungebunden war, konnte ich ins Ausland gehen.

3. Gründe für den Umzug nach Deutschland und Reaktionen des Umfeldes in Israel

Der wichtigste Grund für meinen Umzug ist, dass ich schon immer in einem anderen Land leben wollte. Ich wollte eine Auszeit von Israel, den Spannungen dort und dem Thema Sicherheit, um das sich in Israel alles dreht. Ich wollte mein Leben für mich leben und nicht nur für mein Land. Ich wollte aus der Gemeinschaft ausbrechen, für mich arbeiten und mein hart erarbeitetes Geld sparen, ohne zuerst an alle anderen denken zu müssen. Auf die finanzielle Unterstützung meiner Eltern wollte ich nicht mehr angewiesen sein.

Da es nicht so einfach ist, als Israelin ein Arbeitsvisum für die EU zu bekommen, habe ich mich bei der israelischen Fluggesellschaft El Al beworben, da diese weltweit an Flughäfen Israelis beschäftigt. Ursprünglich wollte ich nach Rom, doch erfüllte ich die Anforderungen für diesen Standort nicht. Auf der Suche nach anderen Zielen bin ich auf Deutschland gestoßen. Letztlich habe ich mich aus finanziellen Gründen für Berlin entschieden. Ich wollte in der Lage sein, meine Studiengebühren und meine Fotoausrüstung eigenständig zu finanzieren und auch noch Geld zurückzulegen. Das ist in Israel für junge Menschen schwer möglich.

An Berlin reizte mich auch die Kunstszene und zudem, dass es eine internationale Stadt ist, in der man Menschen aus der ganzen Welt treffen kann.

Als ich den Entschluss fasste, nach Berlin zu gehen, war es mir sehr wichtig, dass mein Vater dieser Entscheidung zustimmt. Weshalb ich darauf so viel Wert legte, kann ich im Nachhinein nicht sagen, denn ich stamme aus einer orientalischen Familie, die keine biografischen Bezüge zu Deutschland hat.

Meiner Familie fiel die Trennung schwer. Meine Mutter ist besonders traurig, auch wenn sie bemüht ist, gute Seiten an meiner Entscheidung zu finden. Meine Familie denkt, dass ich nach Ablauf meines Zweijahresvertrages bei El Al wieder nach Israel zurückkehre.

Meine Freunde sind stolz auf mich, dass ich den Schritt, nach Berlin zu gehen, gewagt habe. Manche beneiden mich auch dafür. Doch auch sie behandeln meinen Umzug wie eine verlängerte Reise. Weder meine Eltern noch meine Freunde in Israel wollen wahrhaben, dass ich vielleicht im Ausland bleiben werde.

4. Leben und Alltag in Deutschland

Ich arbeite am Flughafen im Bereich der Sicherheitskontrolle für die israelische Fluggesellschaft El Al. Meine Arbeitskolleginnen und Arbeitskollegen stammen alle aus Israel.

Da ich die meiste Zeit meines Tages bei der Arbeit verbringe und die ersten Leute, die ich in Berlin kennenlernte, Kolleginnen und Kollegen waren, besteht mein Freundeskreis hier überwiegend aus Israelis. Auch vor meinem Umzug hatte ich bereits Freundinnen und Freunde in Berlin, Leute, die ich von früher kenne und die vor mir nach Deutschland gezogen sind. Sie stammen aus Israel und aus anderen Ländern.

Bei meinem sechsmonatigen Deutschkurs habe ich auch Leute aus Spanien, Italien und Belgien kennengelernt, mit denen ich viel Zeit verbringe. In meinem Freundeskreis wird überwiegend Englisch gesprochen. Allgemein ist hier vieles international und multikulturell, das ist etwas, was die Menschen an Berlin so reizvoll finden.

In meiner Freizeit arbeite ich an Fotoprojekten und versuche, mich weiterzubilden. Bald mache ich einen zweiwöchigen Kurs in Barcelona. Ich liebe es, viele verschiedene Dinge zu tun.

Mein Lebensstandard hat sich mit dem Umzug nach Berlin erhöht. Im Hinblick auf meine finanzielle Situation ist mein Leben in Deutschland einfacher. Von meinem Gehalt kann ich gut leben und am Ende des Monats Geld beiseitelegen. Ich habe meine eigenen vier Wände und kann es mir auch leisten, zu reisen. Seit ich in Berlin lebe, gehe ich auch öfter aus und besuche Musikkonzerte. In Israel habe ich mit meinem Gehalt immer Dinge abbezahlt, die ich mir in den Monaten zuvor gekauft habe. In Berlin kann ich mir mein Einkommen einteilen, anstatt nur Wünsche zu finanzieren, die ich in der Vergangenheit hatte.

Grundsätzlich hat sich auch meine Lebensqualität in Berlin verbessert. Allerdings mit einer erheblichen Einschränkung: In Israel konnte ich meine Angehörigen sehen, wann immer ich wollte. Meine beiden verheirateten Brüder leben mit ihren Familien im Kibbuz. Meine drei Neffen und Nichten bedeuten mir sehr viel und ich habe es früher genossen, viel Zeit mit ihnen zu verbringen. Darüber hinaus habe ich in Israel Freundinnen und Freunde zurückgelassen, die ich vermisse. In Deutschland habe ich zwar viele neue interessante Leute kennengelernt, aber meine Familie und mein Freundeskreis in Israel fehlen mir.

5. Grenzerfahrungen und Überwinden von Grenzen

Das erste Mal von Deutschland aus mit dem Auto in ein anderes Land zu reisen, war ein aufregendes Erlebnis für mich. Vor meinem Umzug nach Berlin war ich kaum in Europa gereist, daher war ich erstaunt, dass man sich einfach ins Auto setzen und durch verschiedene Länder fahren kann. Offene Grenzen können sich auch negativ auswirken, aber sie bedeuten viel Freiheit. Das fand ich sehr aufregend.

In Israel spielen Grenzen eine immens große Rolle. Die Grenzen Israels haben immer auch mit Politik, Kontrolle und Krieg zu tun. Es geht darum, wer Anrecht auf das Land hat und wer nicht. In der Schule lernten wir, dass das Land den Juden gehört. Um diesen Anspruch zu begründen, wird mitunter auch die Bibel herangezogen.

Die Familie eines israelischen Freundes ist aus Russland nach Israel eingewandert. Er erzählte mir von seinen Erfahrungen in den Integrationszentren. Dabei fiel mir auf, welche Parallelen es zwischen diesen Institutionen in Israel und in Deutschland gibt. In beiden Ländern versucht man, den Migrantinnen und Migranten in Sprachkursen beizubringen, was sie über die Kultur und die Gesellschaft denken sollen.

In den Integrationszentren wurden den russischen Einwanderinnen und Einwanderern im Sprachkurs patriotische und identitätsstiftende Botschaften vermittelt, beispielsweise der geschichtliche Anspruch des jüdischen Volkes auf das Land und auch, dass uns Israel wegen des Holocaust zusteht. Dies ist das Fundament des israelischen Bildungssystems. Auch in Deutschland werden den Teilnehmenden der Sprachkurse bestimmte Dinge vermittelt, die mit dem Erlernen der Sprache und der Grammatik nichts zu tun haben. Man erfährt beispielsweise, welches Gastgeschenk man zu einer Feier mitbringt oder wie man in bestimmten Situationen zu reagieren hat. Es geht also um kulturelle Regeln und weniger um Grammatikregeln.

Für meinen Deutschkurs erhielt ich keine Förderung, ich war also in vollem Umfang Selbstzahlerin, im Gegenzug interessierte es niemanden, ob ich anwesend war oder nicht. Bei meinen Mitschülerinnen und Mitschülern – beispielsweise aus EU-Ländern –, die einen Teil der Kursgebühren erstattet bekommen, wurde immer kontrolliert, ob sie anwesend waren und ob sie Fortschritte machten. Ich war während des Kurses zwei Wochen in Israel zu Besuch und es interessierte die Lehrkräfte nicht. Das hat Vorteile, aber auf der anderen Seite hatte ich auch das Gefühl, dass niemand Wert darauf legte, ob ich da war oder nicht.

Im Alltag stoße ich an Grenzen, die nicht meine eigenen sind und die ich nicht gewählt habe, zum Beispiel ist Sprache eine Barriere, die es mir erschwert, Menschen kennenzulernen. Als ich nach Deutschland zog, beherrschte ich die Sprache nicht und, wenn ich Leute auf der Straße etwas fragen wollte, habe ich sie häufig auf Hebräisch angesprochen. Erstaunlicherweise funktionierte das, denn die Körpersprache ist deutlicher, wenn man in seiner Muttersprache spricht.

Es gibt auch Grenzen in der interkulturellen Verständigung, beispielsweise, weil Israelis und Deutsche unterschiedliche Verhaltenscodes haben. Deutsche sagen nicht, was sie wirklich denken, und sie verhalten sich nicht so, wie sie wirklich wollen. Bei Deutschen habe ich oft das Gefühl, dass sie versuchen, alles zu verbergen, denn ich kann ihre Körpersprache nicht richtig lesen.

Bei den Sicherheitskontrollen ist es das Gleiche, aber das mag daran liegen, dass die Leute Angst haben. Die Passagiere sind wirklich nervös, wenn ich sie befrage. Sie verhalten sich so, wie sie glauben, dass wir es erwarten.

Ein deutscher Bekannter sagte mir einmal: »Ist dir aufgefallen, dass Deutsche nie sagen würden, was sie wirklich über Israel denken?« Selbst, wenn sie nicht proisraelisch sind, behandeln sie mich mit Respekt. Erst, nachdem wir uns besser kennen, erfahre ich ihre wahre Meinung über Israel oder die Situation im Nahen Osten, denn sie sind wirklich höflich.

In Israel ist die Kommunikation viel direkter, doch das kann auch fordernd sein: Die Leute sagen einem sofort ins Gesicht, was sie denken.

Meine Familie steht politisch sehr links. Die Meinungen zur israelischen Politik, die wir zu Hause vertreten, unterscheiden sich teils stark von denen meiner israelischen Arbeitskolleginnen und Arbeitskollegen. Daher fällt es mir schwer, mit ihnen über Israel, Palästina, die Situation im Nahen Osten oder generell über politische Themen zu sprechen. Oft habe ich den Eindruck, dass viele von ihnen nur nachplappern, was sie zu Hause oder in den Nachrichten über arabische und palästinensische Menschen gehört haben. Das schmälert meine Hoffnung auf eine Entschärfung des israelisch-palästinensischen Konfliktes.

Die Arbeit als Sicherheitsbeamtin ist nicht meine Berufung, sondern in erster Linie eine Einnahmequelle. Sicherheitskontrollen sind selbstverständig wichtig und nötig, schließlich sind Reisende der Gefahr von terroristischen Anschlägen ausgesetzt. Was mich aber stört, ist das Misstrauen, das sie allen nicht israelischen Passagieren entgegenbringen.

Für mich ist es aufregend, dass ich in Berlin die Gelegenheit habe, in Deutschland lebenden Syrern zu begegnen und mich mit ihnen auszutauschen. Ich empfinde es allgemein als spannend, Muslime und Araber zu treffen und mich mit ihnen über alltägliche Themen zu unterhalten, beispielsweise, warum sie nach Berlin gezogen sind, anstatt über Politik zu diskutieren. Dennoch spüre ich immer noch eine Grenze zwischen mir und religiösen muslimischen Menschen, grundsätzlich stellt jede Religion für mich eine Grenze zu anderen Menschen dar.

6. Bezug zu deutsch-jüdischer Geschichte und Wahrnehmung deutsch-israelischer Beziehungen

Ich interessiere mich allgemein für Geschichte, insbesondere für Russland und Deutschland. Da ich in meiner Schulzeit hauptsächlich die jüdische Perspektive auf die Schoah kennengelernt habe, ist es interessant für mich, nun auch die anderen Seiten zu hören und die Hintergründe zu erfahren. Schließlich war es ein Weltkrieg, bei dem es nicht nur um die Juden ging. Für die jüdischen Opfer der Schoah habe ich viel Respekt, aber ich möchte die Geschichte aller Seiten kennenlernen. Es ist sehr interessant für mich und daher lese ich viel über diese Zeit.

Der Holocaust ist nicht Teil meiner Familiengeschichte. Die Schoah war Unterrichtsstoff in der Schule und im Alter von siebzehn Jahren habe ich wie viele junge Israelis an einer Klassenfahrt nach Polen teilgenommen. Wir besuchten Auschwitz und die anderen polnischen Holocaustgedenkstätten, aber nicht Deutschland.

Wenn meine Eltern mich in Berlin besuchen, dann besichtigen wir Orte, die mit dem Holocaust in Verbindung gebracht werden. Das liegt daran, dass mein Vater sehr geschichtsinteressiert ist. Persönlich interessiere ich mich viel mehr für die Zeit nach dem Holocaust, für alles, was mit Kommunismus zu tun hat. Zwischen dem Leben im Kibbuz und dem in bestimmten Vierteln Berlins erkenne ich viele Gemeinsamkeiten. Das gilt auch für Begegnungen mit manchen Menschen, die früher in der DDR gelebt haben.

Seit ich in Deutschland lebe, habe ich antisemitische und antiisraelische Anfeindungen erlebt. Bei der letzten Fußballweltmeisterschaft war ich mit Freundinnen und Freunden in einer Bar, um ein Spiel zu sehen. Ich habe höflich jemanden gebeten, sich etwas zur Seite zu stellen, damit ich besser sehen kann. Seine Antwort war: »Geh zurück, um Palästinenser in Gaza zu töten.« Dieser Mann hatte etwas gegen mich, nur, weil er hörte, dass ich Hebräisch gesprochen habe, dabei kennt er mich nicht und weiß nicht, dass auch ich gemischte Gefühle gegenüber der israelischen Politik habe. Mir wurde als Kind beigebracht, dass es falsch ist, jemanden wegen seiner Herkunft zu verurteilen. Aus diesem Grund stören mich Aussagen wie diese grundsätzlich und nicht nur, weil sie gegen mich oder Israelis gerichtet sind. Ich lehne es genauso ab, wenn jemand in meiner Gegenwart Vorurteile gegen Araber äußert, zum Beispiel, dass sie Terroristen sind.

Ich denke, die deutsch-israelischen Beziehungen sollten ernster genommen werden, wenn sie auf Dauer Bestand haben sollen. Die politische Korrektheit sollte mehr der Authentizität weichen. In den meisten europäischen Ländern gibt es eine große propalästinensische Bewegung. Das sehe ich oft bei Freundinnen und Freunden aus Spanien oder Frankreich, von denen viele sich in irgendeiner Weise in propalästinensischen Organisationen engagieren. Sie sprechen offen darüber und sagen deutlich, was sie von Israel halten. In Deutschland gibt es diese Organisationen ebenfalls, aber die Leute sprechen nicht offen darüber.

7. Heimat/Zuhause

Meine Heimat ist der Kibbuz, denn es ist der Ort, an dem ich geboren und aufgewachsen bin und der mich am meisten beeinflusste. Israel ist ein großer Teil von mir, ob ich dies will oder nicht.

Wo mein Zuhause ist, weiß ich noch nicht. Weder in Israel noch in Deutschland fühle ich mich zu Hause. Wahrscheinlich liegt es daran, dass ich in Berlin keine Familie habe, die Sprache nicht spreche und unsicher im Umgang mit Leuten bin. Ob mein Umzug nach Deutschland eine vorübergehende Entscheidung war, kann ich zu diesem Zeitpunkt noch nicht sagen. Den Job bei El Al möchte ich nicht mein ganzes Leben lang machen, aber außerhalb von Israel kann ich wahrscheinlich ein freieres Leben führen. Ich kann mir zwar vorstellen, wieder nach Israel zu gehen, aber ich kann mir auch vorstellen, weiterhin im Ausland zu leben, egal ob in Deutschland oder anderswo.

Glossar

Alija (Pl. Alijot, hebr., »Aufstieg«),
ursprünglich Bezeichnung für den Aufstieg der frommen Juden zum Tempel in Jerusalem, später wurde der Begriff allgemein für die Einwanderung von Juden aus der Diaspora nach Palästina bzw. Israel verwendet. Auch die fünf Einwanderungswellen nach Palästina zwischen 1882 und 1948 werden jeweils Alija genannt. Das Gegenteil von Alija ist Jerida (hebr. Abstieg), die Auswanderung.
nach: Gisela Dachs, israel kurzgefasst, bpb, überarbeitete Auflage Juli 2013 (Glossar)

Aschkenasim
»Aschkenas« ist die im 11. Jahrhundert aufkommende hebräische Bezeichnung für Deutschland. Davon leitet sich der Begriff »Aschkenasim« (Sg. Aschkenasi) ab, mit dem zunächst vor allem die Juden der Gemeinden im Rheinland (Speyer, Worms, Mainz) bezeichnet wurden; später erfuhr der Begriff eine Erweiterung und bezeichnete die Juden in Mittel- und Osteuropa. Diese haben einen eigenen Ritus und bilden selbstständige Gemeinden.
nach: www.gra.ch/lang-de/gra-glossar/85 und www.bpb.de/izpb/7705/glossar

Bar Mizwa/Bat Mizwa
»Bar Mizwa« ist der hebräische Ausdruck für »Sohn des Gesetzes« oder »Sohn der Pflicht« und bezeichnet die Aufnahme des 13-jährigen Jungen als Erwachsenen in die jüdische Gemeinde. Am → Schabbat nach seinem 13. Geburtstag wird der Junge in der Synagoge erstmals aufgerufen, aus der → Thora zu lesen. – Die Mädchen werden schon mit zwölf Jahren religionsmündig. Seit dem 19. Jahrhundert wird die »Bat Mizwa« (»Tochter des Gesetzes«) ebenfalls gefeiert, in einigen Reformgemeinden dürfen dann auch Mädchen aus der → Thora lesen.
nach: www.bpb.de/izpb/7705/glossar

Jecke (Pl. Jeckes, jidd., »deutscher Jude«),
Bezeichnung für die deutschsprachigen Juden, die in den 1930er-Jahren in das damalige britische Mandatsgebiet Palästina auswanderten, und deren Nachfahren im heutigen Israel.
Osteuropäische Juden, die bereits früher nach Palästina gekommen waren, belegten die Neuankömmlinge mit diesem Begriff. Sie wollten damit spöttisch und durchaus auch abwertend auf die Verbundenheit der deutschsprachigen Juden mit der deutschen Kultur hinweisen, als deren stereotype Charakteristika Arroganz, Betonung von »Sekundärtugenden« wie Pünktlichkeit, Fleiß und Gründlichkeit sowie mangelnde Anpassungsfähigkeit galten. Mittlerweile benutzen die »Jeckes« den Begriff im Sinn einer liebevoll ironischen Selbstbezeichnung.
vgl.: Anita Haviv-Horiner / Sibylle Heilbrunn (Hrsg.), Heimat? – Vielleicht. Kinder von

Holocaustüberlebenden zwischen Deutschland und Israel *(bpb, Schriftenreihe Band 1371),*
Bonn 2013

Jeschiwa
ist eine »Talmudhochschule« (→ Talmud) und bezeichnet eine Schule für männliche Erwachsene, die der traditionellen religiösen Bildung dient.
nach: www.bpb.de/izpb/7705/glossar

Jiddisch,
Sprache der → Aschkenasim, die ihren Ursprung im Mittelalter hat. Zunächst wurde sie nur gesprochen, ab dem späten 13. Jahrhundert schriftlich tradiert. Das Jiddische ist eine Mischsprache, die in Phonetik und Grammatik auf mittel- und oberdeutschen Dialekten beruht, während sich ihr Wortschatz aus deutschen, slawischen, hebräischen und romanischen Elementen zusammensetzt. Zu einer modernen Verkehrs- und Literatursprache wurde Jiddisch im 19. und 20. Jahrhundert (z. B. schrieb der 1904 geborene, spätere Literaturnobelpreisträger Isaac Bashevis Singer in jiddischer Sprache). Durch den Holocaust wurde die Sprache fast ausgelöscht. Bei einer wachsenden Zahl von Ultraorthodoxen in Israel gewinnt sie als Kommunikationsmittel heute an Bedeutung, weil bei ihnen Hebräisch als heilige Sprache gilt und deshalb im Alltag nicht gesprochen werden darf.
nach: Gisela Dachs, israel kurzgefasst, bpb, überarbeitete Auflage Juli 2013 (Glossar)

Kibbuz (Pl. Kibbuzim, hebr., »Sammlung«, »Siedlung«),
landwirtschaftliche Gemeinschaftssiedlung, die auf genossenschaftlichem Eigentum, kollektiver Arbeit und basisdemokratischen Strukturen beruht. Wohnung, Nahrung, Kleidung, Kinderbetreuung und alle anderen Dienstleistungen werden vom Kibbuz bereitgestellt. Ursprünglich hatten seine Mitglieder keinen Privatbesitz. Das hat sich inzwischen grundlegend geändert: Eine deutliche Mehrheit der Kibbuzim ist heute privatisiert.
In dem Erzählband »Unter Freunden« (Suhrkamp 2013) zeichnet Amos Oz in acht Geschichten ein lebendiges Bild vom Leben im Kibbuz in den 1950er- und 1960er-Jahren. Einfühlsam, respektvoll und zugleich nüchtern handelt er von den Hoffnungen und Sehnsüchten, den Ängsten, den Enttäuschungen und Reflexionen seiner Figuren.
nach: Gisela Dachs, israel kurzgefasst, bpb, überarbeitete Auflage Juli 2013 (Glossar)

Kibbuznik,
Mitglied eines → Kibbuz.

Mesusa,
eine Kapsel, die einen Pergamentstreifen mit einem Zitat aus dem 5. Buch Mose (→ Thora) enthält. Die Mesusa kann an Haus- oder Wohnungstüren und innerhalb der Wohnung an allen Türen mit Ausnahme der Türen zu Badezimmer und

WC angebracht werden. Verlassen Juden ihre Wohnung, berühren sie die Mesusa mit den Fingerspitzen, küssen diese und sprechen die Worte: »Gott schütze mich bei meinem Fortgehen und bei meinem Ankommen, jetzt und in Ewigkeit.«
nach: http://judentum-projekt.de/religion/religioesegrundlagen/mesusa/index.html

Misrachim (Pl., hebr., »die Östlichen«),
Bezeichnung für Juden, die aus den islamischen Ländern des Nahen und Mittleren Ostens stammen (z. B. Ägypten, Syrien, Iran, Irak, Libanon, Jemen). Die meisten Misrachim haben nach der Gründung des Staates Israel im Mai 1948 ihre Heimat verlassen und sind nach Israel eingewandert.
nach: Gisela Dachs, israel kurzgefasst, bpb, überarbeitete Auflage Juli 2013 (Glossar)

Moschaw
genossenschaftlich organisierte landwirtschaftliche Siedlungsform in Israel, in der jede Familie weitgehend für sich selbst wirtschaftet. Der Boden gehört dem Staat, die Mitglieder eines Moschaw verpflichten sich zu gegenseitiger Hilfeleistung, Einkauf und Vermarktung sind kooperativ organisiert.
nach: Brockhaus Enzyklopädie Online, 2015

Schabbat
Der Schabbat, der am Freitagabend beginnt und bis Samstagabend dauert, ist der eigentliche und im Grunde höchste jüdische Feiertag. Nach der → Thora darf am siebten Tag keinerlei Arbeit verrichtet werden. Die Einführung eines allgemeinen Ruhetages pro Woche stellt eine große soziale Errungenschaft dar, die durch das Judentum geschaffen wurde.
nach: www.ikg-m.de/kultus-und-religion/kreislauf-jahr/der-schabbat/

Schabbes,
jiddisch für → Schabbat.

Schoah
ist ein hebräisches Wort, das Katastrophe oder Zerstörung bedeutet. Schoah bezeichnet ursprünglich Judenverfolgungen und Pogrome und wurde erstmals 1942 in einer Erklärung der Jewish Agency für den millionenfachen Mord an den europäischen Juden im nationalsozialistischen Machtbereich verwendet. Spätestens mit der Staatsgründung 1948 hatte sich der Begriff als die in Israel übliche Bezeichnung für den Völkermord etabliert. Der Schoah wird in Israel alljährlich am Jom HaSchoah gedacht.
nach: Gisela Dachs, israel kurzgefasst, bpb, überarbeitete Auflage Juli 2013 (Glossar)

Sephardim (Pl., hebr., »Spanier«)
Bezeichnung für die Juden spanisch-portugiesischer Herkunft, die Ende des 15. Jahrhunderts von der Iberischen Halbinsel vertrieben wurden und sich

anschließend in Südosteuropa, Nordafrika, Asien, aber auch in Holland, England, Nordwestdeutschland und Amerika niederließen. Wie die → Aschkenasim haben sie einen eigenständigen Ritus und bilden selbstständige Gemeinden.
nach: Gisela Dachs, israel kurzgefasst, bpb, überarbeitete Auflage Juli 2013 (Glossar)

Talmud (hebr., »Lernen«, »Lehre«, »Studium«),
bezeichnet die schriftliche Fassung der Lehre und der gesetzlichen Vorschriften des nachbiblischen Judentums, die aus zwei Teilen besteht: Mischna und Gemara. Die Mischna ist in sechs Ordnungen gegliedert: die Gebete und Gesetze zur Landwirtschaft, die Vorschriften zu den Fest- und Feiertagen, die Ehe- und Familiengesetzgebung, das Zivil- und Strafrecht, die Opfer- und Schlachtbestimmungen und die Reinheitsbestimmungen. Die Mischna umfasst 63 Traktate und 525 Kapitel. In der Mischna sind die Lehren gesammelt, in der Gemara (»Vollendung« oder »Vervollständigung«) folgt die Interpretation. Die Auslegungen erfolgten vor allem in Babylonien bis circa 500 n. u. Z.
nach: www.bpb.de/izpb/7705/glossar

Tanach,
die Heilige Schrift (Bibel) des Judentums, die aus drei Hauptteilen besteht: → Thora (»Weisung«), Nebiim (»Propheten«) und Ketubim (»Schriften«). Die christlichen Kirchen haben in ihren Kanon der Bibel den Tanach mit einigen Abweichungen als sogenanntes Altes Testament übernommen.
nach: Gisela Dachs, israel kurzgefasst, bpb, überarbeitete Auflage Juli 2013 (Glossar)

Tefillin (Pl., hebr.)
zwei lederne Schächtelchen, die Pergamentstückchen mit ausgewählten Thorastellen enthalten, und an ledernen Riemen befestigt sind; sie sind Teil der jüdischen Gebetskleidung und werden um Stirn sowie um Arm und Hand gewickelt.
nach: http://judentum-projekt.de/religion/religioesegrundlagen/gebetskleidung/index.html

Thora
bedeutet »Lehre« und ist im weitesten Sinn die Bezeichnung für die Lehre des Judentums, im engeren Sinn die Bezeichnung für die fünf Bücher Mose (Pentateuch). In der Synagoge werden die Bücher Mose, die als Handschrift auf einer Pergamentrolle geschrieben sind und in einer besonderen Lade verwahrt werden, während eines Jahres im Gottesdienst verlesen.
nach: www.bpb.de/izpb/7705/glossar

Veröffentlichungen der bpb zu Israel
(Stand Mai 2016)

Schriftenreihe

1358 Itay Lotem/Judith Seitz: Israel – Nah im Osten, 2013

1371 Anita Haviv-Horiner/Sibylle Heilbrunn (Hrsg.): Heimat? – Vielleicht. Kinder von Holocaustüberlebenden zwischen Deutschland und Israel, 2013

1416 Gil Yaron: Jerusalem, 2014

1558 Norbert Kron/Amichai Shalev (Hrsg.): Wir vergessen nicht, wir gehen tanzen. Israelische und deutsche Autoren schreiben über das andere Land, 2015

1575 Dan Diner: Rituelle Distanz. Israels deutsche Frage, 2015

1604 Ari Shavit: Mein gelobtes Land, 2016

Gisela Dachs (Hrsg.): Länderbericht Israel (Herbst 2016)

Pocket
Gisela Dachs: Israel kurzgefasst (Herbst 2016)

Informationen zur politischen Bildung
Info 278 Israel, überarbeitete Neuauflage 2008 (nur noch online als xml-Datei auf www.bpb.de/IzpB/Israel) – (Neuausgabe Herbst 2016)

Info aktuell 27/2015 Martin Kloke: Deutsch-Israelische Beziehungen

Aus Politik und Zeitgeschichte
Heft 6/2015 Israel und Deutschland (nur noch online auf www.bpb.de/Shop/APuZ2015/Israel und Deutschland)

Karte
Israel, Nachdruck 2015 (vergriffen, Nachdruck geplant)

Online-Dossier
Israel auf www.bpb.de/Internationales/Asien/Israel, 2008–2013